AF570455

L'APHRODITE IRANIENNE

Étude de la déesse Ārti, traduction annotée et édition critique des textes avestiques la concernant

Reproductions de la couverture :
la déesse KUBABA (V. Tchernychev)
Comme la lumière (J.M. Lartigaud)

Avec la collaboration artistique de Jean-Michel Lartigaud et Vladimir Tchernychev

Ingénieur informatique
Patrick Habersack (macpaddy@chello.fr)

Avec la collaboration artistique de Jean-Michel Lartigaud, et de Vladimir Tchernychev

Ce volume a été imprimé par
© Association KUBABA, Paris
www.librairieharmattan.com
diffusion.harmattan@wanadoo.fr
harmattan1@wanadoo.fr

ISBN : 2-296-01488-7
EAN : 9782296014886

Collection KUBABA
Série Antiquité X

Éric PIRART

L'APHRODITE IRANIENNE

Étude de la déesse Ārti, traduction annotée et édition critique des textes avestiques la concernant

Association KUBABA, Université de Paris I,
Panthéon – Sorbonne,
12 Place du Panthéon 75231 Paris CEDEX 05

L'Harmattan
5-7, rue de l'École-Polytechnique ; 75005 Paris
FRANCE

L'Harmattan Hongrie
Könyvesbolt
Kossuth L. u. 14-16
1053 Budapest

Espace L'Harmattan Kinshasa
Fac..des Sc. Sociales, Pol. et
Adm. ; BP243, KIN XI
Université de Kinshasa – RDC

L'Harmattan Italia
Via Degli Artisti, 15
10124 Torino
ITALIE

L'Harmattan Burkina Faso
1200 logements villa 96
12B2260
Ouagadougou 12

Du même auteur

Les textes vieil-avestiques, 3 volumes, Reichert, Wiesbaden, 1988-1990-1991 [en collaboration avec Jean Kellens].

Kayân Yasn (Yasht 19.9-96). L'origine avestique des dynasties mythiques d'Iran (Aula Orientalis-Supplementa, 2), Ausa, Sabadell, 1992.

Les Nāsatya, deux volumes parus (Bibliothèque de la Faculté de Philosophie et Lettres de l'Université de Liège, fascicules 261 et 280), Droz, Genève, 1995 et 2000.

L'éloge mazdéen de l'ivresse. Édition, traduction et commentaire du Hōm Stōd (Collection Kubaba. Série Antiquité, 4), L'Harmattan, Paris, 2004.

Guerriers d'Iran. Traduction annotée des textes avestiques du culte zoroastrien rendu aux dieux Tištriya, Miθra et Vr̥θragna (Collection Kubaba. Série Antiquité, 8), L'Harmattan, Paris, 2006.

SOMMAIRE

ABRÉVIATIONS, AVERTISSEMENTS ET SYMBOLES

Noms d'auteurs

B = Bartholomae 1904.
D = Darmesteter 1892-1893.
G = Geldner 1886-1896.
MW = Monier-Williams 1899.
W = Westergaard 1852-1854.

Références bibliographiques

AMOUZGAR, J., & TAFAZZOLI, A.,
2000. *Le cinquième livre du Dēnkard. Transcription, traduction et commentaire*, Paris.

ANKLESARIA, B. T.,
1956. *Zand-Ākāsīh. Iranian or Greater Bundahišn. Transliteration and Translation in English*, Bombay.

ANKLESARIA, T. D.,
1913. *Dânâk-u Mainyô-i Khrad. Pahlavi, Pazand, and Sanskrit Texts*, Bombay.

BALBIR, N.,
1997. *Somadeva : Océan des rivières de contes*, Paris.

BARTHOLOMAE, C.,
1904. *Altiranisches Wörterbuch*, Strassburg.

BENVENISTE, É.,
1935. *Les infinitifs avestiques*, Paris.

BHARUCHA, Sh. D.,
1906. *Collected Sanskrit Writings of the Parsis. Old Translations of Avestâ and Pahlavi-Pâzend books as well as other original compositions; with various readings and notes, Collated, Corrected and Edited. Part I: Khorda-Avestâ-arthaḥ*, Bombay.

BLOOMFIELD, M.,
1906. *A Vedic Concordance*, Cambridge (Mass.).

CERETI, C. G.,
1995. *The Zand ī Wahman Yasn. A Zoroastrian Apocalypse*, Roma.
DARMESTETER, J.,
1892-1893. *Le Zend-Avesta. Traduction nouvelle avec commentaire historique et philologique*, 3 vol., Paris.
DEBRUNNER, A.,
1954. *Die Nominalsuffixe* (Altindische Grammatik, Bd. II,2), Göttingen.
DEHGHAN, K.,
1982. *Der Awesta-Text Srōš Yašt (Yasna 57) mit Pahlavi- und Sanskritübersetzung*, München.
DE JONG, A.,
1997. *Traditions of the Magi. Zoroastrianism in Greek and Latin Literature*, Leiden.
DRESDEN, M. J.,
1970. «Indo-Iranian notes: 1. Avestan *rauuō.fraoθman-*; 2. Avestan *uzgastō*; 3. Iranian optative forms», in *W. B. Henning Memorial Volume*, London, 134-139.
DUCHESNE-GUILLEMIN, J.,
1936. *Études de morphologie iranienne. I: Les composés de l'Avesta*, Paris.
DUMÉZIL, G.,
1956. *Déesses latines et mythes védiques*, Bruxelles.
GELDNER, K. F.,
1884. *Drei Yasht aus dem Zendavesta*, Stuttgart.
1886-1896. *Avesta, the Sacred Books of the Parsis*, 3 vol., Stuttgart.
GERSHEVITCH, I.,
1959. *The Avestan Hymn to Mithra. With an Introduction, Translation and Commentary*, Cambridge (GB).
GIGNOUX, Ph.,
1984. *Le livre d'Ardā Vīrāz. Translittération, transcription et traduction du texte pehlevi*, Paris.
GIGNOUX, Ph., & TAFAZZOLI, A.,
1993. *Anthologie de Zādspram. Édition critique du texte pehlevi traduit et commenté*, Paris.

GOTŌ, T.,

1987. *Die 'I. Präsensklasse' im Vedischen. Untersuchungen der vollstufigen thematischen Wurzelpräsentia*, Wien.

HAUDRY, J.,

1977. *L'emploi des cas en védique. Introduction à l'étude des cas en indo-européen*, Lyon.

HINTZE, A.,

1994. *Der Zamyād-Yašt. Edition, Übersetzung, Kommentar*, Wiesbaden.

2000. *'Lohn' im Indoiranischen. Eine semantische Studie des Rigveda und Avesta*, Wiesbaden.

2003. «When the stars rise: the Avestan expression *aiβisrūθrima aibigaiia-*», in C. G. Cereti, M. Maggi & E. Provasi (edd.), *Religious themes and texts of pre-Islamic Iran and Central Asia. Studies in honour of Professor Gherardo Gnoli on the occasion of his 65th birthday on 6th December 2002*, Wiesbaden, 143-155.

HOFFMANN, K.,

1967. *Der Injunktiv im Veda*, Heidelberg.

1975-1992. *Aufsätze zur Indoiranistik*, 3 vol., Wiesbaden, 1975 (I pp. 1-338 ; II pp. 339-708), 1992 (III pp. 709-917).

HUMBACH, H.,

1991. *The Gāthās of Zarathustra and the Other Old Avestan Texts. In collaboration with* J. Elfenbein *and* P. O. Skjærvø. *Part I: Introduction, Text and Translation. Part II: Commentary*, Heidelberg.

HUMBACH, H., & ICHAPORIA, P. R.,

1998. *Zamyād Yasht. Yasht 19 of the Younger Avesta. Text, Translation, Commentary*, Wiesbaden.

HUMBACH, H., & JAMASPASA, Kh. M.,

1969. *Vaeθā Nask. An Aprocryphal Text on Zoroastrian Problems translated and annotated*, Wiesbaden.

JAAFARI-DEHAGHI, M.,

1998. *Dādestān ī Dēnīg. Part I. Transcription, Translation and Commentary*, Paris.

JAMASPASA, Kh. M.,

1982. *Aogəmadaēčā. A Zoroastrian Liturgy*, Wien.

1991. *The Avesta Codex F 1 (Niyāyišns and Yašts). Facsimile Edition with an Introduction*, Wiesbaden.

JAMASPASA, Kh. M., & HUMBACH, H.,

1971. *Pursišnīhā. A Zoroastrian Catechism*, 2 vol., Wiesbaden.

JOSEPHSON, J.,

1997. *The Pahlavi Translation Technique as Illustrated by Hōm Yašt*, Uppsala.

KANGA, M. F.,

1960. *Čitak Handarž i Pōryōtkēšān. A Pahlavi Text edited, transcribed and translated into English with Introduction and A Critical Glossary and with a Foreward by Professor* H. W. Bailey, Bombay.

KELLENS, J.,

1974. *Les noms-racines de l'Avesta*, Wiesbaden.

1975. *Fravardīn Yašt (1-70). Introduction, édition et glossaire*, Wiesbaden.

1976. «Une correction au texte de l'Avesta», in I. Afshar (ed.), *Miscellanea in honorem Ibrahim Purdavud* (= Farhang-e Iran Zamin 21), Tehrān, 73-78.

1984. *Le verbe avestique*, Wiesbaden.

1989. «Ahura Mazdā n'est pas un dieu créateur», in Ch.-H. de Fouchécour & Ph. Gignoux (edd.), *Études irano-aryennes offertes à G. Lazard*, Paris.

1991. *Zoroastre et l'Avesta ancien. Quatres leçons au Collège de France*, Paris.

1991b. «Remarques sur l'opposition de nombre en vieil-avestique», in R. E. Emmerick & D. Weber (edd.), *Corolla Iranica. Papers in honour of Prof. Dr. D. N. Mackenzie on the occasion of his 65th birthday on the eighth of April 1991*, Frankfurt am Main, 101-108.

1994. *Le panthéon de l'Avesta ancien*, Wiesbaden.

1994b. «La fonction aurorale de Miθra et la Daēnā», in J. R. Hinnells (ed.), *Studies in Mithraism*, Roma, 165-171.

1995. *Liste du verbe avestique, avec un appendice*

sur l'orthographe des racines avestiques par É. Pirart, Wiesbaden.

2001. «Fils du soleil, fils du sacrifice», in M. G. Schmidt et alii (edd.), *Philologica et Linguistica. Historia, Pluralitas, Universitas. Festschrift für H. Humbach zum 80. Geburtstag am 4. Dezember 2001*, Trier, 316-322.

2004. «Les précautions rituelles et la triade du comportement», in M. Stausberg (ed.), *Zoroastrian rituals in context*, Leiden.

2005. «Les Airiia- ne sont plus des Āryas: ce sont déjà des Iraniens», in Gérard Fussman, Jean Kellens, Henri-Paul Francfort & Xavier Tremblay, *Āryas, Aryens et Iraniens en Asie Centrale*, Paris, 233-252.

KELLENS, J., & PIRART, É.,

1988-1991. *Les textes vieil-avestiques. Volume I: Introduction, texte et traduction*; *Volume II: Répertoires grammaticaux et lexique*; *Volume III: Commentaire*, Wiesbaden, 1988-1990-1991.

KLINGENSCHMITT, G.,

1968. *Farhang-i ōīm. Edition und Kommentar. Inaugural-Dissertation der Philologischen Fakultät der Friedrich-Alexander-Universtität zu Erlangen-Nürnberg*, thèse inédite, Erlangen.

KOTWAL, F. M., & KREYENBROEK, Ph. G.,

1995. *The Hērbedestān and Nērangestān. Volume II: Nērangestān, Fragard 1*, Paris.

KREYENBROEK, G.,

1985. *Sraoša in the Zoroastrian Tradition*, Leiden.

LEGRAND, Ph.-E.,

1932-1954. *Hérodote : Histoires. Texte établi et traduit*, Paris.

LOMMEL, H.,

1927. *Die Yäšt's des Awesta*, Göttingen - Leipzig.

LUBOTSKY, A.,

1997. *A R̥gvedic Word Concordance*, 2 vol., New Haven (Connecticut).

MACKENZIE, D. N.,
1971. *A Concise Pahlavi Dictionary*, London.
MAYRHOFER, M.,
1956-1980. *Kurzgefaßtes etymologisches Wörterbuch des Altindischen*, 4 vol., Heidelberg.
1979. *Iranisches Personennamenbuch. Band I: Die altiranischen Namen. Faszikel 1: Die avestischen Namen*, Wien.
1986-2001. *Etymologisches Wörterbuch des Altindoarischen*, 3 vol., Heidelberg.
MONIER-WILLIAMS, M.,
1899. *A Sanskṛit-English Dictionary, etymologically and philologically arranged, with special reference to cognate Indo-European languages*, Oxford.
MOHL, J.,
1838-1878. *Abou'lkasim Firdousi: Le Livre des Rois, publié, traduit et commenté*, 7 vol., Paris.
MOLÉ, M.,
1967. *La légende de Zoroastre selon les textes pehlevis*, Paris.
NARTEN, J.,
1982. *Die Aməṣ̌as Spəṇtas im Avesta*, Wiesbaden.
1986. *Der Yasna Haptaŋhāiti*, Wiesbaden.
NYBERG, H. S.,
1938. *Die Religionen des alten Iran*, Leipzig.
1964-1974. *A Manual of Pahlavi, Part I: Texts; Part II: Glossary*, Wiesbaden.
PANAINO, A.,
1990. *Tištrya. Part I: The Avestan Hymn to Sirius*, Roma.
2004. *Rite, parole et pensée dans l'Avesta ancien et récent. Quatre leçons au Collège de France (Paris, 7, 14, 21, 28 mai 2001)*, Wien.
PIRART, É.,
1992. *Kayân Yasn (Yasht 19.9-96). L'origine avestique des dynasties mythiques d'Iran*, Sabadell (Barcelona).
1995-2000. *Les Nāsatya. Volume I: Les noms des*

Aśvin. Traduction commentée des strophes consacrées aux Aśvin dans le premier maṇḍala de la Ṛgvedasaṁhitā. Volume II: Traduction commentée des strophes consacrées aux Aśvin dans les maṇḍala II-V de la Ṛgvedasaṁhitā, Genève.

2003. «Le gendre de Tvaṣṭṛ et la conception indo-iranienne du temps», in Vinciane Pirenne-Delforge & Önhan Tunca (edd.), *Représentations du temps dans les religions. Actes du Colloque organisé par le Centre d'Histoire des Religions de l'Université de Liège*, Genève, pp. 143-173.

2004. *L'éloge mazdéen de l'ivresse. Édition, traduction et commentaire du Hōm Stōd*, Paris.

2006. *Guerriers d'Iran. Traductions annotées des textes avestiques du culte zoroastrien rendu aux dieux Tištriya, Miθra et Vṛθragna*, Paris.

PIRAS, A.,

2000. *Hādōxt Nask 2. Il racconto zoroastriano della sorte dell'anima. Edizione critica del testo avestico e pahlavi, traduzione e commento*, Roma.

RENOU, L.,

1956. *Hymnes spéculatifs du Véda traduits du sanskrit et annotés*, Paris.

1955–1969. *Études védiques et pāṇinéennes*, 17 vol., Paris.

SANJANA, P. B.,

1869-1928. *The Dēnkard. The original Pahlavi text, with its transliteration in Roman characters, translations into English and Gujarati with annotations, and a Glossary of select words*, 19 vol., London.

SHAKED, Sh.,

1979. *Aturpāt-i Ēmētān : The Wisdom of the Sasanian Sages (Dēnkard VI)*, Boulder (Colorado).

SCHLERATH, B.,

1968. *Awesta-Wörterbuch. Vorarbeiten I: Index locorum zur Sekundarliteratur des Awesta. Vorarbeiten II: Konkordanz*, Wiesbaden.

SWENNEN, Ph.,

2004. *D'Indra à Tištrya. Portrait et évolution du*

cheval sacré dans les mythes indo-iraniens anciens, Paris.

TARAF, Z.,

1981. *Der Awesta-Text Niyāyiš mit Pahlavi- und Sanskritübersetzung*, München.

USTINOVA, Y.,

1999. *The Supreme Gods of the Bosporan Kingdom. Celestial Aphrodite and the Most High God*, Leiden.

VAHMAN, F.,

1986. *Ardā Wirāz Nāmag*, London.

WACKERNAGEL, J.,

1905. *Altindische Grammatik. Band II,1: Einleitung zur Wortlehre. Nominalkomposition*, Göttingen.

1930. *Altindische Grammatik. Band III: Nominalflexion - Zahlwort - Pronomen*, Göttingen.

WEST, E. W.,

1871. *The Book of the Mainyo-i-Khard. The Pazand and Sanskrit Texts as arranged by Neriosengh Dhaval, in the fifteenth century. With an English Translation, A Glossary of the Pazand Text, containing the Sanskrit, Persian and Pahlavi equivalents, A Sketch of Pazand Grammar, and an Introduction*, Stuttgart - London.

1880-1897. *Pahlavi Texts*, 5 vol., Oxford.

WESTERGAARD, N. L.,

1852-1854. *Zendavesta or the Religious Books of the Zoroastrians. Volume I: The Zend texts edited*, Copenhagen.

WHITNEY, W. D.,

1879. *Indische Grammatik*, Leipzig.

WILLIAMS, A. V.

1990. *The Pahlavi Rivāyat Accompanying the Dādestān ī Dēnīg. Part I: Transliteration, Transcription and Glossary. Part II: Translation, Commentary and Pahlavi Text*, Copenhagen.

Périodiques

ACL = *Atti dei Convegni Lincei*, Roma.

AI = *Acta Iranica*, Leiden.

AION = *Annali dell'Istituto Universitario Orientale di*

Napoli, Napoli.

Annuaire = *Annuaire du Collège de France. Résumés des cours et travaux*, Paris.

AulaOr = *Aula Orientalia*, Sabadell (Barcelona).

BAI = *Bulletin of the Asia Institute*, Bloomfield (Michigan).

BCLARB = *Bulletin de la Classe des Lettres. Académie Royale de Belgique*, Bruxelles.

BSOAS = *Bulletin of the School of Oriental and African Studies*, London.

EW = *East and West*, Roma.

IA = *Iranica Antiqua*, Leiden.

IF = *Indogermanische Forschungen. Zeitschrift für Indogermanistik und allgemeine Sprachwissenschaft*, Berlin - New York.

IIJ = *Indo-Iranian Journal*, Dordrecht.

JA = *Journal Asiatique*, Paris.

JAOS = *Journal of the American Society*, New Haven.

Kratylos = *Kratylos. Kritisches Berichts- und Rezensionsorgan für indogermanische und allgemeine Sprachwissenschaft*, Wiesbaden.

KZ = *Zeitschrift für Vergleichende Sprachforschung. Begründet von Adalbert Kuhn*, Göttingen.

Lg = *Language. Journal of the Linguistic Society of America*, Baltimore.

MSS = *Münchener Studien zur Sprachwissenschaft*, München.

OLZ = *Orientalistische Literaturzeitung*, Leipzig.

OrSuec = *Orientalia Suecana*, Uppsala.

SII = *Studien zur Indologie und Iranistik*, Reinbek.

Sprache = *Die Sprache. Zeitschrift für Sprachwissenschaft*, Wiesbaden - Wien.

Textes indo-iraniens anciens et moyens

A = Āfrīnagān (RLB). Voir Geldner 1886-1896.

Aog = *Aogəmadaēcā* (FA). Voir JamaspAsa 1982.

AVN = Ardā Virāz Nāmag (LP). Voir Gignoux 1984;

Vahman 1986.

Az = Āfrīn ī Zardušt (FA). Voir Westergaard 1852-1854.

BĀUK = *Bṛhadāraṇyakopaniṣad* des *Kāṇva* (*Veda*).

BhP = *Bhāgavatapurāṇa*.

CHP = Cīdag Handarz ī Paoiriiō.tkaēš°ān (LP). Voir Kanga 1960.

DB = Inscriptions cunéiformes de Darius Ier à Bīsotūn.

DD = Dādestān ī Dēnīg (LP). Voir West 1880-1897; Jaafari-Dehaghi 1998.

Dk = Dēnkard (LP). Voir West 1880-1897; Sanjana 1869-1928; Molé 1967; Shaked 1979; Amouzgar & Tafazzoli 2000.

FA = Fragments avestiques.

FiO = Frahang ī Ōīm (FA). Voir Klingenschmitt 1968.

G = Gāh (RLB). Voir Geldner 1886-1896.

H = Fragments du Hādōxt Nask (FA). Voir Westergaard 1852-1854; Piras 2000.

Hb = Uš° ī Bāmaii° (RLB). Voir Geldner 1886-1896.

KSS = *Kathāsaritsāgara*. Voir Balbir 1997.

LP = Livres pehlevis.

MBh = *Mahābhārata* (éd. crit.).

MX = Dādestān ī Mēnōy Xrad (LP). Voir Anklesaria 1913; West 1880-1897; Nyberg 1964-1974.

N = Nīrangestān (FA). Voir Kotwal & Kreyenbroek 1995.

Ny = Niyāyišn (RLB). Voir Geldner 1886-1896; Taraf 1981.

P = Pursišnīhā (FA). Voir JamaspAsa & Humbach 1971.

RPDD = Rivāyat pehlevie accompagnant le Dādestān ī Dēnīg (LP). Voir Williams 1990.

RLB = Recueil des liturgies brèves (collection avestique).

RLL = Récitatif de la liturgie longue (collection avestique).

RS = *Ṛgvedasaṁhitā* de *Śākalya* (*Veda*).

S = Sīh-rōzag (RLB). Voir Geldner 1886-1896.

ŚBM = *Śatapathabrāhmaṇa* des *Mādhyandina* (*Veda*).

Šn = Šāh-nāma. Voir Mohl 1838-1878.

ŠnŠ = Šāyast-nē-Šāyast. Voir West 1880-1897.

SrB = Srōš Vāz (RLB). Voir Geldner 1886-1896.

V = Vidēvdād (RLL). Voir Geldner 1886-1896.

Vn = *Vaēθā* Nask (FA). Voir Humbach & JamaspAsa 1969.

Vr = Visprad (RLL). Voir Geldner 1886-1896.

Vyt = Vištāsp Yašt (RLL). Voir Westergaard 1852-1854.

Y = *Yasna* (RLL). Voir Geldner 1886-1896.

VZ = Vizīdagīhā ī Zādsparam (LP). Voir Gignoux & Tafazzoli 1993.

Yt = Yašt (RLB). Voir Geldner 1886-1896.

ZA = Zand-āgāhīh (LP). Voir Anklesaria 1956.

ZVY = Zand ī Vahman Yasn° (LP). Voir Cereti 1995.

Pour les sigles qui désignent les mss. (lettre[s] suivie[s] d'un nombre sans espace séparateur), voir les éditions ci-dessus. Pour l'édition des textes, j'intègre à mes propres notes, moyennant de minimes aménagements, les données des appareils critiques de Geldner (1886-1896) ou, à défaut, celles de ceux de Westergaard (1852-1854). Les subdivisions des paragraphes des textes sont de mon cru. Je ne fais pas usage du signe *ń*.

Abréviations courantes

abl. = ablatif. ||| acc. = accusatif. ||| act. = actif. ||| adj. = adjectif. ||| adv. = adverbe. ||| aor. = aoriste. ||| av. = avestique. ||| av. réc. = avestique récent. ||| dat. = datif. ||| e. g. = par exemple. ||| fém. = féminin. ||| ie. = proto-indo-européen. ||| ii. = proto-indo-iranien. ||| indic. = indicatif. ||| inj. = injonctif. ||| instr. = instrumental. ||| litt. = littérature; littéralement. ||| lo. = langue originale. ||| loc. = locatif. ||| masc. = masculin. ||| moy. = moyen. ||| ms(s). = manuscrit(s). ||| n. = note. ||| nom. = nominatif. ||| nt. = neutre. ||| opt. = optatif. ||| phl. = pehlevi. ||| plur. = pluriel. ||| prés. = présent. ||| pron. = pronom. ||| ptcp. = participe. ||| réc. : voir av. réc. ||| scr. = sanscrit. ||| sg. = singulier. ||| sigm. = sigmatique. ||| sq(q). = et suivant(s). ||| subj. = subjonctif. ||| trad.

= traduction. ||| v.-av. = vieil-avestique. ||| véd. = védique. ||| v.-p. = vieux-perse.

Symboles

§ renvoie aux para-graphes de la première partie, qui est intitulée **ĀRTI**. ||| < = provient de. ||| > = donne. ||| ( ), dans les traductions, entourent les mots qui sont sous-entendus dans l'original ou que j'introduis en vue d'une compréhension plus aisée. ||| < > entourent une lacune. ||| { } entourent une glose ou un commentaire dans les textes pehlevis. ||| [ ] entourent une interpolation. Dans les traductions du Yt 17 et du Yt 18, [ ] entourent aussi les titres que j'introduis. ||| [C], placé en regard d'une ligne du Yt 17 ou du Yt 18, en signale la catalexe. ||| [G], placé en regard d'une division ou d'une ligne du Yt 17 ou du Yt 18, en indique le caractère métrique de type vieil-avestique. ||| [H], placé en regard d'une ligne du Yt 17 ou du Yt 18, en signale l'hypercatalexe. ||| [M], placé en regard d'une division ou d'une ligne du Yt 17 ou du Yt 18, en indique le caractère métrique. Cette indication n'est présente que si une remarque est à faire. ||| [P], placé en regard d'une division ou d'une ligne du Yt 17 ou du Yt 18, en indique le caractère non métrique. ||| souligné : je souligne, sauf à l'intérieur d'une traduction, les mots donnés en transcription interprétative (vieil-iraniens, pehlevis, etc.). ||| *italique* : j'écris en caractères italiques, sauf à l'intérieur d'une traduction, les mots donnés en translittération sauf ceux qui appartiennent à la terminologie grammaticale indienne. ||| ^{V} situe la division en vers ou en lignes. ||| ° marque l'amputation. ||| * précède un mot théorique. ||| ** précèdent un ensemble de mots théoriques. ||| $^{\times}$ précède un mot corrigé sans l'aide des mss. ||| $^{+}$ précède un mot corrigé avec l'aide des mss. ||| + défait un sandhi compositionnel si le mot est écrit en caractères italiques. ||| - défait un sandhi interne si le mot est écrit en caractères italiques; défait un sandhi compositionnel si le mot n'est pas écrit en caractères italiques.

ĀRTI

PRÉALABLES

1. L'Aphrodite iranienne et les textes

Plusieurs déesses peuvent prétendre recevoir l'étiquette d'Aphrodite iranienne selon l'*interpretatio graeca*[1] : ce sont surtout Anāhītā[2], la grande rivière céleste, et Ārti[3], la déesse qui va nous intéresser et dont l'*interpretatio indica* fait une *Lakṣmī*, une déesse de la fortune et de la beauté.

Comme les documents achéménides ne nous parlent pas d'elle[4], nous ne pouvons étudier Ārti que sur base des textes avestiques et pehlevis. De l'ensemble des vingt et un livres de la religion mazdéenne zoroastrienne, ensemble qu'il est usuel de nommer Avesta, nous n'avons conservé que de rares fragments, mais, d'une part, deux collections de textes tirés de l'Avesta pour les besoins du culte sont arrivées entre nos mains et, d'autre part, les livres pehlevis contiennent la traduction de plusieurs textes perdus.

Pour l'étude de la déesse Ārti, nous trouvons surtout des renseignements dans les deux collections avestiques. Dans la première, à laquelle Jean Kellens[5] a donné le nom de «Récitatif de la liturgie longue» et qui est constituée de trois parties

---

[1] Sur l'*interpretatio graeca* des divinités iraniennes, voir de Jong 1997 : 29 sqq. Elle est généralement de peu de valeur (Kellens, OrSuec 51-52, 2002-2003, 318).

[2] Voir de Jong 1997 : 269 sq.

[3] Voir de Jong 1997 : 104.

[4] Ārti est absente de l'anthroponymie perse à l'exception incertaine du nom propre élamite *hartikka* (voir de Jong 1997 : 104). Quant à Miždušī que connaissent les tablettes élamites, il reste impossible de savoir s'il s'agit bien d'un autre nom d'Ārti (voir de Jong 1997 : 105).

[5] JA 286, 1998, 453.

(*Yasna*, Visprad et Vidēvdād), l'une des sections du *Yasna*[6], intitulée Vaŋhuca Hād (Y 52), constitue, avec les textes archaïques qui forment le cœur de cette même partie, notre source d'information la plus ancienne, mais la seconde collection se révèle bien plus généreuse. Celle-ci, que Jean Kellens[7] a convenu d'appeler «Recueil des liturgies brèves», contient notamment une série de 22 textes appelés Yašt «textes sacrificiels, textes du culte», chacun consacré à une divinité mazdéenne zoroastrienne, dont l'ordre de succession est inspiré de celui des patrons des jours du mois.

Chacun des douze mois de l'année avestique était divisé en deux septaines et deux huitaines de jours. Les divinités patronnant la première septaine sont les Amṛta Spanta, une catégorie divine d'entités abstraites qui se définissent par l'absence de culte célébré en leur honneur du fait même que de telles divinités représentent les attitudes que l'adorateur pieux se doit d'adopter pour offrir le sacrifice aux dieux dits Yazata qui eux sont l'objet des honneurs sacrificiels. Cette seconde catégorie est celle des dieux qui patronnent la seconde septaine et les deux huitaines de jours restants du mois.

Deux types de Yazata[8] sont à distinguer: les Gaiθiya[9] «qui appartiennent aux troupeaux (dont est formé le monde)» comme le Soleil ou les étoiles qui, visibles, sont des êtres sériables; les Mānyava[10] «qui appartiennent à l'opinion (que l'on se fait d'Ahura Mazdā)» comme l'Échange sacrificiel (Miθra), la Déclamation (Srauša), l'Orientation (Rašnu) ou la Diction rectiligne (Ṛštāt) qui, dieux abstraits, ne sont pas plus visibles que les Amṛta Spanta. C'est dans cette seconde sous-catégorie de Yazata que nous devons ranger Ārti.

---

[6] Pour une vue d'ensemble des sections du *Yasna*, voir Pirart 2004 : 18 sqq.

[7] JA 286, 1998, 453.

[8] Au féminin : Yazatā. La transmission fragmentaire, accidentée ou déficiente des textes avestiques ne nous a pas conservé la forme de ce féminin que je reconstruis.

[9] Au féminin : Gaiθiyā.

[10] Au féminin : Mānyavī.

L'un des 22 Yašt, intitulé Ārd Yašt, est consacré à la déesse Ārti, qui patronnait le vingt-cinquième jour du mois. Dans le cas de cette divinité, le titre de Yašt «texte du culte» se justifie puisque c'est une Yazatā, une déesse appartenant à la catégorie des dieux honorés par le sacrifice. Dans la collection, l'Ārd Yašt est le dix-septième (Yt 17) selon la numérotation que Karl Friedrich Geldner a adoptée[11].

Les livres pehlevis se souviennent peu de la déesse Ārti. Lorsqu'elle y est mentionnée, c'est généralement en tant que patronne de l'un des jours du mois, c'est-à-dire pour l'indication pure et simple d'une date. En dehors de cela, sa mention reste souvent incertaine du fait de la confusion graphique qui l'affecte: le mot vieil-iranien xratu «intelligence» y est reflété par *hlt*| selon un ductus identique à celui de *'lt*| censé continuer le vieil-iranien ārti, l'écriture pehlevie ne faisant aucune différence entre l'aspirée et l'aleph[12].

En outre, le nom de la déesse, dans les passages que les livres pehlevis traduisent, n'a que rarement survécu tel quel, traduit qu'il y est le plus souvent de façon assez approximative, par des mots tels que *tls(')k'syh* (tarsāgāhīh) «respect», *nyvkyh* (nēkīh) «beauté» ou *'hl'dyh* (ašaii°īh) «piété»[13]. Cela montre

[11] Nous l'adoptons puisqu'elle est usuelle, mais elle a l'inconvénient de donner l'impression qu'il n'y a que 21 Yašt : c'est que le dieu Srauša est honoré par deux Yašt consécutifs qui reçoivent les numéros 11 et 11a. Pour une vue d'ensemble de la collection des 22 Yašt, voir Pirart 2006.

[12] Pour certaines de ces rares attestations, la confusion est grande chez les exégètes: Jaafari-Dehaghi (1998) croit identifier la déesse Ārti dans le DD 2.15-16 (3.13-14 chez West 1880-1897 : *II* 18; voir aussi DD 94.2 chez West 1880-1897 : *II* 278), mais, dans le passage parallèle qu'en offre le Dk 6.1B, Shaked abandonne la déesse pour xratu «la sagesse» (cf. Dk 5.7.5 chez Amouzgar & Tafazzoli 2000) tandis que Kanga (1960 : 24 n. 17), dans celui du CHP 27, reconnaît ṛta. Voir encore en annexe l'exemple surprenant de la ZA 3.17.

[13] Voir Bartholomae 1904 : 243; Kreyenbroek 1985 : 76 n. 1.8 et 107 n. 3.7; Josephson 1997 : 44 n. 8 et 108.

combien la notion dont Ārti est la déification n'était plus pleinement présente à l'esprit des traducteurs[14].

Pour l'étude de la déesse Ārti, nous devrons donc essentiellement nous pencher non seulement sur les passages avestiques qui la nomment incidemment, parmi lesquels il y a notamment le cœur du *Yasna* (Y), fait des textes rédigés dans le dialecte archaïque que sont les cinq Gāθā (Y 28-34, 43-46, 47-50, 51, 53) et le Yasna Haptahāti (Y 35-41)[15], auxquels nous pouvons joindre la Vaŋhuca Hād (Y 52), mais aussi sur le texte qui lui est entièrement et exclusivement consacré, l'Ārd Yašt (Yt 17). Nous y joindrons l'Āštād Yašt (Yt 18) qui traite en bonne partie aussi de la déesse Ārti.

---

[14] Il n'est d'ailleurs même pas exclu que le titre d'un important livre pehlevi, le Dādestān ī Mēnōy [ī] Xrad — je ne comprends pas l'eżāfe si *mynvd* est épithète («Traité du Mānyava Xratu») —, ne doive pas être lu comme on le fait habituellement sur base de ses traductions pāzand et sanscrite: ce pourrait parfaitement être Dādestān ī Mēnōy [ī] Ārd (*DYNA Y mynvd Y 'lt*|) «Traité de la Mānyavī Ārti». Le contenu de ce livre pehlevi ne permet pas de lever l'ambiguïté puisque le théonyme n'y intervient que dans les deux phrases récurrentes d'introduction convenue dudit contenu. Le livre se présente en effet comme l'entretien assez éclectique qu'un sage anonyme, qui pourrait être Zaraduštra, avait eu avec une divinité nommée *mynvd Y 'lt*| ou *mynvd Y hlt*|, selon la lecture que l'on adoptera: MX 1.1 *pvrsyt*| *d'n'k OL mynvd Y hlt*| *AYK* (pursīd dānāg ō mēnōy [ī] xrad kū) «Le sage posa cette question au Mānyava Xratu: ...»; MX 1.3 *mynvd Y hlt*| *pshv*| *krt*| *AYK* (mēnōy [ī] xrad passox kard kū) «Le Mānyava Xratu répondit: ...». Traduction sanscrite: *apṛcchaj jñāny enāṁ paralokīyāṁ yāṁ buddhiṁ yat ... paralokīyā yā buddhiḥ pratyuttaram akarod yat ...* Il n'est pas anodin que cette désignation de la divinité soit presque superposable à celle que le Yt 17.0.3 utilise pour invoquer notre déesse, *mainiiō aršašauuaŋg*, si nous voulons bien voir que, même si la traduction sanscrite la reflète, la présence de l'eżāfe *Y* reste incertaine et que le titre de Mānyava (phl. *mynvd* < av. *mainiiaoiia-*), certes légitime, qui serait ici attribué à Xratu, l'allégorie de la sagesse divine, ne le lui est pas connu par ailleurs. Ajoutons que ZA 26.96 (§ 28) connaît une ārd ī mēnōy que le commentaire identifie comme étant notre déesse.

[15] Sur ces textes, voir Kellens & Pirart, 1988-1991.

Ceci me conduit à traduire et à éditer ces deux derniers textes, car les difficultés philologiques y sont considérables, mais aussi en raison d'enseignements que ce nouvel examen m'a permis d'en tirer à plusieurs égards, notamment au point de vue métrique[16]. L'édition de l'Ārd Yašt est complétée de la transcription commentée du texte de ce Yašt tel qu'il figure dans F1, le manuscrit le plus important[17].

Auparavant, c'est-à-dire: ci-dessous, je fais le tour de ce que l'on peut savoir sur la déesse, en anticipant sur les résultats de l'examen de l'Ārd Yašt et en m'appuyant sur le reste des sources utiles. Pour ce faire, après quelques préalables (§§ 2-4), je me laisserai conduire par les méandres de l'Ārd Yašt (§§ 5-22) avant de compléter l'information par un examen du contenu de l'Āštād Yašt (§ 23), de la Vaŋhuca Hād (§ 24) et des passages archaïques (§ 25), mais aussi par trois appendices : une remarque sur la coordination «Ārti et Fravr̥ti» (§ 26), la recherche de l'adversaire de la déesse (§ 27) et le recueil des principaux passages de la Zand-āgāhīh concernant Ārti (§ 28).

2. Le nom de la déesse

Comme le dit son nom qui est le dérivé abstrait en -ti- de ā+√ ar[18], le verbe qui, conjugué à la voix moyenne, signifie «arriver»[19], la déesse Ārti (pehlevi Ārd[20]) représente le fait que

---

[16] J'ai donné une première approche du problème de la métrique de l'Avesta récent dans 2004 : 149 sqq.

[17] Ce sera l'occasion de quelques remarques nouvelles sur la présentation qu'on y trouve du texte, mais aussi de montrer à quel point le texte se trouve abrégé dans les manuscrits.

[18] Werba, Sprache 32, 1986, 347; Pirart 2004 : 261.

[19] Le verbe qui nous intéresse, *ā*+√ *ar* moyen, peu attesté dans l'Avesta où il perd chaque fois son préverbe, est, en védique, un hapax incertain (voir Pirart 1995-2000 : *II* 265-267) qui, de surcroît, régit l'accusatif: RS 5.74.5cd *yúvā yádi kr̥tháḥ púnar* [V] *ā́ kā́mam r̥ṇve vadhvàḥ* «(Aśvin,) comme vous rajeunissez (Cyavāna), l'amour de son épouse (Sukanyā) lui arrive (< il arrive à ce que son épouse l'aime)». Par contre, la comparaison de Y 43.1e *rāiiō aṣ̌īš* avec RS 8.7.13 *ā́ no rayím ... íyartā marutaḥ* «octroyez-nous la richesse, ô Marut !» (Pirart, JA 289, 2001, 107), quoique ce passage recoure

puisse nous arriver quelque chose ou, moyennant un changement de voix grammaticale, que nous puissions faire arriver quelque chose, autrement dit et grosso modo, la chance ou l'envoi.

On ne peut réfuter cette étymologie en affirmant que la graphie habituelle de son nom *aṣ̌i-*[21] ne comporte pas de voyelle longue, que la graphie *ārəiti-* que nous livre un recueil de fragments avestiques, les Pursīšnīhā («les questions»), est isolée, voire incertaine, que son nom pehlevi *'lt*| peut être lu Ard avec la voyelle brève et que le verbe correspondant, dont le thème de présent est *ərənao-*, n'est jamais attesté en combinaison avec le préverbe *ā*.

À mes yeux, la brève avestique et le simple aleph pehlevi que montrent respectivement les graphies habituelles *aṣ̌i-* et *'lt*| sont ambigus comme le prouvent les deux mots homographes *aṣ̌a-*, l'un correspondant au védique *r̥tá-* nt. «agencement» et l'autre survivant en persan sous la forme ārd «farine» où la

---

au hvādi au lieu du svādi, nous invite à donner du comportement diathétique de ii. **ā́*+√ *ar* la description suivante: l'actif a un sens causatif par rapport au moyen, même si RS 8.7.13 est la seule attestation de védique *ā́*+*R̥* actif «faire arriver». En effet, d'une part, RS 1.144.5c *ā́* ... *r̥ṇvati* intransitif thématique (tudādi) est une 3e sg. au sens de «s'avancer» tandis que nous devons postuler l'autre racine *R̥*, c'est-à-dire ie. **H_2er*, pour 1.30.14-15 *ā́* ... *r̥ṇoḥ* où le sens est «insérer, emboiter»; d'autre part, quand on ne trouve pas d'autres préverbes tels que *prá* (e. g. 3.34.2b, 9.85.7b) ou *út* (e. g. 3.8.5d), la RS, avec la pensée (e. g. 8.13.26c) ou la parole (e. g. 4.21.5b) pour objets, recourt souvent au verbe simple.

[20] Les textes pehlevis reproduisent ou imitent souvent la graphie avestique du nominatif du nom de la déesse en univerbation avec son titre de Vahvī «bonne déesse» (*'hlyšvng* < *aṣ̌iš vaŋʷhi*, lo. ārtiš vahvī), mais recourent parfois aussi à la forme attendue *'lt*| que, comme son homographe *'lt*| «farine», nous pouvons lire Ārd même si, dans les textes manichéens, apparaît la graphie *'yrd*, habituellement lue Ērd, et que, pour ZA (1A.18, 1A.23, 3.17, 26.87, mais non 16A.2, 26.96), le ms. TD2 donne *ylt*| contre DH et TD1 qui donnent *'lt* ou *'lt*|.

[21] Sur l'emploi de *ṣ̌* < lo. °rt°, Pirart, JA 289, 2001, 87-146.

longue est avérée[22]. En outre, je considère que l'attestation de la graphie *ārəiti-* ne peut être sous-estimée, que l'absence du préverbe qui doit être combiné avec le verbe s'explique par la règle de grammaire selon laquelle celui-ci ne peut figurer deux fois dans le syntagme combinant le substantif sujet interne avec le verbe et que, dans les passages qui attestent ce verbe, le préverbe est déjà présent dans *aši-* : Y 9.12-13 [23]*kasə θβąm tūiriiō haoma mašiiō* ˅ *astuuaiθiiāi hunūta* ⁺*gaēθaiiāi* .˙. *kā ahmāi* ***ašiš ərənāuui*** ˅ *ciṯ ahmāi jasaṯ āiiaptəm*[24] .˙. *āaṯ *hē aēm* ⁺*paiti.aoxta* [*haomō ašauua dūraošō*] .˙. ⁺*paourušaspō mąm tūiriiō mašiiō* ˅ *astuuaiθiiāi hunūta* ⁺*gaēθaiiāi* .˙. *hā ahmāi* ***ašiš ərənāuui*** ˅ *taṯ ahmāi jasaṯ āiiaptəm* ˅ *yaṯ hē tūm us.zaiiaŋha* ˅ ... «Hauma[25], quel est le mortel qui, le quatrième du monde osseux, te pressura ? Quelle chance (= Ārti) lui arriva-t-il ? En quoi fut-il accédé à sa demande de faveur ? Alors celui-ci lui répondit[, le ṛtavan Hauma durauša] : Le mortel qui, le quatrième du monde osseux, me pressura fut Parušāspa[26]. La chance qu'il lui arriva et la demande de faveur à laquelle il lui fut accédé furent que tu lui naquis, toi (Zaraduštra)»; Y 52.3de *yaθa nō mazištā̊sca vahištā̊sca sraēštā̊sca* ˅ ***ašaiiō ərənauuaṇte*** .˙. «de sorte que nous arrivent les plus grandes, les meilleures et les plus belles chances»; Y 56.3 (= Y 65.17) *səraošō iδā astū* ˅ *apąm vaŋᵛhīnąm yasnāi* ˅ *vaŋhuš* ˅ *vaŋᵛhīnąm aməšanąmcā spəṇtanąm huxšaθranąm huδā̊ŋhąm vohunąmcā* ˅ *vaŋhuiiā̊scā* ***ašōiš*** [*yasnāi*][27] ˅ *yā nə*

[22] Voir Darmesteter 1892-1893 : *II* 81 n. 90. La graphie pehlevie de ce dernier mot est bien sûr ambiguë: *'lt'*.

[23] Pirart 2004 : 70-71.

[24] *ašīm* ... *āiiaptəm* : cf. Y 28.7aa' (voir § 25).

[25] Le dieu qui représente l'ivresse du jus d'une plante et symbolise l'âme-moi (ruvan) du commanditaire du sacrifice.

[26] Le père de Zaraduštra.

[27] Le diascévaste a répété ce mot en raison de la longueur du deuxième des trois groupes théonymiques coordonnés figurant au génitif. C'est que ce deuxième groupe contient, en plus d'épithètes habituelles (*huxšaθranąm huδā̊ŋhąm*), l'indication que les Amṛta Spanta (*aməšanąmcā spəṇtanąm*) sont les uns des déesses (*vaŋᵛhīnąm*) et les autres des dieux (*vohunąmcā*).

āraēcā ərənauuataēcā *aṣ̌aŋhāxš* ∴ *səraošascā iδā astū* V *apąm vaŋ*^{v}*hīnąm yasnāi* V *vaŋhuš aṣ̌iuuå* V *hiiaṯ paouruuīm taṯ ustəməmcīṯ* ∴ «Que soit ici présent le dieu Srauša pour le sacrifice offert avec les déesses rivières, avec les Amr̥ta Spanta, déesses et dieux, pourvus d'une bonne influence rituelle et de bonnes offrandes, et avec la déesse Ārti qui, compagne de l'harmonie, nous est arrivée et nous arrivera! Que soit ici présent le dieu Srauša accompagné d'Ārti pour le sacrifice offert avec les déesses rivières! Ce qui est au début (= de notre vivant ?) est aussi à la fin (= dans l'au-delà ?)»[28]. Le génitif qui marque les trois groupes théonymiques coordonnés en dépendance de *yasnāi* est tout aussi ambigu que l'accusatif que régit le verbe √ *yaz* pour connoter aussi bien la divinité honorée par le sacrifice offert que les ingrédients de sa célébration : les déesses rivières, qui sont l'eau lustrale, les dieux et déesses formant le groupe des Amr̥ta Spanta, qui représentent diverses attitudes pieuses, et la déesse Ārti, qui, comme nous le verrons, assure l'envoi des pensées, paroles et gestes requis, ce sont là diverses divinités impliquées dans le mécanisme même de la cérémonie sacrificielle à côté de Srauša[29], le dieu de la déclamation. Il vaut donc mieux éviter de parler ici de sacrifice offert **à** ces divinités pour préférer le voir offert **avec** leur collaboration. Le Yazata de la déclamation rituelle, Srauša[1], est accompagné d'Ārti dans quelques autres passages sans que ceux-ci nous permettent d'en expliciter la raison : Y 1.7.3b *sraošahe aṣ̌iiehe aṣ̌iuuatō* «le pieux Srauša accompagné

---

[28] Je renonce à l'hypothèse formulée dans MSS 52, 1991, 127-135 selon laquelle ce passage contiendrait des fragments vieil-avestiques à faire figurer entre guillemets : si vieil-avestique il y a, il est pleinement intégré à la grammaticalité du passage. Ceci dit, la teneur du passage, trop exceptionnelle et isolée, ne peut guère être explicitée autrement qu'en pensant aux paroles rituelles : le tandem que forment Srauša «déclamation» et Ārti «envoi» y est présenté comme jouant un rôle d'importance dans le culte où, de toute façon, les eaux lustrales et les attitudes du sacrifiant remplissent aussi leur fonction.

[29] Dérivé en °*a*- de √ *sruš* «faire entendre», variante causative de √ *sru* «entendre».

d'Ārti»; Y 27.6.2ab (= Vr 12.1.2ab) *vaŋhuš sraošō yō* ˣ*aṣ̌i*[30] *hacaite mązaraiia*[31] «le dieu Srauša qui est accom-pagné d'Ārti qui confère la richesse»; Y 43.12c-e' *uzirəidiiāi parā hiiat̰ mōi ā.jimat̰* ᵛ *səraošō aṣ̌ī mązā.raiiā hacimnō* ᵛ *yā vī aṣ̌īš* ⁺*rānōibiiā*[32] *sauuōi* [*vī*]*dāiiāt̰* °₀° «me lever avant que vienne à moi Srauša en compagnie d'Ārti qui confère la richesse et répartit les ārti entre les deux types liturgiques (?) au profit (des dieux)». Si Srauša est fondamentalement le fait de réciter les paroles rituelles, il faut sans doute penser que l'Ārti qui lui fait côté est la déification de leur envoi, mais l'épithète manza-ri «octroyeuse de richesses, gratifiante» nous oriente vers l'autre sens du théonyme, celui de chance ou d'octroi.

L'absence de préverbe *ā* combiné avec le verbe conjugué dans le syntagme *aṣ̌iš ərənao-* reflète la règle selon laquelle un verbe perd son préverbe si un nom sujet ou complément interne précède ce verbe et, généralement pour former une figure étymologique, contient ledit préverbe. C'est ce qu'enseigne la comparaison de RS 2.24.6b ***nidhím*** *paṇīnā́m paramáṁ gúhā* ***hitám*** «trésor des Paṇi, (trésor) très lointain, sis en cachette»[33] avec RS 1.130.3a *ávindad divó* ***níhitaṁ*** *gúhā* ***nidhím*** «Il a trouvé le trésor-caché du ciel mis-en-un-endroit-caché»[34].

Voici quelques autres vers de la RS illustrant cette règle : RS 8.100.4d ***ādardiró*** *bhúvanā* ***dardarīmi*** «Déchireur, je déchire les mondes»; RS 10.18.4a *imáṁ jīvébhyaḥ* ***paridhíṁ dadhāmi*** «J'installe cette barricade pour les vivants»[35]; RS 10.95.10a ***vidyún*** *ná yā́ pátantī* ***dávidyot*** «Celle qui brilla comme un éclair qui tombe»[36].

Dans l'Avesta, la répétition que nous trouvons parfois en contradiction avec cette règle est sans doute due à la diascévase

---

[30] G *aṣ̌ahe*.

[31] Cf. véd. *maṁhayádrayi-* (RS 9.52.5c = 9.67.1c, dit de *Sóma Pávamāna*) et *máṁhiṣṭharāti-* (RS 1.52.3d, dit d'*Índra*).

[32] Voir Kellens & Pirart 1988-1991 : *III* 166.

[33] Trad. Renou 1955-1969 : *XV* 57.

[34] Trad. Renou 1955-1969 : *XVII* 44.

[35] Trad. Renou 1956 : 63.

[36] Trad. Renou 1956 : 107.

scolaire, mais ceci ne peut être démontré que si le texte est en vers. Ainsi V 17.6 qui est en prose ne prouve-t-il rien : *xšaθrāi vairiiāi* ***pairi.karəm pairi.kāraiiōiš*** *tišrō*[37] «Puis tu creuseras à l'entour avec un couteau de métal trois sillons»[38]; par contre, dans le V 3.31.2, la chute du préverbe est conservée : *hō daēnąm māzdaiiasnīm* ***frauuāza vazaite*** .·. «Il véhicule Dainā Māzdāyasni[39] en véhicule».

Il en va de même dans des passages métriques tel que Y 9.25.3 : *ušta tē nōiṯ* ×***paiti.frāsa*** V *ərəžuxδəm* ***pərəsahe*** *vācim* .·. «À volonté pour toi! Avec l'exégète, tu ne t'entretiens pas au sujet du texte rectiligne»[40].

Et la métrique du Yt 14.54.3 est régularisée si le caractère secondaire de la répétition du préverbe est reconnu : *yaṯ nū[rəm] viiāmbura daēuua* V *maṣ̌iiāka daēuuaiiāzō* V *vohunīm vā tācaiieiṇti* V [41]×***pairiš.haēkəm vā*** ×***[pairiš.]hiṇcaiṇti*** .·. (lo. yat nu vi-amburā daivā V martiyakā daiva-yāzah V vahunīm vā tācayanti V pari-haikam vā hincanti) «tant que les Daiva[42] Viambura[43] (et) les mortels qui leur rendent un culte feront

---

[37] La phrase est grevée de plusieurs anomalies grammaticales: le datif *xšaθrāi vairiiāi* paraît mis pour l'instrumental; *pairi.karəm*, dont la morphologie exacte n'est pas assurée, pour l'acc. plur.; le fém. *tišrō*, pour le masculin ou le neutre.

[38] Trad. Darmesteter 1892-1893 : *II* 238.

[39] La religion mazdéenne.

[40] Trad. Pirart 2004 : 83 et n. 160.

[41] G *frašaēkəm vā frašicaṇti*. Contre Kellens 1984: 169, 169 n. 3, 214.

[42] La correspondance que le nom des démons auxquels les impies rendent un culte, Daiva (fém.: Daivī), montre principalement avec celui des dieux védiques (*devá-*, *devī́-*) et celui des dieux latins (*deus*, *dea*) a beaucoup fait couler d'encre (voir Kellens 1994 : 11-34) tandis que son étymologie reste controversée: les arguments que, pour son explication, j'avais avancés en faveur de la racine √ **dīu̯* «jouer aux dés» (1995-2000 : *I* 95 sq.) n'ont pas convaincu — le «hasard» des dieux est difficile à soutenir —, mais ma sérieuse mise en doute de l'existence de ie. √ **diu̯* «briller comme le ciel diurne» n'a pourtant toujours pas été contrée.

[43] Si leur nom de Viambura (*viiāmbura-*) est formé du préverbe proto-indo-iranien **u̯í*, indicateur d'une disparition, et du dérivé en **-ura-* de proto-

couler le sang et verseront de tels liquides (sur les victimes sacrificielles)».

En proto-indo-iranien, **ā́rti-* (< **ā́-r̥ti-*)[44], littéralement «action d'arriver», pouvait désigner le fait que de mauvaises choses nous arrivent aussi bien que de bonnes. Dans l'Avesta, comme ce qui est envisagé est positif, nous pourrons traduire le nom de la déesse Ārti par «Chance» tandis que la langue védique accordait une charge négative à *ā́rti-* pour désigner le fait d'être affecté par la maladie ou la douleur et lui donner le sens de «souffrance». Le nom d'Ārti est ainsi l'un de ces mots indo-iraniens qui sont positifs en iranien, mais négatifs en indien comme **ásura-* et **dásyu-*[45].

La rareté du verbe ne me permet pourtant pas d'être convaincant à ce stade initial de la recherche d'autant plus que les racines ii. √ **ar* sont trop nombreuses et enchevêtrées les unes dans les autres pour que l'approche puisse en être sainement assurée. Ce sont donc bien plutôt les contextes des occurrences de *aṣ̌i-* qui devront nous conduire à bon port.

3. La chance d'obtenir un fils

Le début du Hōm Stōd[46], Y 9.3-15, montre que la chance dont il est question est que nous arrive la richesse que la naissance d'une descendance constitue. Pareil «arrivage» est vu comme la contrepartie de l'«envoi» de la triade pensée bonne + parole bonne + geste bon vers les dieux. Car tel était aussi le

---

indo-iranien √ **ambh*, une racine mal connue que renferme aussi le mot véd. *ámbhas-* «flot, eau», le sens pourrait en être «assécheur», ce qui renvoie à la figure mythique indienne de *Vr̥trá*, le démon qui bloque les rivières. Il faudrait encore pouvoir vérifier si viambura est bien le nom de certains Daiva en particulier ou si ce n'est jamais qu'une épithète applicable à tous les Daiva (Pirart 2006 : 177 n. 86).

[44] Le monosyllabisme résultant du sandhi **ā́-r̥°* est confirmé par les règles qui régissent le sandhi accentuel de *ā́*+voyelle dans le *Śatapatha-brāhmaṇa* (Pirart, JA 289, 2001, 107).

[45] Sur quoi, Pirart, JA 286, 1998, 534.

[46] Texte de l'éloge de Hauma, intégré au *Yasna* (Y 9-11). Voir Pirart 2004.

sens du mot dans les Gāθā, un sens causatif : «action de faire arriver, envoi»[47]. Comme pour les Indiens védiques, il était d'une importance capitale pour les Iraniens d'avoir un fils qui pût à leur mort assurer la continuité des célébrations rituelles et offrir ainsi un soubassement à leur éternité dans l'au-delà paradisiaque. Ce fils est aussi la préfiguration du saušyant, ce combattant eschatologique que, dans l'au-delà, le ruvan des pieux individus (leur âme-moi) engendre avec leur dainā (leur conscience religieuse) pour venir grossir les armées du bien et garantir la victoire définitive des forces lumineuses.

C'est la raison de l'épithète de hu-apaθyā «accompagnée de la bonne descendance» que reçoit la déesse non seulement dans l'Avesta, mais aussi chez les Scythes d'Hérodote : *Artímpasa*[48] = Ārti hu-apaθyā. Le père de l'Histoire la décrit comme une Aphrodite Uranie, montrant bien par là le moteur que la déesse représente à l'instant d'obtenir un fils, mais aussi la dimension céleste, post mortem, de cette chance.

L'Inde classique abonde en sacrifices *putrotpattyartha* «pour obtenir un fils». C'y est statistiquement le but largement et clairement le plus souvent affiché des sacrifices et ascèses. Nous en avons avec le Hōm Stōd un reflet iranien, ce qui n'est guère surprenant : c'est même attendu, pourrions-nous avancer.

4. Ārti, Hvarnah, Savah et Parandī

Dès lors, le petit groupe de divinités que le Sīh-rōzag[49] 2.25 rassemble derrière Ārti pour patronner le 25e jour du mois n'est guère étonnant : Hvarnah[50], Savah et Parandī. Les dieux

---

[47] Cf. e. g. Y 33.13b' *yā vaŋhəuš aṣ̌iš manaŋhō.*

[48] Nyberg (1938 : 254; voir de Jong 1997 : 104; Ustinova 1999 : 75 sqq.) avait reconnu que la première partie du mot contenait le nom de la déesse. Pour la seconde, voir Pirart, JA 287, 1999, 466 n. 5.

[49] Le «Livre des trente jours», ouvrage avestique annexe qui traite des jours du mois.

[50] Il est à noter ici que ŠnŠ 22.25 (West 1880-1897 : *I* 403) identifie Ārti à Kāvya Hvarnah, l'allégorie de la possibilité de se nourrir vue comme le résultat de la bonne gestion que les rois de la dynastie mythique des Kavi

Hvarnah et Savah, tous deux avec un nom de genre grammatical neutre, représentent respectivement la capacité de se nourrir sans restriction et celle d'engraisser. C'est que la gloire divine est avant tout celle de pouvoir assurer l'alimentation des adorateurs tout comme celle du roi consiste à savoir gérer les réserves et ressources alimentaires de son royaume et à subvenir aux besoins les plus élémentaires de ses sujets. Les Yašt qualifient souvent de raivant et de hvarnahvant, de «riches» et de «fortunés», les dieux qui disposent des richesses comme des nourritures et en gratifient les mazdéens en fonction de la correction avec laquelle ceux-ci s'acquittent de leurs devoirs religieux. Les dieux ne peuvent rencontrer les souhaits de l'adorateur que si le rite a pu les engraisser, leur en donner la force. La force magique qui se dégage du sacrifice et fortifie les dieux, les engraisse ou les rend opulents porte le nom de Savah «gonflement, embonpoint»[51]. De part et d'autre de cet échange de félicités que les dieux Hvarnah et Savah représentent, nous trouvons les déesses Ārti et Parandī, autrement dit: les allégories complémentaires de la chance d'avoir un fils et de la gestation.

Comme ils sont autant de bras pour le travail ou offrent autant de moyens de garder et soigner les troupeaux, les fils sont fréquemment associés à la richesse tandis que celle-ci est souvent elle-même richesse en fils. Parandī reçoit l'épithète constante de *raoraθā-* «au char plein de richesses»[52] tout

---

avaient entreprise, et que ZA 26.96 (voir § 28) nous présente Ārti comme la gérente du Hvarnah en ce monde comme dans l'autre.

[51] Dans le même ordre d'idée, le *Véda*, quand il ne les qualifie pas de *śū́ra-* «opulents», accorde aux dieux les noms de *śávasaḥ putrá-/sūnú-* «fils de l'opulence», de *śávaso nápāt-* «petit-fils de l'opulence» ou de *śávasaḥ páti-* «possesseur de l'opulence».

[52] *rao°* ne peut être expliqué par lo. ragu- (véd. *raghú-*) ni par ragva- comme le voulait Gershevitch à la suite de Bartholomae («auf hurtigem Wagen fahrend») et de Duchesne-Guillemin (1936 : 21) : la chute du g dans ragu+ se justifie mal, et ragva+ devait donner *rauua°* ou *rauuō.°*. Dès lors, je fais de *rao°* la forme compositionnelle (dite de Caland) de *raēuuaṇt-* «riche» (selon une graphie qui se retrouve dans *srao°* qui est celle de *srīra-* «beau»),

comme la védique *Púraṁdhī/°i* «la gravide» est souvent associée au char de la richesse[53] et aux *Rái*, les allégories de la richesses[54]. La relation qu'entretiennent les idées que représentent Hvarnah et Parandī est documentée aussi dans la RS où *Púraṁdhi* se voit flanquée de l'épithète d'obtentrice de la possibilité de se nourrir sans restriction (*ˣsātávājā-*)[55]. La RS voit aussi dans *Púraṁdhi* l'ennemie des *Árāti*[56], les allégories de l'avarice des mauvais adorateurs, tout comme l'Avesta associe Parandī et Rāti, «la générosité»[57], montrant combien les pratiques rituelles étaient considérées comme le moyen d'obtenir une progéniture.

Quatre passages extérieurs à l'Ārd Yašt illustrent l'étroitesse de l'association des déesses Ārti et Parandī, mais sans apporter de données bien importantes. Le premier d'entre eux montre que cette association peut aussi concerner le hvarnah : Vyt 8 ... *yūžəmciṯ xᵛarənō ˣbaxšata*[58] V *ˣāpō*[59] *dasta nō təm yānəm* V †*jaiδiiata*[60] *aṣ̌iš vaŋᵛhi* V *rātāca vouru.dōiθra hacatu* V *pāraṇdica raoraθa* «Vous aussi, Rivières, distribuez le hvarnah, faites-nous cette faveur que nous vous demandons :

---

contre la traduction pehlevie (e. g. ZA 26.122) ravāg-rah et même si Vr 7.2.5 peut pousser à accepter l'interprétation traditionnelle : *rəuuīm parəṇdīm yazamaide* [*rəuuīm*] *rauuō.manaŋhąm rəuuīm rauuō.vacaŋhąm rəuuīm rauuō.śiiaoθənanąm frā tanuuō rəŋjaiieiti* .·. «Nous offrons le sacrifice à Parandī véloce à montrer pensée véloce, véloce à montrer parole véloce, véloce à montrer geste véloce: [1]elle allège (= rend capables de vitesse) les personnes». **Note :** [1]. Traduction conjecturale.

[53] E. g. RS 5.35.8ab, 9.93.4cd.

[54] E. g. RS 1.158.2c, 7.35.2b.

[55] RS 7.36.8d.

[56] E. g. RS 4.26.7c.

[57] Nommée aussi Rāsanstāt «qualité de celui qui donne».

[58] W *baxšaiiata.*

[59] W *āpa.*

[60] Mis pour le dat. masc. plur. du participe présent actif de √ *jad* ? L'ordre des mots qui suivent me paraît avoir été altéré : reconstituer lo. jadyant-byah ārtiš hacatu V rātā ca yā varu-daiθrā V parandī ca raï-raθā ?

(nous demandons) d'être accompagnés par les déesses Ārti, Rātā[61] aux grands yeux et Parandī au char plein de richesses».

---

[61] <u>Rātā</u> «offrande» est une déesse mal connue: V 19.19 *barəsma hē* ˣ*uzbāraiiāt̰*[1] V [2]*aēšō.drājō yauuō.fraθō* V *mā hē barəsma pairi.kərətəm* ˣ*pairi.kərəṇtōiš*[3] V *narō aŋhən aṣ̌auuanō* V [4]*hāuuōiia zasta niiāsəmnō* V *yazəmnō ahurəm mazdąm* V *yazəmnō aməṣ̌ə spəṇtə* V [5]*haomasca zāiriš bərəzō* V *srīrå̊sca*[6] *vohu manō* V *rātaca vaŋ^{v}hi mazdaδāta* ⁺*aṣ̌aoni*[7] †*vahištō*[8] .·. «Il lui détachera un barsman[9] de la longueur d'un timon et de la largeur d'un joug. Il ne faut en rien l'élaguer. Les hommes r̥tavan[10] seront présents pour le tenir de la main gauche et rendre un culte à Ahura Mazdā, via les Amr̥ta Spanta[11], le Hauma[12] jaune et haut, le beau Vahu Manah[13] et l'harmonieuse déesse Rātā qu'Ahura Mazdā mit en place [excellent]»; Vyt 37[14] *āiti nirāzai[illegible]*[15] *rāta* [16]ˣ*vaŋ^{v}hi*[17] ˣ*mazdaδāite*[18] ˣ*aṣ̌aoni*[19] ... «L'harmonieuse déesse Rātā qu'Ahura Mazdā mit en place vient en étendant par terre (?)»; S 1.5 *spəṇtaiiå̊ vaŋhuiiå̊ ārmatōiš rātaiiå̊ vaŋhuiiå̊ vouru.dōiθraiiå̊ mazdaδātaiiå̊ aṣ̌aoniiå̊* .·., S 2.5 *spəṇtąm vaŋ^{v}hīm ārmaitīm yazamaide rātąm vaŋ^{v}hīm vouru.dōiθrąm mazdaδātąm aṣ̌aonīm yazamaide* .·.. **Notes :** [1]. Contre G *uzbāraiiat̰* et Kellens (1984 : 115). Emploi du subjonctif pour l'optatif: *uzbāraiiāt̰ ... aŋhən.* ||| [2]. Lo. <u>īšā-drājah</u> <u>yuga-fraθah</u>. Contre Moazami, EW 52, 2002, 156 et 161. ||| [3]. Avec Kellens (1984 : 169 n. 2), contre G *pairi.kərəṇtīš*. Mis pour la 3e sg. Sur *mā* + opt., voir Kellens 1984 : 300 sq. ||| [4]. L'instrumental singulier est mis pour le pluriel ; le nominatif singulier, pour le pluriel. ||| [5]. Emploi du nominatif pour l'accusatif. ||| [6]. Cet acc. fém. plur. est mis pour l'acc. nt. sg. ||| [7]. G *aṣ̌aone*. ||| [8]. Ne paraît pas avoir de place dans la phrase. ||| [9]. Faisceau de branches constituant un instrument du culte avec lequel le prêtre effectue certains mouvements. ||| [10]. Littéralement «accompagné de l'harmonie, harmonieux» (fém. : <u>r̥taunī</u>), c'est la désignation de tous les êtres relevant de la bonne opinion et, en particulier, des pieux adorateurs qui, par leur activité religieuse, produisent un bon agencement (<u>r̥ta</u>). L'antonyme est <u>drugvant</u> (fém.: <u>drugvatī</u>) «accompagné du dysfonctionnement». ||| [11]. Les sept <u>Amr̥ta</u> <u>Spanta</u> sont des divinités abstraites qui, représentant les attitudes requises du sacrifiant, se passent des honneurs sacrificiels à la différence des <u>Yazata</u>. ||| [12]. Dieu de l'ivresse rituelle, <u>Hauma</u> est une plante dont le jus constitue l'ingrédient essentiel des libations et le symbole de l'âme de l'adorateur sacrifiant. ||| [13]. <u>Vahu</u> <u>Manah</u> «bonne pensée», l'un <u>Amr̥ta</u> <u>Spanta</u>, représente le premier niveau de la triade pensée+parole+geste du comportement rituel de l'adorateur. ||| [14]. Division en paragraphes selon D contre W et B. ||| [15]. W ;

Le deuxième de ces quatre passages énumèrent quatre déesses, dont la déesse Ārti, pour en faire les archétypes de la féminité : Y 13.1 *ahurəm mazdąm āmruiiē* ᵛ *nmānahe nmānō.-patōiš ratūm* ᵛ *ā vīsō vīspatōiš ratūm* ᵛ *ā zaṇtəuš zaṇtupatōiš ratūm* ᵛ *ā daŋhəuš daŋhupatōiš ratūm* ᵛ *ā* [.·.] *γənąnąm* ˣ*ratūš*[62] [*ā*]*mruiiē* ᵛ *daēnąm māzdaiiesnīm* ᵛ *aṣ̌īm vaŋᵛhīm* ᵛ *parəṇdīm* [ᵛ *yąmcā bipaitištanąm aṣ̌aonīm*][63] ᵛ *imąmcā ząm yā nå̄ baraitī*[64] .·. «Tandis que[65] je vois en Ahura Mazdā le modèle du maître de maison de la maison, le modèle du maître de clan du clan, le modèle du maître de tribu de la tribu et le modèle du maître de nation de la nation, je fais de Dainā Māzdayasni, de la déesse Ārti, de Parandī et de cette Terre qui nous porte les modèles des femmes».

Le troisième passage, Yt 8.38.3, réunit les déesses Ārti et Parandī dans une œuvre commune inattendue. La terre était tombée aux mains des démons qui, par amusement, concédèrent à un archer qui ne payait pas de mine, un certain Ṛša, d'y acquérir un lopin long et large d'une portée de flèche, mais les deux déesses Ārti et Parandī permirent à la flèche de faire le tour du monde : *ā*[66] *dim* [67]*paskāt̰ anumarəzatəm*[68] ᵛ *aṣ̌išca*

---

nrāza° K4; *narāza*° L5. Nominatif fém. sg. du participe présent causatif actif de *nī*+√ *raz* «?» ? Voir Bartholomae 1904 : 1514. ||| [16]. Vocatif mis pour le nominatif. ||| [17]. Comme le suggère W contre *vaŋhe* des mss. ||| [18]. Mss. *mazdaδāte*. ||| [19]. Comme le suggère W contre *aṣ̌aone* des mss.

[62] G *ratūm*.

[63] La ligne «et la ṛtaunī bipède», pour le sens général et en raison du schéma illicite de coordination qui en résulterait, ne me paraît pas avoir de place dans la phrase.

[64] Cette ligne est inspirée du Y 38.1.

[65] Le texte original comportait une subordonnée tonale qui n'est plus détectable qu'en examinant de près l'ordre des mots de l'ensemble de la phrase.

[66] Forme de *āat̰* (lo. at) en sandhi devant dentale.

[67] Cf. RS 6.75.6d *pascā́d ánu*.

[68] Emploi de la 2e pour la 3e personne du duel actif. Contre la védique *MṚJ* qui lui préfère l'adādi (*mā́rṣṭi*), la racine avestique √ *marz* produit un

vaŋ^{v}hi bərəzaiti[69] V *pārəṇdica raoraθa* V *vīspəm ā ahmāt̰ yat̰ aēm* V *×paiti.apaiiāt̰*[70] *vazəmnō*[71] V *x^{v}an-uuaṇtəm auui gairīm* V *x^{v}anuuata*[72] *paiti nirat̰*[73] .·. «Alors, (comme) la haute déesse Ārti et (la déesse) Parandī au char plein de richesses allèrent à sa suite, la frottant tout le temps jusqu'à ce que son vol atteignît le mont Huvanvant, (la flèche Tigri) se planta sur le (mont) Huvanvant». Si nous nous souvenons qu'Ārti est étymologiquement le fait d'arriver ou de faire arriver et que Parandī, comme le spécifie la traduction médiévale sanscrite du Y 13.1[74], est la protectrice de ce qui est planté, nous pouvons comprendre mieux l'intervention de ces deux déesses : elles font arriver la flèche qui est alors plantée dans Huvanvant, comme l'enfant encore à naître est enfoui ou planté dans sa mère. La curiosité même de ce passage vient ainsi confirmer l'interprétation qui est à donner du tandem que forment les déesses Ārti et Parandī.

Le dernier des quatre passages commence avec le tandem Ārti + Parandī l'énumération des divinités qui forment le cortège de Miθra, montrant par là son importance : Yt 10.66.1 *yim +hacaiti*[75] *aṣ̌iš vaŋ^{v}hi* V *pārəṇdica raoraθa* V *uɣraca naire*

présent thématique (bhvādi ou tudādi ?) *marəza-* (Kellens 1984 : 111). Ligne hypercatalectique à moins de restituer l'adādi.

[69] Le poète n'a pas ici recouru à l'habituelle eżāfe *yā* pour introduire *bərəzaiti* (17.17.1d, etc.) en raison de l'augmentation syllabique déjà apportée par la conjonction °*ca*.

[70] La locution conjonctive impose cette correction, contre Geldner et Kellens (1984 : 138) *pairi.apaiiat̰*.

[71] Emploi: Kellens 1984 : 336.

[72] Mis pour le locatif.

[73] Selon Kellens (1984 : 192), 3e sg. inj. act. thématisé de *nī*+√ *ar*, mais, à mes yeux, c'est l'injonctif moyen en -at (cf. véd. *áduhat*) tiré du thème de présent athématique à redoublement: lo. ni-īr-at.

[74] La traduction sanscrite médiévale commente ce théonyme comme suit: *pārindanāmnī nikhātarakṣakā* «(la déesse) qui se nomme Parandī est la protectrice de ce qui est enfoui / planté».

[75] Avec Kellens (1984 : 54), malgré Haudry (1977 : 301), contre G *hacaite*.

hąm.varəitiš V *uγrəmca kauuaēm xᵛarənō* V *uγrəmca θβāṣ̌əm xᵛaδātəm* V *uγrasca dāmōiš upamanō* V *uγrā̊sca aṣ̌aonąm frauuaṣ̌aiiō* V [76]*yasca pourunąm haθrākō* V *aṣ̌aonąm māzdaiiasnanąm* ∴ «(Nous offrons le sacrifice à Miθra) qu'accompagnent la déesse Ārti, (la déesse) Parandī au char plein de richesses, la puissante Nariyā Hamvṛti[77], le puissant Kāvya Hvarnah[78], le puissant Θvarta[79] qui se mit en place de lui-même, le puissant Upamāna de Dāmi[80], les puissantes Fravṛti[81] des ṛtavan et (l'allégorie de) l'unanimité des nombreux ṛtavan mazdéens». Certes les rapports exacts que toutes ces divinités entretiennent avec Miθra ne peuvent être pleinement explicités et commentés, mais la première place qu'Ārti occupe dans ce cortège — le Mihr Yašt (Yt 10) fait aussi d'elle l'aurige du char de Miθra — n'est pas anodine. Si nous reconnaissons que Miθra est l'échange qui s'établit entre les dieux et les hommes, qu'il est le sacrifice lui-même et que nous prêtions attention à Parandī qui, dans le cortège, flanque la déesse Ārti, nous pou-

---

[76] Selon Gershevitch (1959), ce groupe introduit par *yasca* ferait allusion à Nariya Sanha, le messager des dieux. Pour ma part, je pense que Haθrāka est une allégorie, celle de l'unanimité des mazdéens, qui, d'après 13.26.2 **haθrakauuastəmā̊*, est une entité divine tout particulièrement associée aux Fravṛti.

[77] Nariyā Hamvṛti «la bravoure masculine», déesse guerrière, sans doute comparable à la latine *Nerio Martis*.

[78] Kāvya Hvarnah «la réserve de nourriture gérée par les Kavi» est le dieu auquel le Kayān Yašt (Yt 19.9-96) rend un culte.

[79] Θvarta «le véloce», la roue du ciel qui tourne sur son axe sans avancer, le firmament, allégorie ou image du temps infini et imparable.

[80] L'énigmatique Dāmaiš Upamāna- (Upamāna de Dāmi) est sans doute comparable au védique *Savitṛ́*, le dieu des démarrages (voir Pirart 2006: 128 n. 144).

[81] La Fravṛti «engagement» est une des parties immortelles de l'individu à côté de son âme-moi (ruvan) et de sa conscience religieuse (dainā). Il s'agit de sa profession de foi, de son engagement, déclaré rituellement, d'être mazdéen zoroastrien. Les Fravṛti forment une troupe de déesses guerrières, peut-être apparentée à celle des *Apsaras* qui, dans le *Mahābhārata*, parcourent le champ de bataille pour venir en aide aux héros tombés.

vons en déduire que l'un des buts principaux du sacrifice est l'obtention d'une descendance.

L'association fréquente et étroite des déesses Ārti et Parandī est bien évidemment en faveur de l'*interpretatio graeca* qui ferait de la première une sorte d'Aphrodite iranienne.

L'ĀRD YAŠT

5. Les formules préliminaires et conclusives

Comme tous les autres Yašt, l'Ārd Yašt est pourvu d'un groupe de formules préliminaires (Yt 17.0), d'un groupe de formules conclusives (Yt 17.62) et d'un groupe de phrases spécifiques qui vient clôturer chacun de ses dix chapitres (Yt 17.3 = 17.22.4-8 = 17.26.3-7 = 17.31.3-7 = 17.35.3-7 = 17.39.3-7 = 17.43.3-7 = 17.47.3-7 = 17.52.3-7 = 17.61.3-7).

Pour l'étude de la déesse Ārti, de l'ensemble des formules préliminaires, nous ne pouvons tenir compte que des phrases 17.0.3 et 17.0.17 puisque toutes les autres sont communes à tous les Yašt.

Rédigée en pāzand, la première de ces deux phrases contient une partie variable qui en constitue le sujet, nommant ainsi la divinité honorée, et une partie qui reste identique pour tous les Yašt, le verbe. La seule information que la phrase nous livre concernant la déesse Ārti réside ainsi dans la manière de la nommer et porte sur sa titulature catégorielle : la déesse (Vahvī) appartient à la catégorie divine des Yazata Mānyava.

La seconde des deux phrases utiles, qui, elle, est rédigée en avestique, dresse une liste divine en tête de laquelle figure Ārti. Cette liste est constituée, dans l'ordre, de quatre théonymes féminins et de deux théonymes de genre grammatical neutre[82] :

[82] Cette liste figure dans le S 1.25 (*aṣ̌ōiš vaŋhuiiå̊ cistōiš vaŋhuiiå̊ ərəθə̄ vaŋhuiiå̊ rasąstātō vaŋhuiiå̊ x^{v}arənaŋhō sauuaŋhō mazdaδātahe pārəṇdiiå̊ raoraθaiiå̊ airiianąm x^{v}arənō mazdaδātanąm kāuuaiieheca x^{v}arənaŋhō mazdaδātahe ax^{v}arətaheca x^{v}arənaŋhō mazdaδātahe zaraθuštraheca x^{v}arənaŋhō mazdaδātahe* .·.), mais non dans le S 2.25 (*aṣ̌īm vaŋ^{v}hīm*

— Ārti (fém.) ;
— Cisti (fém.) ;
— Arθayā (fém.) ;
— Rāsanstāt (fém.) ;
— Hvarnah (nt.) ;
— Savah (nt.).

Les relations que la déesse Ārti entretient avec les autres termes de l'énumération doivent être suffisamment étroites s'il faut en juger d'après les deux indices que voici : d'une part, le Y 52.1,3, en donnant à la déesse l'épithète de *rāsaiṇtī-* (< ii. **rā-śśa-nt-ī-*) «celle qui fait cadeau», pour que le théonyme Rāsanstāt «qualité de qui fait cadeau» (ii. **rā-śśa-nt+tāt-*) y renvoie précisément, nous invite à ne jamais voir dans cette dernière qu'une hypostase d'Ārti ; d'autre part, quand il associe Ārti (Yt 18.3-4) à Hvarnah (Yt 18.1-2), l'Ērān Yašt peut suggérer que la déesse est une pourvoyeuse de félicité. La mise en parallèle de Hvarnah, l'allégorie de la possibilité de s'alimenter sans restriction, et de Savah, celle de l'embonpoint des dieux, me paraît souligner que la félicité du pieux adorateur est conditionnée par la capacité que le sacrifice qu'il leur a offert a pu donner aux dieux de rencontrer ses attentes. Certes, nous ne pouvons expliciter sûrement toutes les relations qui sous-tendent la liste d'autant plus que Cisti et Arθayā sont assez inconnues par ailleurs. L'étymologie, malaisée de surcroît, s'avère être notre seul recours pour identifier ces deux déesses du sillage d'Ārti.

Pour aborder la question du sens de Cisti, il paraît assez naturel de penser à Cistā, la déesse honorée avec le Dēn Yašt qui précède immédiatement l'Ārd Yašt, mais ceci ne fait d'abord que déplacer la difficulté puisque la raison de cet autre théonyme n'est pas beaucoup plus explicite. L'identification de

---

yazamaide xšnōiθnīm bərəzaitīm amauuaitīm huraoδąm x^{v}āparąm x^{v}arənō mazdaδātəm yazamaide sauuō mazdaδātəm yazamaide pārəṇdīm raoraθąm yazamaide airiianəm xvarənō mazdaδātəm yazamaide uγrəm kauuaēm x^{v}arənō mazdaδātəm yazamaide uγrəm ax^{v}arətəm x^{v}arənō mazdaδātəm yazamaide zaraθuštrahe x^{v}arənō mazdaδātəm yazamaide .·.).

Cistā passe par l'explicitation des relations qu'elle entretient avec Dainā, la déesse éponyme du Dēn Yašt (Yt 16).

Déification de la conscience religieuse et de la religion de ceux qui offrent le sacrifice à Ahura Mazdā, la déesse Dainā Māzdayasni constitue aussi une part immortelle de l'individu à côté de son âme-moi (ruvan) et de son engagement (fravr̥ti). Cette part immortelle, sous les traits d'une belle jeune femme âgée de quinze ans qu'accompagnent deux chiens gardiens du chemin de l'au-delà paradisiaque, viendra à la rencontre du ruvan du pieux défunt lorsque ce dernier devra passer le «pont du juge» (cinvatpr̥tu) pour accéder à l'«excellente existence» (vahišta ahu) et à la «maison du chant de bienvenue» (garah dmāna).

La jeune femme, immédiatement enceinte des œuvres du ruvan, donnera le jour à un combattant eschatologique, un saušyant «qui apportera l'opulence», pour augmenter les lignes des armées du bien et mettre définitivement en déroute les forces délétères et ténébreuses lors de la grande conflagration qui doit marquer la fin du temps linéaire et le retour à la fixité de l'infini.

Malgré son apparence en partie comparable à celle de la déesse aurore, Dainā correspond plutôt, dans l'Inde védique, à la déesse *Sūryā́*, fille du Soleil et épouse de ce symbole de l'âme qu'est le dieu *Sóma*, et à *Dhénā*, une déesse dont le nom coïncide exactement avec le sien de Dainā. En effet, la déesse Dainā, qu'elle soit cette part immortelle de l'individu ou la déification de la bonne religion, est connue pour les marques de respect dont elle est souvent l'objet, ce qui rappelle que *Dhénā* passe pour l'épouse de *Bŕ̥haspáti*, le dieu sacerdotal, spécialiste, comme le dit son nom, du respect (*bŕ̥h-*) que les adorateurs montrent envers les dieux[83].

---

[83] La concordance de dainā (avestique *daēnā-* > pehlevi *dyn*| [dēn] > arabe *'ldyn* [ad-dīn] «la religion») et du védique *dhénā-*, qui fit couler beaucoup d'encre (voir H.-P. Schmidt, AI 5, 1975, 165 sqq.), avait été battue en brèche pour des raisons métriques et sémantiques, mais je renoue avec l'ancienne idée que ce mot védique est bien le correspondant exact de l'avestique *daēnā-* en raison du parallélisme mythologique ou théonymique

Le titre du Dēn Yašt «texte du sacrifice offert à la déesse Dainā» ne correspond pas à son contenu : la déesse à laquelle ce texte permet de rendre un culte y est Cistā. La raison de cette anomalie est à rechercher dans le Sīh-rōzag qui, dans son exposé des patrons des trente jours du mois, associe cette déesse à Dainā. Le lien étroit que les deux déesses entretiennent

---

qui me paraît impérieux face aux difficultés métrique et sémantique. Les contextes védiques du mot *dhénā-* sont ce qu'ils sont: tout y est affaire d'appréciation. Il me semble que les explications indigènes, antique par la racine *DHĀ* «placer» et médiévale par la racine *DHE* «nourrir», ne sont guère solides et que donner au mot védique un même sens qu'en avestique ou un sens fort proche ne rencontre jamais de contexte vraiment rétif. En outre, l'argument objectif de parallélismes formulaires existe même si c'est de façon discrète. Quant au trisyllabisme que le mot avestique présenterait dans les vers gâthiques, celui-ci doit être relativisé puisque, pour des mots importants — et c'est le cas —, il a pu être déterminé (Pirart, MSS 47, 1986, 187 sq.; 1995-2000 : *I* 15 sq.; Kellens & Pirart 1988-1991 : *I* 88 sqq.) qu'une récitation plus lente ou majestueuse était parfois adoptée, faisant qu'un mot, par exemple de deux syllabes, acquît dans le vers la valeur de trois syllabes. Ceci n'infirme pourtant pas le sens de «vision, âme-voyance, conscience reli-gieuse» qui est donné au mot avestique puisque l'étymologie recourt alors à la racine ii. √ **dhī* «percevoir» au lieu de celle commençant par une occlusive dentale non aspirée √ **dī*. Ajoutons que √ **dhī* avec dentale aspirée est une racine plus avantageuse que celle avec dentale non aspirée : dans la mesure où la réversivité de son sens «briller, être vu; voir» est, en grec, assurée de façon **théâtrale** tandis que la réversivité de l'autre n'a d'autre base que l'ambiguïté avestique qui confond la sonore et la sonore aspirée. En védique, la racine à dentale sonore non aspirée n'a jamais le sens de «voir» — c'y est toujours «briller» —, tandis que celle à sonore aspirée signifie toujours «percevoir, concevoir»; en avestique, la racine, quelle que soit l'origine de sa dentale, n'a jamais le sens de «briller» : c'y est toujours «voir». Pour admettre la réversivité primitive, il faut donc se fier aux apparences, mais celles-ci n'ont aucune valeur puisque l'avestique confond complètement la sonore aspirée et la sonore non aspirée. Seuls les verbes grecs *théō* «je brille» et *theáomai* «je contemple» nous permettent d'envisager la réversivité, mais c'est pour la racine à dentale aspirée.

ressort aussi d'un passage du Mihr Yašt : Yt 10.126 ˣ*dašine*[84] *hē arəδe* ᵛ *vazaite* ˣ*rašnuš*[85] *razištō* ᵛ *spəništō upa.raoδištō* ∴ *āat̰ hē* ˣ*hāuuōiiōiia*[86] *arəδe* ᵛ *vazaite* [87]*razištąm cistąm* ᵛ *barat̰.-zaoθrąm aṣ̌aonīm* ᵛ †*spaēta* †*vastrā̊*[88] †⁺*vaŋhuuaiti*[89] †*spaēta*[90] ᵛ *daēnaiiā̊ māzdaiiasnōiš upamanəm* ∴ «Tandis que sur la droite[91] de (Miθra[92]) évolue le très rectiligne et très savant Rašnu[93], qui le mieux arrête (le char des démons), sur sa gauche évolue la très rectiligne et harmonieuse Cistā, qui apporte les libations, de blanc vêtue, blanche, image de Dainā Māzdayasni (la religion mazdéenne)».

Si Cistā est donnée pour l'image de Dainā[94], son nom de «détectée»[95] lui va bien : les dieux la remarquent, mais il faut peut-être envisager que cistā serait haplologique pour *cistatā[96] et que ce dernier serait un abstrait de genre grammatical neutre, *cistata-, que la déification aurait changé en féminin[97] : «qualité

[84] G *dašinəm*.

[85] G *rašnuuō*.

[86] G *hāuuōiia* (haplographique).

[87] Fautif pour le nominatif sous l'influence du Sīh-rōzag.

[88] Mis pour le nt. plur. Un composé lo. spiti-vastrā n'est pas exclu.

[89] Avec J10 (cf. F1 *vaŋuhaita* ; Kellens 1984 : 20 n. 3), contre G *vaŋhaiti*, mais, en raison de son complément à l'acc., cette forme *vaŋhuuaiti*, haplologique pour lo. vāhahvatī, pourrait être mise pour le participe présent lo. vahānā.

[90] Fautif ou mis pour **spaēitini* ?

[91] Contraste avec 10.100.

[92] Chef de file des Yazata Mānyava si nous laissons Ahura Mazdā de côté, Miθra personnifie l'échange que le sacrifice établit entre les les dieux et leurs adorateurs.

[93] Le Yazata de l'orientation des paroles rituelles.

[94] Voir Kellens, JA 283, 1995, 49 sq.

[95] C'est la solution retenue par Kellens 1991 : 69.

[96] cistitā- dont Kellens (1991 : 69) fait état est exclu : on ne peut fabriquer d'abstrait secondaire sur un abstrait primaire.

[97] L'exemple type est *būšyąstā-* «(la diablesse qui représente) la qualité de futur ou le fait de rester à l'état de projet», féminisation du dérivé en *+ta-* du participe actif tiré du futur en *-hiia-* de √ *bū* «devenir, être». Car il

ou statut de ce qui est détecté». Dès lors, Cistā serait la déification du fait que Dainā est une déesse en vue: Dainā est remarquée des dieux pour représenter la bonne religion.

Curieusement, les formules préliminaires et conclusives du Dēn Yašt, passant sous silence la déesse qui lui a donné son nom, ne mentionnent que Cistā, mais Dainā apparaît assimilée à Cistā[98] dans la phrase en yazāmadai qui ouvre chacun des sept chapitres de ce petit Yašt de type liturgique.

La version liturgique d'un Yašt, c'est-à-dire le texte qui est récité lors de la cérémonie sacrificielle célébrée en honneur de la divinité, consiste en une phrase dont le verbe est yazāmadai «nous offrons le sacrifice à (ce dieu)» et dont le complément est le théonyme suivi de nombreuses épithètes. Celles-ci évoquent les qualités et les prouesses divines, disent tout ce dont le dieu est capable et, grâce à la force que le sacrifice offert lui donne, tout ce qu'il peut accomplir à la plus grande satisfaction de ses adorateurs. Dans le cas de Cistā, les premières épithètes ne sont guère originales: comme beaucoup d'autres divinités, notre déesse est qualifiée d'harmonieuse (ṛtaunī) et dite avoir été mise en place par Ahura Mazdā (mazdādātā). Par contre, celle de «très rectiligne» (razišta-, fém.: razištā-) qu'elle partage avec Rašnu (cf. Yt 10.126) paraît nettement plus significative. Leur caractère rectiligne fait écho à la prononciation correcte des textes liturgiques qui doivent être récités avec une diction continue, soucieuse des liaisons requises entre les mots afin de ne pratiquer aucune pause. C'est que toute pause indue était vue comme un trou par lequel les forces adverses pourraient s'introduire pour infecter le rite. Si Rašnu personnifie l'orientation donnée aux paroles rituelles qui sont adressées aux dieux avec une diction de ce type, Cistā doit aussi évoquer un aspect de la parole sacrée: son contenu, son sens, auquel les dieux sont attentifs puisque le texte les flattent à dire ce dont ils sont capables.

---

y a divergence entre l'indien qui connaît des fém. en *+tā-* et l'avestique qui préfère les nt. en *+ta-* : e. g. *aṣ̌auuasta-* (lo. ṛtava-(s)ta-) «statut ou qualité de ṛtavan» (Pirart 2004 : 261).

[98] Kellens, JA 283, 1995, 49 ; Pirart, JA 291, 2003, 114.

D'autres nuances peuvent être attribuées à l'adjectif razišta : en assurant leur orientation, le dieu Rašnu imprimerait aux paroles une course rectiligne; la déesse Cistā évoquerait cette «pensée rectiligne» que le *Véda* connaît aussi[99] : le fait de penser sans discontinuer à la divinité que l'on veut honorer[100].

Si nous nous en tenons à la possibilité d'une parenté étymologique entre Cistā et Cisti, et que la première représente le fait que Dainā puisse être remarquée par les dieux, la seconde doit représenter le fait que les dieux puissent remarquer Dainā : Cisti (ii. **cit-tí-*) ne serait jamais que la variante active de Cistā, à moins qu'il ne faille faire de Cisti la raison du caractère remarquable de Dainā, autrement dit : sa teneur, sa signi-fication. Quoi qu'il en soit, les deux notions de Cisti et de Cistā seraient fort voisines, voire superposables[101]. Pour les nommer côte à côte, deux passages, V 19.39.6-7[102] et Yt 11.16[103], nous obligeraient à les distinguer l'une de l'autre

---

[99] RS 1.89.2a, 10.67.2a.

[100] Évoquons aussi l'information que nous livre la dernière des cinq Gāθā qui sont les plus vieux textes zoroastriens: la Vahištaïšti Gāθā donne (Y 53.3) à la cadette des filles de Zaraduštra le nom de Parucistā «détectée par beaucoup» quand elle se trouve sur l'aire sacrificielle et qu'elle s'y tient valeureusement immobile. Sans doute est-ce pour y figurer la déesse Dainā, une belle jeune femme offerte aux dieux comme pour préfigurer l'union de ces deux parts immortelles de l'individu que sont le ruvan et la dainā sur le chemin de l'au-delà. La relation que Dainā maintient avec le verbe √ cit, dont l'adjectif verbal est cista-, n'est encore documentée que par le Vidēvdād 2.3.4 où Yama déclare à Ahura Mazdā n'avoir été ni situé (dāta-) ni détecté (cista-) comme mémorisateur (hmartar-) et soutien (bartar-) de la bonne religion (dainā-), mais, comme on voit, le contexte de cette relation est autre.

[101] La traduction pehlevie est d'ailleurs pratiquement identique pour les deux déesses : frazānag «savante», pour cistā-; frazānagīh «connaissance», pour cisti-.

[102] *nizbaiiemi aṣ̌ōiš vaŋhuiiå [cistōiš vaŋhuiiå] nizbaiiemi razištaiiå cistaiiå* «J'appelle la déesse Ārti [la déesse Cisti]. J'appelle la rectiligne Cistā».

[103] *haxaiia*[1] *sraošahe aṣ̌iiehe haxaiia rašnaoš razištahe haxaiia miθrahe* ˣ*vouru.gaoiiaotōiš*[2] *haxaiia vātahe aṣ̌aonō haxaiia daēnaiiå vaŋhuiiå*

s'ils ne donnaient la forte impression que Cistā n'y côtoyât Cisti qu'à titre de glose.

Le contenu que Cisti ou Cistā représenteraient de la religion mazdéenne zoroastrienne devrait donc avoir un rapport avec la notion d'Ārti. Ceci me paraît rencontrer l'idée que nous avions dégagée de la mise en parallèles des allégories de Hvarnah et de Savah : la déesse Ārti n'assure la félicité de l'adorateur que si ce dernier se soucie de satisfaire les dieux, de leur apporter l'opulence en leur offrant le sacrifice en accord avec les bonnes indications qui figurent précisément dans la Dainā Māzdayasni, autrement dit : en se faisant remarquer des dieux.

Ceci nous permet aussi d'interpréter la notion d'Arθayā : satisfaire les dieux a pour but de les inciter à satisfaire le pieux adorateur, et cet objectif est aussi un espoir. Arθayā, vu l'étymologie qui peut être donnée de son nom — l'abstrait tiré du dénominatif de *arəθa-* «but» —, serait ainsi la déesse du but poursuivi par le culte, la déesse symbolisant l'espoir que l'adorateur nourrit à l'instant d'offrir le sacrifice aux dieux.

Comme Ārti est fondamentalement la possibilité de faire arriver le sacrifice chez les dieux et de faire en sorte que ceux-ci fassent arriver à l'adorateur ce pourquoi le sacrifice leur est offert, il est assez clair qu'Arθayā en connote un aspect ou en est une hypostase : le moteur de l'envoi du sacrifice est l'espoir que les dieux en tiendront compte et rencontreront les attentes de l'adorateur. Pour mettre toutes les chances de son côté, l'adorateur se plie aux injonctions de la religion, suit à la lettre

---

māzdaiiasnōiš haxaiia arštātō frādaṯ.gaēθaiiå varədaṯ.gaēθaiiå sauuō.-gaēθaiiå haxaiia aṣ̌ōiš vaŋhuiiå haxaiia cistōiš vaŋhuiiå [*haxaiia razištaiiå cistaiiå*] .·. «(la déesse Āxšti [«Concorde»] qui est) l'associée du pieux Srauša, l'associée du très rectiligne Rašnu, l'associée de Miθra aux vastes prairies, l'associée de l'harmonieux Vāta («le Vent»), l'associée de la déesse Dainā Māzdayasni, l'associée de la déesse Ṛštāt qui accroît les troupeaux, les fortifie et les engraisse, l'associée de la déesse Ārti, l'associée de la déesse Cisti, [l'associée de la très rectiligne Cistā]». **Notes :** [1]. Cette forme de nominatif-accusatif masc. duel est employée en lieu et place de celle d'accusatif fém. sg. ||| [2]. G *vouru.gaoiiaoitōiš*.

les attendus de la Dainā et, de la sorte, donne au sacrifice qu'il offre les bonnes caractéristiques, celles qui amèneront les dieux à le remarquer.

On voit combien, dans cette hypothèse, les idées d'arrivée (Ārti), de but poursuivi (Arθayā), de bonne caractéristique rituelle (Cisti) et de félicité (Hvarnah) sont liées. La réussite de l'entreprise est quant à elle représentée par Rāsanstāt : l'envoi du sacrifice se double de l'arrivée de la félicité, la déesse Ārti est *rāsaiṇtī-* «celle qui fait cadeau (à l'adorateur de ce qu'il escompte retirer du sacrifice offert)».

Semblable à celui qui clôture les chapitres d'autres Yašt, le groupe des formules conclusives des chapitres de l'Ārd Yašt ne nous apprend rien de spécifique concernant la déesse Ārti. Tout au plus pouvons-nous constater qu'elle y est, comme souvent, appelée Ārti Vahvī, que son titre de déesse l'affuble de façon figée. Il n'y a pratiquement rien à signaler non plus à propos des formules finales de l'Ārd Yašt : la seule phrase spécifique ne fait que reprendre la liste de théonymes qui figurait dans les formules préliminaires.

6. L'ouverture des chapitres de l'Ārd Yašt

Le premier chapitre de l'Ārd Yašt que nous lisons appartenait à la version liturgique[104] du Yašt primitif avec lequel le culte était rendu à Ārti. Ce serait aussi le cas des chapitres III-IX qui forment ce qu'il est habituel aujourd'hui d'appeler «Catalogue des sacrifiants»[105], si, comme on le voit notamment aussi dans le Veh Yašt (Yt 15)[106], l'emploi du démonstratif «à elle» en lieu et place du pronom relatif «(déesse) à qui» comme lien avec la proposition en yazāmadai fût attendu. En effet, la dépendance grammaticale que le reste du chapitre montre envers la phrase en yazāmadai qui ouvre normalement chaque chapitre du Yašt pouvait, comme dans

[104] Sur les trois versions théoriques des Yašt, voir Pirart IIJ 46, 2003, 220.

[105] Kellens, Annuaire 1999-2000, 721.

[106] Texte du sacrifice offert à Vāyu (av. *vaiiu-*). Sur ce dieu, voir Pirart 2003 : 144 sqq.

d'autres Yašt, être marquée par le recours au pronom relatif : «Nous offrons le sacrifice à Ārti **à qui** tel et tel héros avaient jadis offert le sacrifice». Au lieu de ce pronom relatif, nous trouvons le démonstratif : «Nous offrons le sacrifice à Ārti. **À elle** tel et tel héros avaient jadis offert le sacrifice». Je fais alors la conjecture que cet emploi du démonstratif caractérisait l'une des trois versions théoriques ou primitives du Yašt, mais sans pouvoir déterminer laquelle puisque nous ne pouvons pleinement assurer que la version liturgique fût celle qui comportait pareil recours au pronom relatif et que, par exemple, si le Catalogue des sacrifiants, dans l'Ardvīsūr ī Bānūg Yašt (Yt 5)[107], utilise le démonstratif, il est, par contre, opté pour le relatif là où la phrase d'introduction est en yazaiša «il convient que tu offres le sacrifice», caractéristique de la version juridique du Yašt primitif. Je ne puis non plus écarter que les Yašt de notre collection soient le fruit de croisements entre les différentes versions théoriques, mais, encore une fois, c'est sans pouvoir en dire la raison ou la cause.

Son premier chapitre, comme tous les autres, s'ouvre avec la phrase qui donne au texte de l'Ārd Yašt son statut de Yašt «texte sacrificiel» : celle que caractérise le verbe *yazamaide* «nous offrons le sacrifice (à la divinité)» qui régit à l'accusatif le théonyme concerné accompagné d'épithètes. Parmi celles-ci, les premières sont appliquables à n'importe quelle divinité pour appartenir à la description de l'apparence anthropomorphe stéréotypée que toutes peuvent adopter à l'intérieur des mythes : la déesse est splendide (xšaiθnī), haute (bṛzatī), impétueuse (amavatī) et bien développée (huraudā). À ces épithètes convenues[108] s'en ajoutent plusieurs autres qui

---

[107] Texte du sacrifice offert à la grande rivière céleste.

[108] Le Yt 13.107.1 offre pour Ārti une série plus longue de ce type d'épithètes convenues : *yeŋ́he nmāne aṣ̌iš vaŋʷhi srīra xšōiθni fracaraēta*[1] *kainīnō kəhrpa srīraiiå aš.amaiiå huraoδaiiå uskāṯ.yāstaiiå ərəzuuaiθiiō raēuuaṯ.ciθrəm.āzātaiiå* .·. «(le ṛtavan) de qui la splendide déesse Ārti parcourait la maison sous les traits d'une belle demoiselle, pleine d'allant, impétueuse, bien développée, la ceinture haute, la démarche rectiligne, d'une

elles sont spécifiques : la déesse Ārti garantit aux mazdéens un futur prometteur (huaparā), possède un char à roues sonores (hvanat-caxrā), exerce son acuité visuelle en accord avec la loi (dātasaukā), apporte la guérison (baišazayā) et offre une large protection aux héros (pr̥θuvīrā). Voilà qui demande quelques mots d'explication.

7. Le char à roues sonores

Selon le Yt 10.68.1, Ārti est l'aurige du char de Miθra tandis que Dainā en trace les routes, une complémentarité qui renvoie à l'association que notre déesse montre avec Cisti, le contenu de Dainā. Dans le cadre de l'échange (miθra) que les hommes et les dieux contractent par le biais des sacrifices et qui assure aux seconds le savah et aux premiers le hvarnah, les deux déesses en garantissent la correcte et fructueuse conduite. Miθra se confond avec le sacrifice même dont les ingrédients arrivent à bon port du fait de l'envoi qui en est opéré en suivant les règles que la Dainā propose. Comme le sacrifice correct est celui qui est célébré ici, c'est-à-dire sur le secteur central de la terre qui porte le nom de Hvaniraθa «là où se trouve le char sonore», secteur dans lequel nous pouvons reconnaître l'endroit requis pour la célébration sacrificielle, il est permis de penser que ce char n'est autre que le sacrifice, ce qui revient à dire : le char de l'échange, le char de Miθra qui est aussi celui dont Ārti est l'aurige. S'il est sonore ou que ses roues le soient, c'est que le sacrifice offert doit être «audible» comme le précise l'une de phrases de l'ensemble des formules de clôture des chapitres (*surunuuata yasna*). C'est donc parce qu'elle est notamment l'envoi de paroles rituelles qu'Ārti possède un char à roues sonores, aimerons-nous avancer.

---

noblesse que la richesse manifeste». **Note :** [1]. Mis pour l'injonctif présent. Cf. RPDD 18a.4.4k.

8. Le futur prometteur

Ārti partage l'épithète hu-aparā «au futur prometteur» avec quelques autres divinités[109] : Zam «la Terre», Frazanti «la Fécondité, la Capacité de procréation»[110] et le groupe des Fravr̥ti «les Professions de foi». Comme la Terre est la déesse mère par excellence, que Frazanti représente la possibilité d'avoir une descendance et que la Fravr̥ti, la préférence que le ruvan a pour sa propre dainā de mazdéen, permet leur union fructueuse sur le chemin de l'au-delà, il est assez clair que pareille épithète fait allusion à la naissance d'un fils. Ceci correspond avec l'emploi du mot ārti dans la première partie du Hōm Stōd où il est question de la chance qui échut à quatre premiers pressureurs de Hauma d'obtenir un fils. L'épithète de hu-aparā s'avère ainsi être synonyme de hu-apaθyā «qui garantit une bonne descendance», cette autre qualification que notre déesse reçoit dans le Hōm Stōd (Y 10.8.1) et qui, en dernière analyse, y a remplacé l'adjectif vrāzman- «réjouissante» comme le démontre la comparaison métrique de ce passage avec le Yt 17.5.2. La réjouissance à laquelle fait allusion cet adjectif sans doute est-elle à comprendre comme celle d'avoir un fils, c'est-à-dire de la même façon qu'il faut interpréter l'indien *kurunandana-* «descendant de Kuru» qui signifie littéralement «qui est un motif de réjouissance pour Kuru». La glose hu-apaθyā- doit pourtant avoir une source traditionnelle si nous en jugeons par l'emploi figé de cette

---

[109] Aussi Yt 13.157.1 : *xšnūtå āfrīnəṇtu ahmiia nmāne vaŋᵛhīm aṣ̌īm xᵛāparąm* .·. «(Nous demandons) que, si elles ont été l'objet d'attentions, (les Fravr̥ti) propitient dans cette maison la déesse Ārti qui garantit (alors à ses habitants) un futur prometteur». L'association de notre déesse avec l'idée de futur se retrouve clairement dans la Vaŋhuca Hād (§ 24) : Y 52.3 ... *aṣ̌aiiō* ... *vahehīš aparå* ...

[110] Je renonce à l'étymologie défendue JA 289, 2001, 89, pour maintenant admettre que le degré plein de √ *zan* est licite dans le dérivé en *-ti-* en vertu d'une propriété particulière de cette racine, qui est sans doute liée à sa définition, certes mal explicitée, de «racine veṭ». Ce degré plein inattendu caractérise d'autres formes tirées de cette racine telles que le thème de présent véd. *jíjana-*, av. *zīzana-* (Pirart 2004 : 268).

épithète dans le nom scythique de la déesse tel que nous le livre Hérodote (4.59): ⁺*Artímpasa*[111] < asa[112] *ārti- *hu-apašyā-.

9. L'acuité visuelle de la déesse

La déesse Ārti est dite exercer son acuité visuelle en accord avec Dāta, avec la loi (dāta-saukā), si telle est bien l'interprétation qu'il faut donner de cette épithète. Remarquons d'emblée l'importance du motif de l'acuité visuelle dans le Varhrān Yašt (Yt 14) et dans le Dēn Yašt (Yt 16), une excellence dont le dieu Vr̥θragna et la déesse Cistā dotèrent Zaraduštra. Il s'agit de cette acuité visuelle (sauka) qui permet de débusquer les forces ténébreuses et qui coïncide ou se confond avec l'allumage du feu rituel ou avec sa clarté (saukā). Et le Zamyād Yašt (Yt 19.94) nous apprend que le regard du combattant eschatologique (Saušyant) par excellence, fils du ruvan de Zaraduštra, repérera les forces ténébreuses lors de la grande conflagration qui marquera la fin du temps linéaire et le retour à la fixité de l'infini. L'acuité visuelle de la déesse sans doute lui permet-elle non seulement de repérer l'adversaire, mais aussi de le châtier, de lui infliger le châtiment que la loi zoroastrienne prévoit. L'association d'Ārti et du dieu Srauša peut y trouver sa raison d'être si ce dieu est bien identique à Dāta, l'allégorie de la loi zoroastrienne. Si le fils de qui la naissance attendue est évoquée par l'épithète huaparā est un saušyant, c'est-à-dire le fils à qui la dainā, grosse des œuvres du ruvan, doit donner le jour, nous pouvons comprendre mieux la succession des épithètes huaparā- et dātasaukā-. L'existence de ce lien qu'elle montre avec la loi zoroastrienne, comme nous le verrons (§ 11), peut encore être confortée par l'examen de la place généalogique que la déesse occupe dans le panthéon.

---

[111] Avec certains mss., contre Legrand (1932-1954 : *IV* 82) qui adopte la leçon *Argímpasa*.

[112] Les dialectes iraniens anciens se partagent en deux groupes que je nomme d'après le nom qu'y reçoit le cheval : aspa et asa (voir Pirart 2004 : 36 sq.). La phonétique de ce second type dialectal est celle qui permet le mieux d'expliquer le nom scythique de la déesse (cf. v.-p. hašya- = av. *haiθiia-* = véd. *satyá-*).

10. Guérison et protection des héros

Les dernières épithètes spécifiques que la déesse reçoit dans la phrase d'amorce des différents chapitres de l'Ārd Yašt, baišazayā-[113] «qui apporte la guérison» et pr̥θu-vīrā- «qui offre une large protection aux héros»[114], paraissent complémentaires. Il est probable que nous devions, pour leur interprétation, rester

---

[113] *baēšaz(a)iiā-* est le féminin du participe présent en °*a-* du dénominatif de *baēšaza-* nt. «remède, guérison». Il est question des remèdes d'Ārti dans les passages suivants: Vr 9.1 *haomanąm ... aṣ̌ōiš baēšaza hacimnanąm cistōiš baēšaza hacimnanąm mazdå baēšaza hacimnanąm zaraθuštrahe baēšaza hacimnanąm zaraθuštrōtəmahe baēšaza hacimnanąm* «des hauma accompagnés du remède d'Ārti, du remède de Cisti, du remède de Mazdā, du remède de Zaraduštra et du remède de Zaraduštratama (= allégorie de la fonction sacerdotale suprême qu'est d'être le successeur de Zaraduštra)»; Y 52.2 *barəṇtīm vīspå baēšazå apąmca gauuąmca uruuaranąmca tauruuaiieiṇtīm vīspå t̰baēšå daēuuanąm maṣ̌iiānąmca arəšiiaṇtąm ahmāica nmānāi ahmāica nmānahe nmānō.paitē* .·. «(Ārti) qui apporte tous les remèdes des rivières, des vaches et des plantes, qui surmonte toutes les nuisances que causent les Daiva et (leurs suppôts) mortels envieux de cette maison et du maître de maison de cette maison»; Y 60.4 *jamiiąn*[1] *iθra aṣ̌āunąm vaŋᵛhīš sūrå spəṇtå frauuaṣ̌aiiō aṣ̌ōiš baēšaza hacimnå zəm.fraθaŋha dānu.drājaŋha huuarə.barəzaŋha ištē vaŋhaŋhąm paitištātē ātaranąm fraśa.vaxšiiāi raiiąmca xᵛarənaŋhąmca* .·. «Puissent venir ici les opulentes et savantes déesses Fravr̥ti accompagnées du remède d'Ārti qui est aussi large que la Terre, aussi long que le Fleuve et aussi haut que le Soleil, en vue d'offrir le sacrifice aux bons et de résister aux autres, pour qu'augmentent richesses et hvarnah !» Dans ce dernier passage, les trois dimensions du remède qu'apporte la déesse Ārti pourraient faire écho à sa triple utilité: sur terre; lors du voyage qui, de ce monde à l'autre, longe la grande rivière céleste; chez les dieux où brille le Soleil. Signalons encore qu'Ārti est accompagnée de Druvatāt, la déesse de la santé, dans Vr 4.1.1 *āca manō <hu>mata*[2] [*āca*] *yazamaide vaŋᵛhīmca ādąm vaŋᵛhīmca aṣ̌īm vaŋᵛhīmca cistīm vaŋᵛhīmca druuatātəm* «et nous offrons le sacrifice à la Pensée bien pensée, à la déesse Ādā (= allégorie de la mise en place des offrandes), à la déesse Ārti, à la déesse Cisti et à la déesse Druvatāt». **Notes :** [1]. Artificiel pour *jamiiārəš.* ||| [2]. Mis ou fautif pour le singulier *humatəm.*

[114] Voir les notes du texte.

dans la ligne de celle des précédentes : la déesse ne se limiterait pas à garantir cette chance que le ruvan eût un fils, mais veillerait en outre à la protection ou à la sauvegarde de ce saušyant. Le héros que nommerait l'épithète ne serait autre que ce saušyant ou l'un de ces personnages insignes du passé qui, devenus immortels, réapparaîtront à la fin des temps pour aider les Saušyant dans leur missions, tel Pišišyāuθna, le fils du roi Vištāspa.

Au terme de la série des épithètes, nous trouvons sūrā- «bénéficiaire du savah, opulente», mais son application à la déesse, bien sûr, n'est pas spécifique : son emploi, qui convient à tous les Yazata, est dicté par l'obligation de rompre l'octosyllabisme dans le cas d'une phrase en *yazamaide*[115], et c'est ce que le Mihr Yašt convient d'appeler le «texte modèle (caractérisé par l'emploi du mot) sūra» (10.31.1).

11. La famille d'Ārti

L'Ārd Yašt, à deux reprises, nous informent sur les liens de parenté de la déesse avec les autres termes du panthéon[116] : dans le courant du premier chapitre (17.2.1) et dans celui du second (17.16). Plusieurs questions se posent : quel est au juste l'arbre généalogique que les deux passages permettent de dresser ? Pourquoi s'attarder, de surcroît à deux reprises, sur cet arbre généalogique de la déesse ? Pourquoi, la première fois, le faire d'entrée de jeu, au terme de la phrase d'amorce du chapitre, et, la seconde fois, l'intégrer à cet éloge que Zaraduštra lui adresse ?

L'arbre qui peut être dressé est le suivant :

[115] Le Y 46.17 ne paraît recommander la versification que dans le cas du vahma «chant».

[116] De telles indications généalogiques sont rares (de Jong 1997 : 118).

Ahura Mazdā (17.2.1a; ptar- «père» : 17.16.1a)
+ Aramati (mātar- «mère»: 17.16.1d)

—> les Amr̥ta Spanta (17.2.1b) ;

—> Srauša (brātar- «frère» : 17.16.2a) ;
—> Rašnu ({brātar-} : 17.16.2b) ;
—> Miθra ({brātar-} : 17.16.2c) ;

—> Ārti
(dugdar- «fille» : 17.2.1a; hvahār- «sœur» : 17.2.1b) ;

—> Dainā (hvahār- «sœur»: 17.16.2e).

Le thème de l'arbre généalogique, attesté aussi dans le *Véda*[117], situe, sans nul doute pour la magnifier, la divinité considérée au centre du panthéon, mais l'insistance qui le caractérise ne semble pas à première vue se justifier davantage. Cependant, à y regarder de plus près, nous remarquerons que ce panthéon est tout à fait incomplet : les seuls Yazata mentionnés sont, d'une part, Srauša, Rašnu et Miθra qui, savons-nous par la littérature pehlevie, remplissent la fonction de juges aux portes de l'au-delà et, d'autre part, Dainā, l'allégorie de la religion mazdéenne. Ceci nous renvoie à l'épithète de dātasaukā que la déesse reçoit dans la phrase en yazāmadai d'ouverture des différents chapitres du Yašt : la déesse est liée à l'idée de sanction ou de rétribution. Les pensées, paroles et gestes rituels, comme le dit une strophe gâthique (Y 43.5cc'dd'), sont soumis à rétribution. La déesse se fait récompense pour ceux qui, de leur vivant, ont manifesté une piété caractérisée notamment par l'adoption et la mise en œuvre de la triade du comportement

[117] Notamment en RS 1.191.6ab où, tout comme dans le Yt 17.2.1, la prose est de mise et où la succession des rapports de parenté est identique à celle du Yt 17.16, père + mère + frère + sœur : *dyáur vaḥ pitā́ pr̥thivī́ mātā́ sómo bhrā́tā́ditiḥ svásā*. Cf. RS 8.101.15ab *mātā́ rudrā́ṇāṁ duhitā́ vásūnāṁ* V *svásādityā́nām amŕ̥tasya nā́bhiḥ*.

requis pensée+parole+geste dont l'un des Amṛta Spanta, Vahu Manah, est l'allégorie. Si la déesse Ārti est définie comme la sœur des trois juges divins et de la religion déifiée, les Amṛta Spanta, symboles des attitudes du sacrifiant ou adorateur modèle, sont eux aussi ses frères.

12. Ārti et les Saušyant

Le premier chapitre de l'Ārd Yašt recourt au thème de l'arbre généalogique au terme de la succession des épithètes qui remplissent la phrase d'amorce. Le ferait-il pour introduire le rôle que la déesse joue au bénéfice de l'ensemble des Saušyant parce que sa fonction d'aurige de ces derniers est aussi celle qu'elle remplit auprès de son père Ahura Mazdā et de ses frères les Amṛta Spanta ou qu'elle ne joue ce rôle que sous leur impulsion ou leur autorité ? Ce qui est certain, c'est qu'elle est aussi l'aurige de Miθra, le plus important des Yazata.

Cette importance de la déesse que son rôle d'aurige des Saušyant et de Miθra concrétise est ensuite signifiée par la remarque selon laquelle son culte vaut celui qui est rendu à Miθra lui-même (17.2.4). L'aide qu'elle apporte aux Saušyant, peut-on penser, est aussi celle que leur apporte Miθra, où que se trouvent leurs attelages.

13. Ārti et Hauma

Dans le deuxième chapitre de l'Ārd Yašt, la phrase d'amorce reste exceptionnellement sans prolongement, suivie qu'elle est d'un titre : «L'hommage rendu à Hauma, à Manθra et au ṛtavan Zaraduštra». Cependant, la suite du texte ne rencontre cet intitulé que pour le premier de ses trois volets : l'hommage rendu à Hauma, comme si le hasard des coupés-collés en avait retranché les deux autres volets.

L'hommage rendu à Hauma a sa place dans l'Ārd Yašt pour reprendre la strophe qui, dans le deuxième chapitre du Hōm Stōd, nomme la déesse (Y 10.8.1 ≈ Yt 17.5.2). Comparaison y est faite[118] entre l'ivresse de Hauma et les autres ivresses: celle de Hauma, qui est aphrodisiaque, débouche sur

[118] Voir Pirart 2004 : 138 sq.

la chance (ārti) d'avoir un fils, mais les autres ivresses sont présidées par le démon Išma «la colère», l'adversaire attitré des Saušyant et de Srauša, le dieu de la déclamation. Avec Hauma, il s'agit donc de l'ivresse permettant aux âmes des mazdéens d'engendrer des combattants eschatologiques et de les rendre capables, face aux forces délétères, de prononcer correctement les paroles victorieuses le moment venu de la grande conflagration qui doit marquer la fin du temps linéaire et le retour à la fixité de l'infini.

14. Les avantages d'Ārti

La suite du deuxième chapitre ne montre aucun lien avec cet hommage rendu à Hauma qui du moins soit explicite. Le long développement (17.6-14) que j'intitule «Les avantages d'Ārti» est directement adressé à la déesse à l'exception de 17.6.2 où elle figure à la troisième personne grammaticale. Ce développement s'ouvre par un ensemble de vocatifs nommant la déesse. Après deux épithètes, srīrā «belle» et bānumatī «radieuse», qui, pourrions-nous penser, restent peu spécifiques, nous trouvons confirmation de l'association que nous avions rencontrée dans les formules préliminaires de la déesse avec Hvarnah : elle est ici donnée pour la pourvoyeuse en hvarnah de ses adorateurs, leur dāθrī vahu hvarnah. En tant que donneuse de hvarnah, la déesse est dite les «irradier de quiétude» (śyātī vibāvatī bānūš). Le bonheur appelé tout à la fois «quiétude» (śyāti[119]) et «possibilité de s'alimenter sans restriction» (hvarnah), par l'incise qui nomme la déesse à la troisième personne grammaticale, est localisé dans la maison du pieux adorateur pour ensuite être décrit dans le reste des phrases du développement. La description court sur huit paragraphes (17.7-14) qui, balisés d'un refrain (17.7.1e-2 = 17.8.1e-2 = etc.), centrent chacun notre attention sur un aspect de la félicité de ceux que la déesse accompagne. Ces aspects sont les suivants :

[119] Av. *śāiti-*, v.-p. *š-i-y-a-*t^{a}*-i-*, latin *quiēs*, < ie. *k^{u}*i̯eH-ti-*.

— 17.7.1. xšaθra «influence»;
— 17.8.1. dmāna «maisons»;
— 17.9.1. gātu «socles, places réservées ou assignées»;
— 17.10.1. vantā «bien-aimées»;
— 17.11.1. kanyan «jeunes filles»;
— 17.12.1. aspa «chevaux»;
— 17.13.1. uštra «chameaux»;
— 17.14.1. r̥zatazaranya «argent et or».

Cette description est donc structurée par le schéma 1 + 2 + 2 + 2 + 1, commençant par évoquer la chance que les pieux adorateurs ont d'avoir de l'influence sur les dieux et de voir leur subsistance assurée, poursuivant avec l'évocation de deux types de lieux, avec celle de deux types de femmes avantageuses et avec celle de deux types de montures pour terminer avec la mention conjointe de l'argent et de l'or apportés en tribut. Le centre de la liste accueille ainsi deux types de femmes, les «bien-aimées» et les «jeunes filles», mais la distinction est-elle à faire entre celles qui ont donné des enfants et celles qui sont encore vierges ?

«Bien-aimée», tel est le sens qu'il est traditionnel de donner au mot vantā (= scr. épique *vanitā-*), mais, pour l'établir, Mayrhofer, dans son dictionnaire, sépare *VAN* «gagner»[120] de *VAN* «aimer»[121]. Comme on range sous la première racine des formes s'expliquant par la seconde et sous la seconde des formes s'expliquant par la première sans tenir compte de la présence éventuelle d'une laryngale finale, je préfère considérer une seule et même racine ie. **u̯en(H)* à laryngale mobile dont le sens fondamental est «soumettre au charme» : la victoire remportée sur l'ennemi est à comprendre comme un processus tout aussi magique que celui de la **ven**te qui fait passer un objet de la propriété d'un individu à celle d'un autre, que celui de la séduction par laquelle l'homme se gagne les faveurs d'une femme ou que celui de la **vén**ération par laquelle le mortel se gagne la faveur des dieux. La vantā serait fonda-

[120] 1986-2001 : *II* 499.

[121] 1986-2001 : *II* 501.

mentalement «la séduite», et il n'est pas ici sans intérêt de savoir que le hittite utilise *u̯en-* au sens de «futuere»[122].

Comme le refrain contient l'exclamation uštā «à volonté !», laquelle fut empruntée au premier vers de l'Uštavatī Gāθā pour devenir l'expression consacrée de la félicité du ruvan du pieux défunt les trois premières nuits qui suivent le décès, lorsqu'il connaît une «quiétude» exceptionnelle[123], force

---

[122] Voir Gotō 1987 : 285 n. 664.

[123] H 2.2 (cf. Vyt 54, AVN 4.5) *āaṯ mraoṯ*[1] *ahurō mazdā̊* .·. <*+auuaδa bā aṣ̌āum zaraθuštra*>[2] V *asne*[3] *vaγδanāṯ*[4] *nišhiδaiti*[5] V *uštauuaitīm*[6] *gāθąm srāuuaiiō* V *uštatātəm nimraomnō*[7] .·. [8]*uštā +ahmāi*[9] *yahmāi*[10] *uštā*[11] *+kahmāi-cīṯ*[12] V [13+]*vasə̄*[14] *xšaiiąs*[15] *mazdā̊ dāiiāṯ ahurō* .·. *upa*[16] *aētąm xšapanəm* V *auuauuaṯ šātōiš*[17] *uruua ˣušaiti*[18] V *yaθa vīspəm*[19] *imaṯ yaṯ*[20] *juiiō.aŋhuš*[21] .·. « Et Ahura Mazdā dit: <Là-bas pour sûr, (je te le dis, à) toi Zaraduštra qui es partisan de l'harmonie,> (le ruvan) reste assis près de la tête (du cadavre) à réciter l'Uštavatī Gāθā en mettant l'accent sur le mot "à volonté" (qu'elle contient): "À volonté pour chacun de ceux de qui Ahura Mazdā a le pouvoir d'exaucer les souhaits!" À l'approche de cette nuit-là, le ruvan connaît autant de quiétude que toutes les (quiétudes) réunies qu'il (a connues) de son vivant». **Notes :** [1]. Vyt *aoxta.* ||| [2]. Vyt *auuaθa bā puθra fraṣ̌aoštra.* Restauré et corrigé sur base de H 2.20.2a. ||| [3]. Vyt *asti.* ||| [4]. H6 *vaγδnāṯ*; Vyt *vayaδanāi.* L'orthographe pehlevie *vyt'n* conduit à reconstruire lo. vagdāna-, et le védique *somadhā́na-* «contenant le soma» pourra servir de modèle pour en proposer l'étymon suivant: ii. **u̯agdhā́na-* «contenant la parole». Ablatif de distancement dans la rection de *asne.* ||| [5]. K4 *nikhiδāiti*; L5 *nišhaδāiti.* Cf. MX 2.114. L'absence de *ž* dans le thème de présent de *nī+√ had* correspond à la qualité non cacuminale de la dentale du védique *sī́dati.* Le dialecte proto-indo-européen duquel est issu le proto-indo-iranien avait donc développé un thème **sī́de-* là où celui qui allait donner naissance au proto-hellénique (**hízde-*) avait gardé **sísde-*. La valeur d'auxiliaire inchoatif que Kellens (JA 283, 1995, 23 n. 10) veut accorder à *nī+√ had* me paraît exagérée: H 2.20.2b *ˣhaṇduuaraiti* n'y est d'ailleurs guère favorable. Si *nī+√ had* connote un mouvement, convenons qu'il est minimal, c'est-à-dire nul. Rester assis pourrait même être un comportement rituel de prêtre au vu de RS 4.9.4c *utá brahmā́ níṣīdati* et de H 2.13.2. ||| [6]. H6 *°tim.* ||| [7]. K20 *nimraōmnō*; L5 *nimarəmnō.* Traduction conjecturale (cf. Kellens, JA 283, 1995, 54), le sens de *nī+√ mrū* ne pouvant être assuré (voir Kellens, JA 283, 1995, 33 n. 31). |||

nous est d'envisager que les huit paragraphes de la description con-cernent plus précisément la félicité post mortem des mazdéens plutôt que celle qu'ils auraient voulu connaître de leur vivant. La félicité que la déesse Ārti leur procure est multiple à en juger par l'épithète de paru-sardā «qui possède de multiples sortes» que le refrain lui attribue, multiplicité qui fait écho à l'ex-clamation «à volonté! à loisir!» et que la description cherche à refléter au moyen de ses huit paragraphes. Cette richesse multiple que la déesse offre aux pieux adorateurs

---

[8]. Le Vyt 53.2 saute les deux premiers mots de cette ligne. ||| [9]. H6 et K20 *am̨āi*. Corrigé sur base de Vyt. ||| [10]. K20 *yahmai*. ||| [11]. Vyt 53.2 *ušta*. ||| [12]. H6 *kahmāicit̰*; K20 *kam̨āi.cit̰*. Corrigé sur base de Vyt et de la Gāθā (Y 43.1). ||| [13]. Le Vyt 54.3 saute cette ligne. ||| [14]. H6 *vase*; K20 *vasē*; K4 (Vyt 53.2) *vasa*; L5 (Vyt 53.2) *visə*. Corrigé sur base de la Gāθā. ||| [15]. K20 *xšaiia*[a]*s*. ||| [16]. Kellens (JA 283, 1995, 38) et Piras (2000) n'accordent aucune valeur significative à la préposition *upa*. À mes yeux, le sens en est «à l'approche de», ce qui, en réponse à l'accusatif de durée générale que l'on trouve dans la question (e. g. H 2.5.2ab *yąm θritiiąm ... aētąmcit̰ xšapanəm* «la troisième nuit aussi»), fait système avec H 2.7.1a *θritiiā̊ xšapō* ⁺*θraošta* «au terme de la troisième nuit»: au début et à la fin. ||| [17]. H6 *šātōiš*; K20 *ṣ̌ātōiš*. ||| [18]. H6 *išaite*; K20 *iṣ̌aiti*. Il n'est pas aisé de tirer *išaite* de √ *šiiā* : aucune explication satisfaisante n'en a été donnée, et Kellens parle (JA 283, 1995, 29 n. 21) d'imprécision. Je suis impressionné par la graphie de la forme que K20 donne la première fois (folio 47v, ligne 1) pour H 2.20.4: *uṣ̌aite* (De Vaan [IIJ 46, 2003, 45] lit *iṣ̌aite*). En effet, cette leçon s'interprète facilement par le védique *UC :: ucyati* dont le sens «il a l'habitude, habite, trouve du plaisir» convient à merveille au contexte *auuauuat̰ šātōiš* «autant de plaisir». Je propose donc la correction ˣ*ušaiti*. En 2.20.4, ce verbe est traduit par *BOYNVNyhyt* (xvāhīhēd) «acquiert» et reflété par AVN 17.6 *zyvst* (zīvist) «(est) vécu». ||| [19]. H6 *vispəm*. ||| [20]. K20 saute ce mot. ||| [21]. H6 *zjuiiō.aŋhuš*; TD28 *juiiō.aŋhuš*. Kellens n'admet pas ce composé (JA 283, 1995, 38). La subordonnée *yaθa vīspəm imat̰ yat̰ juiiō.aŋhuš* est littéralement: «comme (sont les quiétudes) tout le temps ici-bas quand (il était) avec une existence vivante». Le bahuvrīhi *juiiō.aŋhuš* me paraît offrir une meilleure possibilité syntaxique que celle à laquelle conduit l'idée de deux mots («tout le temps ici-bas quand (son) existence (était) vivante»). Le premier terme de ce bahuvrīhi est le participe en °*a*- tiré du présent en ii. *-*u̯i̯a*- de √ *jiiā* «être vivant».

concerne, dans la VZ 35.42 (voir ci-dessous § 27), clairement l'au-delà.

15. L'éloge d'Ārti

La suite du deuxième chapitre du Yašt est faite d'un échange de paroles laudatives entre Zaraduštra et la déesse. Il est possible que la longue description de la félicité des adorateurs fît déjà partie (17.6-14) de l'éloge que Zaraduštra adresse à Ārti (17.15-16). Cette louange, comme nous l'avons vu plus haut, place la déesse au centre du panthéon en égrenant ses liens familiaux, mais c'est après avoir dit qu'elle a été bien mise en place (hu-dātā-) et que ce fut avec de bonnes caractéristiques (hu-ciθrā-). Tandis que la première de ces deux épithètes annonce l'arbre généalogique qui va être dressé, la seconde renvoie au sens premier que le mot ārti conserve dans le rituel gâthique : «l'envoi (des pensées, paroles et gestes)», puisque la bonne caractéristique du sacrifice, comme le précise le commentaire d'un manθra, est de comporter l'envoi (*aši-*) de pensée bonne, parole bonne et geste bon: Y 58.1 *tat̰ sōiδiš tat̰ vərəθrəm dadəmaidē* ᵛ *hiiat̰ nəmə̄* ***huciθrəm ašiš.hāgət̰*** *ārmaitiš.hāgət̰* ᵛ *yeŋ́hē nəmaŋhō ciθrəm* ᵛ *humatəmcā hūxtəmcā huuarštəmcā* .·. «Nous considérons que l'hommage nous est protection et défense s'il a une **bonne caractéristique**, s'il est **accompagné de l'envoi** et de la déférence, (c'est-à-dire :) si sa caractéristique est la pensée bonne, la parole bonne et le geste bon»[124].

16. L'éloge de Zaraduštra

À l'éloge que Zaraduštra vient de faire d'elle et que le texte appelle upastuti «éloge annexe» sans que nous puissions en fournir la raison exacte, le déesse répond par des paroles tout aussi laudatives (17.17.2 et 17.22.2-3), mais, par le biais de

---

[124] Voir Pirart, AION 52, 1992, 227. La bonne caractéristique d'Ārti sans doute est-elle à l'origine de l'affirmation du ŠnŠ 23.4 (West 1880-1897 : *I* 405) que cette déesse est un paradigme de beauté, ce qui rappelle la nēkīh «beauté» dont parle si souvent le fragment H 2.

la conversation qui s'engage, Zaraduštra participe à son propre éloge (17.17.3-17.20.3).

La première partie des paroles laudatives de la déesse porte sur la qualité de la voix de Zaraduštra, la plus belle qu'elle ait jamais perçue, sans doute en raison de sa diction rituelle parfaite. C'est que la déesse s'y connaît pour représenter notamment l'envoi des paroles bonnes. Ārti interroge alors Zaraduštra sur son identité. Dans sa réponse, Zaraduštra se borne à se définir comme le premier mortel à avoir célébré le culte techniquement correct qu'il convient de rendre à Ahura Mazdā. Il fait ensuite état de la joie que le monde connut du fait de sa naissance et de l'effroi que celle-ci produisit sur les forces ténébreuses. Pour cette louange qu'il fait de lui-même, Zaraduštra rapporte les paroles qu'Ahra Manyu lui avait adressées et qui donnaient son pouvoir antidémoniaque pour plus efficace que celui des dieux eux-mêmes. C'est que Zaraduštra, détenteur de la bonne doctrine, en prononça les paroles les plus virulentes, l'Ahuna Variya et le Ṛta Vahišta[125].

Après l'avoir invité à prendre place sur son char, la déesse le caresse et le louange pour sa beauté, sa bonne nature, ses bons tibias et ses longs bras. Ces deux dernières qualités sont typiques du héros guerrier. Les «caresses»[126] que la déesse lui prodigue sont à comprendre comme un frottement purificateur destiné à nettoyer ou épousseter Zaraduštra avant de l'emmener chez les dieux.

La déesse clôture la louange qu'elle lui adresse en disant que la tanū «corps, personne» de Zaraduštra avait reçu le hvarnah «possibilité de s'alimenter sans restriction» et que son ruvan «âme-moi», le hāuahava «qualité de celui qui possède la bonne existence rituelle», et cela pour toujours. Corps et âme, Zaraduštra, en raison de ses habiletés techniques et de ses compétences en matière de rituel, mérite de ne manquer de rien et d'accéder à l'excellente existence, à l'au-delà paradisiaque. Elle le lui avait promis, dit-elle. C'est qu'à présent cette pro-

---

[125] Ces deux textes, pour lesquels voir 17.62.2 et 17.0.10, figurent en tête de l'ensemble archaïque formant le cœur du *Yasna*.

[126] Kellens (OrSuec 51-52, 2002-2003, 318 n. 3) parle de massage.

messe se réalise : il a pris place dans le char de la déesse pour gagner corps et âme le monde des dieux. Il serait éventuellement plus exact de dire qu'elle l'avait promis **pour lui** : la promesse dont il est ici question est en réalité pour la déesse le fait de s'être engagée à accomplir cette partie du plan que le grand dieu a conçu et prévu avec la complicité du temps[127]. Ahura Mazdā, avec la collaboration d'Ārti, met Zaraduštra corps et âme en réserve pour le jour où le combat décisif aura lieu.

17. Le Catalogue des sacrifiants

Après le bref premier chapitre et le long et varié deuxième chapitre viennent ceux qui forment ce qu'il est convenu d'appeler «le Catalogue des sacrifiants»[128], l'un des thèmes typiques du genre Yašt : les chapitres III-IX, qui peuvent être regroupés selon le schéma 3 + 2 + 2. En effet, les trois premiers, III-V, concernent trois types de premiers hommes : Hušianha, Yama et Θrāitauna ; les chapitres VI-VII, le tandem Hauma + Husravah ; les chapitres VIII-IX, le tandem Zaraduštra + Vištāspa.

Comme les demandes que ces sacrifiants adressèrent à la déesse Ārti ne diffèrent pas fondamentalement de celles qu'ils firent à d'autres Yazata, rien de bien spécifique ne peut être retiré de cette partie de l'Ārd Yašt, si ce ne sont les caractéristiques générales du Catalogue telle que sa structure.

Le Catalogue des sacrifiants, faut-il remarquer, se double comme souvent d'un catalogue d'aires sacrificielles et débouche sur un catalogue de demandes. Celles-ci, pour être souvent de vaincre des ennemis, reviennent à dresser une liste de forces délétères et ténébreuses.

---

[127] Ahura Mazdā, pour y enfermer les forces négatives, avait dû amadouer le temps (Pirart 2003 : 158).

[128] Kellens, Annuaire 1999-2000, 721.

Chap.	Sacrifiants	Aires	Ennemis
III	Hušianha	contreforts de Harā	les Daiva Mazaniya
IV	Yama	sommet Hukarya	la destruction
			la faim et la soif
			la vieillesse et la mort
			la chaleur et le froid
V	Θrāitauna	près de Varna	Dāhāka
			Druj
			Drugvant (= Ahra Manyu)
VI	Hauma	sur Harā	Frahrasyān
VII	Husravah	bord du Caicista	Frahrasyān
VIII	Zaraduštra	Aryāna Vaijah	-----
IX	Vištāspa	bord de la Dātiyā	les huit Arvant (?)
			le fils d'Ašti (?)
			Arjadaspa
			les deux Daršinikā (?)
			Tanθriyavant
			Spijāruška (?)
			les Hyāuna

En plus de ces demandes de vaincre tel ou tel ennemi, le catalogue contient aussi deux demandes de pouvoir délivrer des captives, les deux filles de Yama (V : 17.34.6) et les deux filles de Vištāspa (IX : 17.51.3) ; et celle que formule Zaraduštra de pouvoir convertir Vištāspa (VIII).

Le Catalogue des sacrifiants évoquent trois périodes de l'histoire : celle des débuts avec trois types de premiers hommes, les deux suivantes qui furent celles de la dynastie des Kavi et de Zaraduštra. Le tandem que Hauma avait formé avec Kavi Husravah, le dernier des huit Kavi descendant de Kavi Kavāta, annonçait le tandem que Zaraduštra formerait avec Kavi Vištāspa, le neuvième et dernier des Kavi, le seul à ne pas descendre de Kavi Kavāta[129]. La libération des filles de Yama,

[129] Sur les discontinuités généalogiques de la dynastie des Kavi, Kellens, Annuaire 1999-2000, 747 n. 31.

quant à elle, annonce celle des filles de Vištāspa. Comme on voit, les deux premières périodes ne sont évoquées que pour amener la troisième ou la mieux asseoir dans une histoire mythique dont le couronnement ne pouvait être que la Légende de Zaraduštra et de Vištāspa. La raison de la présence de ce Catalogue des sacrifiants si structuré est donc probablement à rechercher dans ladite Légende, si bien que nous pouvons laisser de côté les détails des périodes mythiques antérieures. L'importance du chapitre IX est encore visible au caractère spécifique de son contenu : seul le Druvāsp Yašt (9.29-31) fournit d'importants parallèles à ses phrases.

Les nombreux ennemis évoqués de Kavi Vištāspa ne sont pas tous connus en dehors de l'Ārd Yašt, les noms et sexes mêmes de certains d'entre eux restant difficiles à établir. Les adversaires sont, comme souvent, donnés pour des impies, des adorateurs des Daiva, mais aucune péripétie mythique n'est clairement exposée. Il nous est donc impossible de vérifier le bon aloi de la présence du chapitre IX.

Comme le sacrifice que Kavi Vištāspa avait offert à la déesse Ārti fait encore l'objet de la fin du chapitre X, il n'est pas impossible que la raison d'être du Catalogue des sacrifiants fût en partie diascévastique : arriver à dix chapitres, arriver à un nombre de chapitres qui fût ressenti comme une totalité. Cette idée peut être démentie par deux constatations: d'une part, le chapitre X, fort long, ne paraît pas homogène et aurait pu faire la matière de plusieurs chapitres; d'autre part, l'Āštād Yašt (Yt 18), qui lui fait suite, contient deux paragraphes qui eussent mieux figurer dans l'Ārd Yašt pour y former un onzième chapitre.

18. Les exigences d'Ārti

Le contenu du dixième et dernier chapitre de l'Ārd Yašt est bien plus substantiel, ne fût-ce que par sa longueur, mais les thèmes abordés sont multiples sans qu'il soit possible d'y trouver de fil conducteur général avec assez d'assurance si ce n'est celui de la sexualité et de la procréation. Le premier thème abordé, qui est d'un genre connu dans d'autres Yašt[130], est celui des exigences que la divinité formule concernant les attendus du culte à lui rendre.

Si la compréhension que j'en ai est la bonne, le paragraphe avec lequel la déesse expose ses exigences fait écho à son refus que le sacrifice lui soit offert par d'impotents adorateurs, c'est-à-dire d'impubères enfants et des adultes arrivés à l'andropause ou à la ménopause. La raison invoquée, selon l'hypothèse que j'avance, résiderait dans l'incompatibilité du culte de la déesse avec celui des morts duquel de tels impotents se verraient chargés. Nous l'avions déjà vu : la déesse est liée à l'idée d'obtenir une descendance, ce qui, en toute logique, est incompatible avec la présence de sacrifiants définis comme impotents lors des cérémonies célébrées en son honneur.

19. Les caches d'Ārti

Le deuxième thème que le dixième chapitre aborde touche lui aussi à la sexualité. Si la déesse, comme pour le premier thème, a la parole, c'est cette fois pour évoquer un mythe dont les tenants et les aboutissants nous échappent largement. Chassée par deux clans de l'entourage de Zaraduštra, les Tura[131] et les Nāutara[132], la déesse avait trouvé refuge successivement en deux endroits bien curieux : sous les pieds du taureau en pleine saillie et sous la gorge d'un bélier reproducteur environné d'une centaine de femelles pleines. Les Tura et les Nāutara se seraient-ils détournés de toute procréation et auraient-ils fait vœu de chasteté ?

---

[130] Ce thème devait appartenir à ce que j'ai reconnu (IIJ 46, 2003, 217 sqq.) comme étant leur version juridique.

[131] Ce clan pourrait être celui dont était issue la famille de Zaraduštra. Voir la note concernant la traduction de Yt 17.55.

[132] Le clan dont était issue la famille de Vištāspa.

20. Les plaintes d'Ārti

Le troisième thème[133] abordé dans le dixième chapitre de l'Ārd Yašt est celui des trois plaintes que la déesse avait formulées devant le grand dieu et qui paraissent avoir convaincu ce dernier de lui accorder le statut de Yazatā. Les trois griefs de la déesse Ārti concernent trois types de personnages féminins : la jahikā[134] qui ne veut pas avoir d'enfants, la jahikā qui a un enfant d'une union extraconjugale, les jeunes filles forcées au célibat, en insistant sur ce dernier cas de figure. Le troisième thème touche donc à la sexualité ou à la procréation comme les deux précédents.

L'immobilisme que le grand dieu suggère à la déesse d'adopter en de pareils cas va de pair avec son efficacité divine dans d'autres : elle reste spatiale, sans aller ni vers la terre, ni vers le ciel, n'assurant aucun échange entre les mondes humain et immortel si de tels méfaits sont commis (17.60.2), mais réserve ses attentions à la maintenance du Garah Dmāna[135], à n'en guère douter au profit des ruvan des pieux défunts qui ne se sont pas rendus coupables de tels forfaits (17.60.3)[136].

---

[133] Il relève probablement de la version étiologique du Yašt (cf. Pirart, IIJ 46, 2003, 204).

[134] Il est habituel de reconnaître dans jahikā la désignation de la prostituée (Pirart 2004 : 285), mais Emmerick nous révèle (BAI 7, 1993, 51-54) que le mot khotanais correspondant signifie simplement «girl». Bartholomae avait ainsi raison de poser pour jahikā le sens premier de «femme». Dès lors, il s'agit plutôt de la désignation de la femme démoniaque en face de nārikā qui est la femme louable. J'applaudis à la définition que Kellens (Annuaire 2002-2003 : 833) donne de la jahikā : une femme qui ne respecte pas les coutumes mazdéennes ordinaires.

[135] La «maison du chant de bienvenue», le Paradis.

[136] Le motif de la plainte se retrouve au voisinage de la mention d'Ārti dans le Yt 13.157: *xšnūtå āfrīnəṇtu ahmiia nmāne* ᵛ *vaŋᵛhīm aṣ̌īm xᵛāparąm* ∴ *xšnūtå pāraiiaṇtu*[1] *haca ahmāṯ nmānāṯ* ᵛ *staomāca rāzarəca barəṇtu* ᵛ *daθušō*[2] *ahurāi mazdāi* ᵛ [3]*aməṣ̌anąmca spəṇtanąm* ᵛ *māciṃ*[4] *gərəzānå pāraiiaṇtu haca ahmāṯ nmānāṯ* ᵛ [5]*ahmākəmca mazdaiiasnanąm* °₀° «Que, satisfaites, (les Fravr̥ti) propitient la déesse Ārti qui garantit (aux mazdéens)

21. Le sacrifice modèle

À première vue, le dernier thème que le dixième chapitre de l'Ārd Yašt aborde ne concerne pas directement ou explicitement l'activité sexuelle et la procréation. Nous y trouvons un discours direct où le verbe √ yaz figure à la 1e sg. subj. prés. avec pour complément l'énigme du pronom θvā «Je vais **t'**offrir le sacrifice» (17.61.1) qui ne se trouve explicité que dans l'immédiate répétition de ce discours (17.61.2) : «**toi**, la belle Ārti». Qui a donc la parole la première fois ? qui, la seconde ? La première fois, le locuteur précise qu'il s'y prend pour rendre un culte à la déesse comme le fit Vištāspa, laissant entendre que ce dernier y procéda de façon exemplaire. J'émets ici l'hypothèse que c'est Ahura Mazdā qui a la parole la première fois et que, la seconde, ce ne sont jamais que les paroles à prononcer par tout mazdéen qui veuille honorer la déesse aussi correctement que le firent Vištāspa ou Ahura Mazdā lui-même.

Le sacrifice que Kavi Vištāspa avait offert à la déesse ainsi est-il présenté comme archétypique, modèle ou paradigmatique, mais il nous reste à savoir pourquoi. Remarquons au préalable combien ceci renforce l'idée que le Catalogue des sacrifiants avait pour objectif de mettre en exergue le sacrifice que le neuvième et dernier Kavi avait offert à la déesse.

Il n'est pas à écarter que nous devions remarquer aussi que Vištāspa est membre du clan des Nāutara dont il a précisément été question dans le deuxième des thèmes abordés par ce dixième chapitre, mais nous ne pouvons savoir si le mythe des caches d'Ārti a un quelconque rapport ou non avec le sacrifice modèle que Vištāspa avait célébré.

---

un futur prometteur dans cette maison! Qu'elles soient satisfaites aussi en quittant cette maison et portent louanges et intentions aux oreilles de l'instaurateur Ahura Mazdā et des Amr̥ta Spanta! Qu'elles n'aient aucune plainte à formuler en quittant cette maison puisque nous sommes mazdéens!»
Notes : [1]. Impératif prés. de *para+√ i.* ||| [2]. Mis pour le datif. ||| [3]. Mis pour le datif. ||| [4]. Accusatif interne de *gərəzānā̊* et support du génitif *ahmākəmca m°*. ||| [5]. Emploi mal répertorié de *°ca*.

Ce sont des textes pehlevis, le Dēnkard (Dk 7.4.81[137]) et la Rivāyat pehlevie accompagnant le Dādestān ī Dēnīg (RPDD 47.13[138]), qui nous fournissent des éléments de réponse à donner à la question de savoir en quoi ce sacrifice fut exemplaire ou fondamental : Vištāspa avait accepté d'embrasser la bonne religion en échange de la promesse que les dieux lui avaient faite qu'un fils immortel du nom de Piši-śyāuθna allait lui naître à offrir le sacrifice mazdéen aux déesses Ārti et Rāsanstāt («Générosité»). Les dieux Vahu Manah[139], Ṛta Vahišta[140] et Ātṛ[141] dirent au roi Vištāspa :

Dk 7.4.81c-r[142].

agar-it stāyīd veh dēn ī abēzag V ī spitāmān aṣ̌auu° zarduxšt V amā ō tō daham V dagr-xvadāy pādixšāyīh V ud dagr-zīndagīh ī gyān [sad ud panjāh sāl] V ud amā ō tō †daham[143] V aṣ̌iš.vaŋh° ud rāh-estišnīh ī dagr-pad-kāmag V ī pad-hamēšag-abāgīh ud xub-abar-abāgīh V ī pad-hamēšag-abāgīh ud afrāz-sazišnīh V ud amā ō tō pus daham V ī piśiiaoθn° ast nām V ī amarg ast ud azarmān V ī †asuyišn ast ud apūyišn V ī andar harv dō axvān V zīndag ud pādixšāy V kē astōmandān ud kē-z mēnōyān

«si tu as adopté la bonne et sainte religion de Zaraduštra, le ṛtavan descendant de Spitāma, nous (les dieux), nous te donnons de pouvoir régner d'une longue souveraineté et de vivre longtemps [cent cinquante ans], nous, nous te †rendons (propices) la déesse Ārti et (la déesse) Équilibre-de-la-roue

---

[137] West (1880-1897 : *V* 69 sq.); Molé (1967 : 58-59, 188-189).

[138] Williams 1990 : *II* 224 nn. 34-36 (47.24 chez Molé 1967 : 118-119).

[139] L'Amṛta Spanta de la pensée bonne, premier des trois niveaux de la triade pensée+parole+geste du comportement rituel de l'adorateur.

[140] L'Amṛta Spanta de l'agencement excellent de tous les éléments, ingrédients, aspects et séquences de la cérémonie sacrificielle.

[141] Le feu rituel.

[142] c : cf. RPDD 47.13.2b; fg : cf. RPDD 47.13.2de; i : cf. RPDD 47.13.2g; ijk = Y 52.1.2 (voir § 24); no : cf. Yt 19.11.1bc.

[143] Corruption : ce verbe est visiblement mis pour un autre.

(= Rāsanstāt)[144] qui assure le long à-volonté, qui toujours seconde, (déesse) de bons secours, qui toujours seconde, (déesse) indéfectible, et nous, nous te donnons un fils nommé Pišiśyāuθna, qui est affranchi de la destruction et de la décrépitude, qui est affranchi de la †famine[145] et de la puanteur, vivant et régnant dans les deux existences, celle des osseux et aussi celle des Mānyava (= la matérielle et l'immatérielle)[146]»;

RPDD 47.13.2a-j[147].

kū dēn be padīr [V] cē agar dēn be padirē [V] ēg amā hamāg ō tō †āfrīnēnam[148] [V] ān ī dagr-xvadāy pādixšāyīh [V] ud dagr-zīvīšnīh ī gyān [V] ud āfrīn āfrīnēnam [V] aṣ̌iš.vaŋh° ud rāh-estišnīh [V] ud ō tō daham pus [V] ī piśiiaoθn° nām [V] ī amarg ī azarmān

«accepte donc la (bonne) religion! Car, si tu acceptes la (bonne) religion, nous tous, alors, nous te *gratifierons de pouvoir régner d'une longue souveraineté et de vivre longtemps, nous permettrons que(, en leur offrant le sacrifice,) tu te rendes propices les déesses Ārti et Équilibre-de-la-roue (= Rāsanstāt) et nous te donnerons un fils nommé Pišiśyāuθna, affranchi de la destruction et de la décrépitude».

Le quatrième et dernier thème que le dixième chapitre de l'Ārd Yašt envisage touche dès lors lui aussi à la procréation. Nous pourrions d'ailleurs affirmer que ce fils extraordinaire de

---

[144] La façon dont les textes pehlevis rendent le nom de Rāsanstāt n'est pas expliquée. Bien sûr, le traducteur pehlevi y a lu le nom de la roue et une forme de √ *stā*, mais nous ne savons pas ce qu'il a voulu dire par là. Nous ne sommes pas plus avancés en pensant à cette Fortune que les Classiques pouvaient représenter juchée sur une roue ailée. Voir la note concernant le texte de 17.0.17d.

[145] Corruption : ce mot est visiblement mis pour celui qui devait rendre l'avestique *afriθiiaṇt-* «affranchi de la décomposition» (B).

[146] Rend un syntagme avestique similaire à Y 57.25.2c *aheca aŋhə̄uš yō astuuatō yasca asti manahiiō* «cette existence qui est osseuse et celle qui appartient à la pensée».

[147] b : cf. Dk 7.4.81c; de : cf. Dk 7.4.81fg; g : cf. Y 52.1.2a, Dk 7.4.81i; hij : cf. Dk 7.4.81lmn; j : cf. Yt 19.11.1b.

[148] Corruption : ce verbe est visiblement mis pour un autre.

Vištāspa est le personnage clé de l'Ārd Yašt ou son aboutissement, même s'il n'y est pas nommé et que sa naissance y soit passée sous silence.

22. Pišišyāuθna

Ce fils de Vištāspa est connu sous plusieurs noms. Celui que lui donne le Yt 13.103[149] est *pišiśiiaoθna-* selon F1[150], mais les autres manuscrits nous oriente vers ˣ*piśiiaoθna-*[151], une forme que les textes pehlevis reproduisent : *pyšy'vtn|*[152], qui pourrait provenir d'une haplographie. Si nous adoptons la leçon de F1, ce serait le composé de la forme compositionnelle en °*i*+ (forme dite de Caland) d'un adjectif tiré de √ *piš* (= véd. *PIṢ*) «broyer» et de *śiiaoθna-* (véd. *cyautná-*) nt. «acte, geste» : «aux gestes broyeurs»[153].

Le Vyt 4.1[154], pour autant qu'on puisse se fier aux manuscrits, est seul à lui donner le nom de *pəšō.tanu-*[155]. Celui-ci, bien évidemment, est à distinguer de *pəṣ̌ō.tanu-* (= *parətō.-*

---

[149] Où il figure en compagnie de son frère Spanta-dāta (Šn *'sfndy'r*). Cf. ZA 35.34 (Anklesaria 1956 : 296-297; 31.29 chez West 1880-1897 : *I* 137).

[150] *piṣ̌iśiiaoθnahe* G.

[151] *pašiśiiao°* Pt1, L18, P13; *piśiiaō°* Mf3, K13.14.38, H5; *aeipe.śiiaō°* J10.

[152] Voir Cereti 1995 : 178; Jaafari-Dehaghi 1998 : 218.

[153] Un Satrape de Sardes paraît avoir porté le même nom : *Pissoúthnēs*. Les textes pehlevis connaissent aussi au fils de Vištāspa le nom de *c(y)tlvkmyhn* qui, visiblement, doit reproduire une forme avestique, mais celle-ci, inattestée, reste difficile à reconstruire: ZA 29.5 (Anklesaria 1956 : 254-255); DD 90.3 (West 1880-1897 : *II* 257); ZVY 3.2 (Cereti 1995); ZVY 7.19 sq. (Cereti 1995). Voir aussi West 1880-1897 : *I* 82 n. 1; Gignoux & Tafazzoli 1993 : 176.

[154] ˣ*aiiaskō*[1] ˣ*amahrkō*[2] ˣ*buiiā̊*[3] *yaθa* ˣ*pəšō.tanuš*[4] «Puisses-tu être affranchi de la maladie et de la mort, comme P° !» **Notes :** [1]. *aiiaska* W. ||| [2]. *amahrka* W. ||| [3]. *bauuāhi* W, L5; *bauuāi* K4. ||| [4]. *pəṣ̌ō.tanuš* W; *pišō°* L5, *pišao°* K4.

[155] Var. lect. *pišō.tanuš*. Il faut évidemment rejeter l'analyse que j'en ai proposée JA 289, 2001, 122.

tanu-)[156], une épithète défavorable qui qualifie les forces impies et que les textes pehlevis rapprochent de *tanu.pərəθa-*, le nom d'un type de péché, pour le gloser par marg-arzān «deserving death»[157]. Le premier membre du composé qui nomme le fils de Vištāspa dans le Vyt 1.4.1 est sans doute identique à celui de *pəšō.parəna-* (Yt 14.35)[158] que la traduction persane rend par farāx-bāl «aux larges ailes». Quelle qu'en soit au juste l'étymologie, le sens que la traduction persane donne de ce premier membre me paraît correspondre à celui du premier membre du composé pehlevi *LBA tn*| vuzurg-tan «au grand corps» que le Dk 7.5.12[159] donne comme épithète de *pyšy'vtn*| et qui pourrait donc traduire *pəšō.tanu-*. Dès lors, ce dernier ne serait pas le nom même du fils de Vištāspa, mais plutôt une épithète, laquelle d'ailleurs pourrait avoir favorisé la déformation du nom du personnage qui, dans le Šn, est devenu *bšvtn*.

Les livres pehlevis nous expliquent que[160] Pišiśyāuθna fut l'un des trente[161] héros immortalisés qui, dormant en attendant l'arrivée des Saušyant[162], se relèveront pour les aider dans leur œuvre. Sept[163] de ces héros, dont Pišiśyāuθna, régnèrent sur le secteur central de la terre, le Hvaniraθa. C'est Zaraduštra qui le rendit immortel en lui faisant boire le lait consacré. Il régna immortel dans la citadelle d'airain Kanhadaizā[164] où, à

[156] Voir Pirart, JA 289, 2001, 122.

[157] Mackenzie 1971.

[158] *pəšō* F1, Pt1, E1, P13, O3, L11, K16, M4; *pišō* Jm4, K38.36.40; *paišō* J10; *pərəšō* L18; *pəṣ̌ō* G. ◘ Il faut évidemment rejeter l'analyse que j'en ai proposée JA 289, 2001, 122.

[159] West 1880-1897 : *V* 77; Molé 1967 : 64-65.

[160] Voir Darmesteter 1892-1893 : *II* 638 n. 125, 666, 666 n. 17.

[161] ZA 34.16 (Anklesaria 1956 : 288-289).

[162] Voir Cereti 1995 : 178.

[163] Énumérés dans Dk 9.16.15 (West 1880-1897 : *IV* 202-203; 9.15.11 chez Sanjana 1869-1928 : *XVII* 31), dans VZ 35.4 (Gignoux & Tafazzoli 1993) et dans DD 90.3 (West 1880-1897 : *II* 256).

[164] Dk 7.5.12 (West 1880-1897 : *V* 77; Molé 1967 : 64-65); DD 90.5 (West 1880-1897 : *II* 257); ZA 29.5 (Anklesaria 1956 : 254-255); ZA 35.56 (Anklesaria 1956 : 300-301); ZVY 7.19 (Cereti 1995).

présent, il dort et d'où, à la fin du millénium inauguré par Zaraduštra[165], il viendra avec cent cinquante disciples[166] démolir les temples d'idoles[167] et remettre la Loi en vigueur.

Pišišyāuθna est donc un personnage clé de l'eschatologie mazdéenne, le préparateur[168] des conditions nécessaires à la venue des Saušyant[169]. Remarquons que sa naissance est présentée comme une récompense, celle que son père ait embrassé la bonne religion. Sa naissance est aussi le fruit d'un sacrifice offert à la déesse Ārti qui représente la mise en œuvre de la doctrine correcte : Pišišyāuθna est d'ailleurs né pour assurer la restauration de la bonne religion au terme d'une certaine décadence, restauration vue comme cadre préalable de l'intervention décisive des Saušyant.

Son nom de «geste broyeur» s'interprète facilement sur base de la RS où *Índra* broie les démons (e. g. 3.30.8b, 4.18.9d), mais aussi comme une allusion à cette destruction des temples d'idoles dont Pišišyāuθna se fera le champion.

L'auteur du Dēnkard, pour évoquer le sacrifice que Vištāspa avait offert à Ārti, a emprunté trois octosyllabes à la Vaŋhuca Hād. L'examen du contenu de ce texte s'avérera donc nécessaire, même s'il ne contient aucun élément explicite qui ait pu le faire passer pour le Yašt auquel Vištāspa avait eu recours à l'instant de rendre un culte à la déesse.

---

165 ZVY 8.8 (Cereti 1995).

166 ZVY 7.22,24 (Cereti 1995); 8.7 (Cereti 1995).

167 ZVY 7.26 (Cereti 1995).

168 DD 36.26 (Jaafari-Dehaghi 1998 : 120-121) gēhān-virāy. Cf. Dk 5.4.3 (Amouzgar & Tafazzoli 2000 : 32-33).

169 Littérature chez Cereti 1995 : 178 sq.

L'ĀŠTĀD YAŠT

23. Ārti dans l'Āštād Yašt

Comme elle nous parle aussi de la déesse Ārti, une partie de l'Āštād Yašt (Yt 18), qui, dans notre collection, fait suite à l'Ārd Yašt, pourrait bien constituer un chapitre de plus : l'Ārd Yašt compterait alors la quantité si recherchée de onze chapitres.

Nous ne savons que bien peu de choses de la déesse abstraite que doit honorer l'Āštād Yašt, Ṛštāt, importante pourtant à en juger non seulement par sa mention dans le Yt 10.139.2[170] et dans le Yt 13.18fgh[171], mais aussi par son assimilation que le Vr 7.2.2 propose avec Dainā[172].

Son nom doit être le dérivé haplologique en +tāt- de l'adjectif verbal en -ta- (participe passé passif) du verbe ṛš+ √ dā «placer rectilignement, rendre rectiligne»: ṛš-d-ta+tāt-[173]. Ṛštāt est donc l'allégorie de la diction continue avec laquelle

---

[170] *yō mazdąm tarō.mainiiete* V *tarō aniie aməšā̊ spəṇta* V *tarō miθrəm yim vouru.gaoiiaoitīm* V *tarō dātəmca rašnūmca* V *arštātəmca frādaṯ.gaēθąm varədaṯ.gaēθąm* ∴ «celui qui méprise (Ahura) Mazdā, mé(prise) les autres Amṛta Spanta, mé(prise) Miθra Varugauyūti, mé(prise) Dāta, Rašnu et Ṛštāt, la (déesse) qui permet la prospérité et l'accroissement des troupeaux».

[171] *yō vō hubərətą baraiti* V *miθrəm yim vouru.gaoiiaoitīm* V *arštātəmca frādaṯ.gaēθąm varədaṯ.gaēθąm* ∴ «celui qui, parmi vous, traite bien Miθra Varugauyūti et Ṛštāt, la (déesse) qui permet la prospérité et l'accroissement des troupeaux».

[172] *arštātəm yazamaide vaŋ^{v}hīm* V *frādaṯ.gaēθąm varədaṯ.gaēθąm sauuō.gaēθąm* V *yąm daēnąm māzdaiiasnīm* ∴ «Nous offrons le sacrifice à Ṛštāt, la déesse qui permet la prospérité, l'accroissement et l'engraissement des troupeaux, qui n'est autre que Dainā Māzdayasni».

[173] D'autres théonymes en +tāt- existent dans le panthéon mazdéen zoroastrien : Amṛtatāt (ou, avec haplologie, Amṛtāt) «qualité d'être immortel», Uparatāt «qualité de se trouver au-dessus», Druvatāt «qualité d'être ferme, fixe ou en bonne santé», Rāsanstāt «qualité d'être donateur», Harvatāt «qualité d'être complet». Dans le verbe, ṛš est le préverbe tiré du substantif razah- nt. «extension en ligne droite» au même titre que maz° qui, dans mazdā- «qui rend sage», provient de manah- nt. «pensée».

doivent être prononcées les paroles rituelles. Le Yt 10.139.2, qui lui donne les épithètes de frādadgaiθā- «qui multiplie les troupeaux (de l'harmonie)» et de vardadgaiθā- «qui fortifie les troupeaux (de l'harmonie)», associe Ṛštāt aux dieux Miθra «échange», Dāta «loi» (= Srauša «déclamation») et Rašnu «orientation», les trois juges qui, sur le chemin de l'au-delà, accueillent l'âme-moi du défunt. Ceci peut se comprendre comme suit : l'harmonie (Ṛta), qui est l'agencement parfait des différents éléments dont est constitué le sacrifice, fonde l'agencement parfait des différents éléments dont est constitué le monde; le bon agencement est vu comme le produit d'un continu, c'est-à-dire comme le fruit de cette absence d'interruption que la diction continue configure sur le plan de la parole. Le rite dans lequel prévaut cette façon de réciter les paroles sacrées sans marquer de pause indue ne peut que renforcer un monde fait de troupeaux clairement complémentaires comme le sont celui des graminées qui nourrissent les bestiaux et celui de ces derniers qui engraissent les terres où elles poussent.

Le dix-neuvième Yašt de la collection (Yt 18) porte le titre d'Āštād Yašt «texte du culte rendu à Ṛštāt» uniquement pour être récité le 26e jour du mois dont Ṛštāt est la patronne, car, en dehors de cela, le contenu de ce texte ne la concerne apparemment en rien : l'Āštād Yašt, si nous laissons de côté une phrase rédigée en pāzand au début des formules préliminaires du texte, ne parle pas de la déesse Ṛštāt ! Nous sommes ainsi confrontés à la difficulté de savoir pourquoi le calendrier aurait à ce point imposé ses attendus à l'Āštād Yašt. Avant de chercher à répondre à la question, soulignons que notre texte, comme plusieurs autres Yašt, porte un autre titre, lequel reflète mieux son contenu: Ērān Yašt «texte du sacrifice offert à Aryāna (Hvarnah)». En effet, Aryāna Hvarnah, déification du pouvoir devant revenir aux nations aryā[174] de se nourrir

[174] Les nations iraniennes (voir Kellens 2005 : 233 sqq.), littéralement: celles où la bonne obédience est de mise. Le mot vieil-iranien arya, dont le féminin est aryā, n'est pas parfaitement superposable au vieil-indien correspondant, védique *árya-* (fém.: *árī-*), qui, lui, bien évidemment se refère

sans restriction, est l'entité divine dont traitent les phrases spéci-fiques des formules préliminaires et conclusives du texte ainsi que les deux premiers paragraphes (18.1-2) de son chapitre unique, mais les deux paragraphes suivants se tournent vers Ārti (18.3-4).

Le dieu Hvarnah accompagnait déjà la déesse Ārti dans le Sīh-rōzag pour patronner le 25e jour du mois sous ses quatre aspects les plus importants: Aryāna Hvarnah «alimentation revenant aux nations aryā», Kāvya Hvarnah «alimentation gérée par la dynastie royale des Kavi», Ahvarta Hvarnah «alimentation interdite (aux forces démoniaques)» et Hvarnah de Zaraduštra. Comme la possibilité que les nations aryā trouvent à se nourrir sans restriction leur est accordée par les dieux et qu'elle doit, avec les rivières qui en descendent, leur arriver par le biais des plus hautes montagnes, il est attendu que le Sīh-rōzag associe à Ṛštāt le dieu montagne Ušadarana «socle de l'aurore»[175]. Comme le Sīh-rōzag fait aussi du mont Ušadarana l'un des auxiliaires de la déesse terre (Zam), que le Zamyād Yašt, faisant, dans la collection, suite à l'Āštād Yašt et devant honorer, d'après son titre, la déesse terre, est en réalité constitué précisément d'un Catalogue des montagnes et du Kayān Yašt, le «texte du sacrifice offert à Kāvya (Hvarnah et à Ahvarta Hvarnah)», il est assez clair que l'auteur de la collection comme celui du calendrier ont voulu solidariser Ārti, Ṛštāt, les dieux montagnes et Hvarnah[176]. Les montagnes sont le canal par lequel les dieux octroient le hvarnah aux hommes, mais aussi, pour servir souvent d'aires sacrificielles[177], le canal par lequel les hommes engraissent les dieux, leur font arriver le savah.

Il n'y a pas de phrase en yazāmadai pour ouvrir le chapitre unique de l'Āštād Yašt. Le corps de ce chapitre unique est

---

aux Indiens védiques, mais dans un emploi parallèle à *mā́nuṣa-* (féminin : *mā́nuṣī-*) «dont l'obédience religieuse fut instituée par Manu».

175 < ušah-darana. Cette lecture et ce sens de l'avestique *uši.darəna-* sont controversés (voir Kellens 1974 : 214).

176 Le Y 1.14 va dans le même sens.

177 Voir Pirart, IIJ 45, 2002, 128.

fait de deux parties. Dans la première, Ahura Mazdā expose à Zaraduštra la valeur qu'il a accordée à Aryāna Hvarnah (18.1.2-18.2), à Ārti (18.3.1-18.5.1) et à Frazanti (18.5.2). La seconde partie (18.5.3-18.7.1), qui n'est peut-être plus à mettre dans la bouche du grand dieu, nous intéressera moins: elle traite du combat que les dieux Tištriya (= Sirius), Vāta (= le «Vent» qui apporte la pluie) et Aryāna Hvarnah mènent contre l'hiver et la misère. Sans doute est-ce le fait que ces deux démons, «gel compact» et «misère», avaient déjà été mentionnés dans la première partie qui a conduit au collage.

Rien ne transparaît de la raison pour laquelle la première partie rassemble Aryāna Hvarnah, Ārti et Frazanti. Sur cette dernière déesse, le grand dieu demeure d'ailleurs silencieux, mais, comme allégorie de la procréation, sa place au voisinage d'Ārti n'est pas surprenante. Par contre, il est moins aisé d'expliciter la relation qu'Aryāna Hvarnah pourrait avoir avec Ārti : le Hvarnah ne serait à leur portée ou ne leur serait réservé que dans la mesure où les nations aryā seraient celles chez qui la déesse existe, c'est-à-dire celles chez qui, lors des cérémonies sacrificielles, l'envoi des trois niveaux du comportement rituel correct que sont la pensée, la parole et le geste bons serait assuré et chez qui les dieux, en contrepartie, favoriseraient la procréation de fils vus comme une main d'œuvre agricole des plus utiles ou bénéfiques. L'abondance des ressources alimentaires serait liée à la possession de fils offrant autant de bras pour le travail agricole ou la défense du bétail. Et, de fait, même si le texte se montre parfois chaotique, le grand dieu, dans l'exposé qu'il fait à Zaraduštra, fait plusieurs fois allusion au bétail: avec le volet qu'il consacre à Aryāna Hvarnah (18.1.2d), mais aussi avec celui qui concerne Ārti (18.4.3a, 18.5.1).

Ce dernier volet, qui nous intéresse davantage, poème mal ficelé, que rythme un refrain (18.3.2bc = 18.4.2bc = 18.4.4cd) repris à l'Ārd Yašt (17.60.3bc), n'apporte pas grand chose de nouveau, mais il doit être recouru à ce refrain pour insister sur le motif de la maison[178]. Quand elle est dite y circuler, Ārti, pour être l'un des modèles de la femme mazdéenne, sans doute y adopte-t-elle les traits de l'épouse du maître de maison. La maison où elle circule, bien évidemment, n'est pas n'importe laquelle: c'est celle où règne la piété, celle depuis laquelle l'adorateur a de l'influence (xšaθra) sur les dieux, celle qui préfigure la maison céleste que l'activité rituelle a édifiée peu à peu pour son âme. Des textes comme le fragment H 2 du Hādōxt Nask font d'ailleurs des trois niveaux du comportement rituel correct les trois antichambres du Paradis. Il n'est donc pas étonnant que la déesse Ārti, même si c'est ici dans un vers repris au Kayān Yašt (19.54.1a = 18.4.1a), reçoive l'épithète de paru-huāθrā «qui garantit le bien-être aux nombreux (mazdéens)»[179].

LA VAŊHUCA HĀD ET LES TEXTES VIEIL-AVESTIQUES

24. Ārti dans la Vaŋhuca Hād

La 52e section (av. *hāiti-*, phl. hād) du *Yasna*, intitulée Vaŋhuca Hād sur base de son incipit *vaŋhuca*[180], contient une belle manne d'épithètes de la déesse Ārti, mais, avant de les examiner, voyons comment la déesse a sa place dans le corps spécifique de cette section[181].

---

[178] Connu aussi de la littérature pehlevie: e. g. RPDD 18a.4.4k (voir Williams 1990 : *II* 157).

[179] Elle partage cette épithète avec Išti «capacité sacrificielle» (Y 68.11e, Yt 10.108.2d), Rāman «tranquillité» (Az 7) et les montagnes (Y 1.14, 2.14, Vr 1.6). L'un de ses synonymes (voir Yt 1.14hij), vispa-huāθra-, sert à la description de l'excellente existence dont jouissent les âmes des pieux défunts (e. g. Y 68.11hi).

[180] Le texte en est repris par Hb.

[181] Je laisse de côté le groupe de formules qu'il est usuel d'appeler par son incipit *vasasca* et qui, pour être récurrent dans le *Yasna* et constituer la fin de cette section, n'en fait pas proprement partie (voir Kellens, JA 286, 1998, 500; Pirart 2004 : 18). Je m'en tiens donc aux seuls paragraphes Y 52.1-4.

L'antiquité de la Vaŋhuca Hād et de la place qu'elle occupe entre les deux dernières Gāθā (la Vahuxšaθrā et la Vahištaïšti) est garantie par le Visprad 20.2, mais il faut se poser la question de savoir pourquoi son insertion fut effectuée à cet endroit du *Yasna*. Certes, l'économie générale de la cérémonie du *Yasna*, régie par l'arithmologie, sans doute avait-elle imposé d'interrompre la succession des Gāθā au moyen d'une hād que pût clôturer un *vasasca*[182], mais nous devons rechercher la raison d'avoir choisi le *vaŋhuca* plutôt qu'un autre texte pour la constituer. L'examen des deux dernières strophes de la Vahuxšaθrā Gāθā permet de répondre à cette question : si nous retranchons Y 51.22 de la Vahuxšaθrā Gāθā sous le prétexte — peu importe qu'il soit légitime ou non — que cette dernière strophe, pour être le modèle de la Bagā Yahyahātā[183], n'est jamais qu'une balise, le dernier hémistiche de la Gāθā devient Y 51.21c' *təm vaŋ^{v}hīm yāsā aṣ̌īm*. Nous pouvons, en fermant les yeux sur les mots qui précèdent, le traduire comme suit : «j'en fais la demande à la déesse Ārti». Il est donc assez clair que le *vaŋhuca* était vu comme un texte traitant spécifiquement de la déesse et que c'est pour cette raison qu'il y fut recouru pour la constitution d'une hād à la suite d'une Gāθā qui s'achevait sur le nom de la même déesse[184].

Le Visprad 20.2[185] attribue à la Vaŋhuca Hād plusieurs vertus. Si elle est affirmée faciliter la mémorisation des

---

[182] Voir note 181.

[183] Sur cette formule, voir la note concernant la traduction de Yt 17.3.5.

[184] Le Y 52 sert aussi à baliser le groupe des neuf hād gâthiques qui le précède pour contenir l'Uštavatī (Y 43-46), la Spantamanyu (Y 47-50) et la Vahuxšaθrā (Y 51), tout comme le Y 42 marquait le terme de l'ensemble regroupant les sept hād de l'Ahunavatī Gāθā (Y 28-34) et les sept hād du Yasna Haptahāti (Y 35-41).

[185] *auuaṯ vərəθraγnəm yazamaide* ^{V} *yaṯ asti* ^{1}*aṇtarəca vohuxšaθrąm vahištōištīm* ^{V} ^{x}*framərətōe*^{2} ^{V} *humatanąmca hūxtanąmca huuarštanąmca* ^{V} *paitištātōe* ^{V} *dušmatanąmca dužūxtanąmca dužuuarštanąmca* ^{V} *uzuuarəzāi māuuōiia* ^{V} *miθō.matanąmca miθōxtanąmca*^{3} *miθōuuarštanąmca* .·. «Nous

pensées, paroles et gestes bons, permettre l'arrêt ou l'oblitération des pensées, paroles et gestes mauvais et assurer la correction des pensées, paroles et gestes erronés, le texte de la Hād ne contient aucune mention explicite de ces trois niveaux du comportement rituel de l'adorateur. C'est qu'il faut sans doute les reconnaître sous ses premiers mots *vaŋhuca vaŋ́hā̊sca* «les bons et les meilleurs». En outre, la présence répétée d'Ārti doit y faire aussi allusion si nous tenons compte des Gāθā où les trois niveaux du comportement rituel de l'adorateur la complètent fréquemment.

Dès lors que le syntagme *vaŋhuca vaŋ́hā̊sca* est explicité de la sorte[186], nous pouvons, avec la première phrase de la Hād (Y 52.1.1), apprendre que les pensées, paroles et gestes bons sont les ingrédients de la Sti, l'ensemble des richesses et biens

---

offrons le sacrifice à ce Vr̥θragna-là (= ce moyen-là de briser les obstacles démoniaques) qui se situe entre la Vahuxšaθrā Gāθā et la Vahištaīšti Gāθā, en vue de mémoriser les pensées bonnes, les paroles bonnes et les gestes bons, en vue de contrecarrer les pensées mauvaises, les paroles mauvaises et les gestes mauvais, en vue de me[4] corriger les pensées fausses, les paroles fausses et les gestes faux». **Notes :** [1]. *ca* deest H1; in Mf2 sec. m. ▫ Jeu pour ***aṇtarə vohuxšaθrąmca vahištōištīmca* ? ||| [2]. *framərəiti* G, Mf2, Jp1, L27.1.2, B2; *framərəti* P13, Jm5, P12.14, K11, O2; *framarəiti* Fl1, Kh1; *framaraiti* K7a.7b, M6, J8; *framərəite* K4; *framərəta* S2, Dh1. ▫ Cf. Vr 9.3, 15.2, Y 71.1. ||| [3]. K7a, Kh1, H1, Jm5, Pt3, L2; *miθō.xtanąmca* Jp1, K4, Fl1, J8, L27.1; *miθō.hūxtanąmca* Mf2, P12; *miθō.huxtanąmca* K7b. ||| [4]. Ce singulier reste incongru par rapport à *yazamaide* «nous offrons le sacrifice».

[186] Le Y 19.9 confirme que {*śiiaoθana*} «(pensées, paroles et) gestes» est à sous-entendre : *frā mē spaniiā̊ maniuuā̊ vauuaca* ᵛ *vīspąm aṣ̌aonō stīm* ᵛ *haitīmca bauuaiṇtīmca būšiieiṇtīmca* ᵛ *śiiaoθanō.tāitiia*[1] ∴ [2]*śiiaoθənanąm aŋhəuš mazdāi* ∴ «Spanta est celui des deux Manyu qui m'a récité toute la Sti qui, du r̥tavan, est, devient et va devenir, au moyen (de l'hémistiche de l'Ahuna Variya[3]) qui contient le mot "gestes" : "(exercez) sur Mazdā (l'influence) que (pensées, paroles et) gestes donnent à l'existence (rituelle)"», autrement dit : «Dans ce que m'a dit Spanta Manyu, le mot "(pensées, paroles et) gestes" évoque toute la Sti éternelle du pieux adorateur». **Notes :** [1]. Mis pour l'instr. sg. du dérivé en *+tāt-* de *śiiaoθana-* ? ||| [2]. Y 27.13b'. ||| [3]. Sur l'Ahuna Variya, voir les notes concernant la traduction de Yt 17.62.2.

de l'individu, c'est-à-dire, en l'occurrence, les richesses immatérielles ou spirituelles que sa pratique religieuse lui aura permis d'engranger et qui sont autant de mérites dont son âme pourra, aux portes de l'au-delà, se valoir devant les juges divins[187].

La deuxième phrase (Y 52.1.2-52.2), qui paraît incomplète — l'accusatif *aṣ̌īm* ne dépend d'aucun verbe[188] —, affuble Ārti de toute une série d'épithètes dont certaines sont reprises dans la troisième phrase (Y 52.3) où le nom de la déesse figure au pluriel.

La dernière phrase spécifique de la Vaŋhuca Hād (Y 52.4) est, quant à elle, constituée de la sèche accumulation de quatre groupes datifs (Y 52.4.1ab, c, d, e) dont les deux derniers, pourtant, concernent la protection de la Sti dont la première phrase avait déjà fait état. Quant à eux, les deux premiers font logiquement allusion à la cérémonie sacrificielle et au motif de la maison : c'est que l'activité religieuse suppose l'adoption des pensées, paroles et gestes bons qui constitueront la part essentielle de la richesse spirituelle de l'adorateur et que la maison est l'espace rituel propre au culte d'une déesse qui représente l'envoi de telles richesses. L'objet de la Hād est donc bien le rôle que joue la déesse Ārti dans le processus d'engrangement des mérites de l'adorateur. L'adorateur qui, soucieux de sa vie future, espère pouvoir compter sur la déesse, lui attribue de multiples épithètes qui la présente comme indéfectible et secourable.

Texte et traduction de Y 52.0-4

Y 52.0.
[189]*vaŋhuca.h'ṭ| bvn*

[187] Pirart, IIJ 46, 2003, 214.

[188] Hintze (2000 : 189) voudrait y sous-entendre celui de la première phrase, *āfrīnāmi* «je me rends la déesse propice», ce dont elle adopte aussi l'hypothèse dans la troisième phrase (Y 52.3) alors même que *aṣ̌aiiō* y est un nominatif.

[189] Mf4 (vaŋhuca hād bun).

«Ici commence la section (qui a pour incipit) "Et les bons"».

Y 52.1.1.

a. *vaŋhuca* ˣ*vaŋhåsca*[190] *āfrīnāmi*[191] (cf. Y 8.8.1a)

b. *vīspaiiå aṣ̌aonō stōiš* (= Y 8.8.1b, 68.22.8b, 70.6.2a, Vr 11.1.4a, etc.; cf. Y 19.9.1b, 55.3.2d)

c. [192]*haiθiiāica bauuąiθiiāica*[193] *būšiiąiθiiāica*[194] (= Y 68.22.8c; cf. Y 19.9.1c)

«Je rends propices et les (pensées, paroles et gestes) bons (de notre vivant) et ceux qui s(er)ont encore meilleurs (dans l'au-delà), appartenant à la Sti[195] qui, de chaque ṛtavan, fut, est et sera (= est éternelle)».

Y 52.1.2. (= Dk 7.4.81ijk)[196]

a. *aṣ̌īm*[197] *rāsaiṇtīm*[198] *darəγō.vārəθmanəm*[199]

---

[190] Avec Hintze (2000 : 278 n. 31), contre *vaŋhåsca* G, Mf1.2, Jp1, K4, (Mf2, Jp1, K4); *vaiŋhåsca* Pt4, B; *vaŋhiiåsca* J9b; *vaŋhuiiåsca* J2.3.6.7, K5.11, H1, L13.2.3.11, O2, Jm1.4b, F1, Pt1, Darmesteter (1892-1893); *vaŋuhiiåsca* L1, S2, M2.

[191] J2, Mf1, Jp1; *āfrināmi* Mf2, M6a.

[192] Mis pour le génitif. Litt. : «étant, devenant et allant devenir». Il s'agit donc bien de la Sti éternelle, c'est-à-dire l'immatérielle. L'individu (tanū) se complète de ses biens (sti), lesquels sont en partie matériels (sti astvatī) et en partie immatériels (sti *manahiyā). Cette part immatérielle de ses richesses comporte deux volets : les âmes des bestiaux immolés (sti gaiθiyā) et le ciθra ou signe positif des pensées, paroles et gestes bons qui, pour dériver plus spécifiquement de la bonne opinion (manyu) que l'adorateur se fait d'Ahura Mazdā, constitue la Sti mānyavī.

[193] K5.4, Pt4, Mf1.2, Jp1; °*cā* J2; *bauuąθiiāica* H1.

[194] *būšiiąiθiiāica* G, Pt4, Jp1, (Jp1), K4; *būšiiąiθiiāica* Mf1.2; *būšiiąθiiāica* H1, Pt1; *būṣ̌iiąiθiiāica* J2, K5.

[195] L'ensemble des richesses immatérielles que la pratique religieuse a pu accumuler, notamment les pensées, paroles et gestes bons.

[196] Voir § 21.

b. *mišācim*[200] *huuō.aiβišācim*[201]

---

[197] Au théonyme près, les trois lignes, précisément celles que reflète le Dk, sont octosyllabiques : ārtim V rāssantīm darga-varθmānam V miš-hācam hu-abišācam V miš-hācam a-frasahatīm.

[198] Pt4, Mf1, K4, H1, P6, Jm4b; *rāsəṇtīm* J2, K5; *rāsiiaṇtīm* Mf2, Jp1, (Jp1); *rāsīm.tīm* B2, L1. ▫ Ptcp. act. du prés. inchoatif de √ *rā* «offrir» (voir Kellens 1984 : 35, 159, 320).

[199] J2, K5.4, Pt4, Mf1, H1; *vārəθmanąm* Mf2, Jp1, (Jp1); *vārəθmanō* J3. ▫ *vārəθman-* «défense, rempart», dérivé en *-θman-* de √ *var* (Debrunner 1954 : 697), n'est encore attesté que deux autres fois: Yt 10.112.2 *ərəzatō.-frašnəm zaraniiō.vārəθmanəm* V *aštraŋhāδəm amauuaṇtəm* V *taxməm* +*vī-sūptīm*[1] *raθaēštąm* .·. «(Nous offrons le sacrifice à Miθra) à la tiare d'argent et à la cuirasse d'or, qui mène avec le fouet, impétueux, valeureux, guerrier large d'épaules»; Yt 11.2 *taṯ*[2] *druuatō druuatąm* V *auruuaθō*[3] *paiti.dārəšta*[4] V *taṯ*[2] *druuatō druuatiiåsca*[5] V *aši uši* [*karəna*][6] *gauua duuarəθra* V *zafarə dərəzuuąn*[7] *pairi.uruuaēštəm*[8] V *yaṯ*[2] *nəmō vohu aδauuīm* [*aṯbaēšəm*][6] V *naire hąm.varəitiš* V *drujō vārəθma dārəšta* .·. «C'est avec le bon hommage la donnant pour infaillible [que rien ne peut mettre à mal] que la (déesse) Nariyā Hamvṛti[9], le meilleur rempart contre Druj, résiste le mieux à ceux qui, dépourvus d'observance, sont les pires drugvant, écrase le mieux les sales yeux, les sales ouïes [oreilles], les sales mains, les sales jambes, la gueule et la sale langue du drugvant ou de la drugvatī». **Notes :** [1]. Avec Gershevitch (1959) et Kellens (1974 : 195 n. 1), contre G *vīspaitīm*. ||| [2]. Corrélation *taṯ* ... *taṯ* ... *yaṯ nəmō*, avec *taṯ* mis pour l'instr. sg. ||| [3]. Mis pour **auruuaθə* ? ||| [4]. Superlatif de *paiti*+√ *dar* (lo. pati-darištā > **paiti.dairišta*) ? ||| [5]. Mis pour lo. drugvaθyāh ca > drugvaθyāsca. ||| [6]. Glose le mot précédent. ||| [7]. Le nom de la langue démoniaque n'est encore attesté que dans le Yt 1.27.3. ||| [8]. Superlatif de *pairi*+√ *uruuī* ? ||| [9]. La «Bravoure masculine». Le nom de cette déesse est apparenté à celui du roi épique indien *Saṁvaraṇa* («le brave»). Jeu de racines entre *hąm.varəitiš* et *vārəθma* ?

[200] J2, K5, Pt4, Mf1.2, Jp1, H1; °*cəm* J3, (Jp1), Pt1; °*cim* and °*cəm* K4. ▫ *miš*°, qui est d'étymologie inconnue, se retrouve dans *mīšti*, lequel pourrait correspondre au premier terme du védique *niṣṭigrī́-* «toujours en alerte», mais Kellens (1974 : 302; voir Mayrhofer 1986-2001 : *II* 357, 835) y voit un emploi adverbial du dérivé en *-ti-* de √ *mis* (véd. *MIŚ*) «mêler».

[201] J2, K5.4, Pt4, Mf1.2, H1, P6; °*cəm* Jp1, (Jp1), Jm4b, Pt1. ▫ Lo. hu-abi-hācam > huabišācam. Cf. véd. *abhiṣác-*; *svabhiṣṭí-*.

c. *mišācim*[202] ˣ*afrasaŋhaitīm*[203]

«(Nous offrons le sacrifice à)[204] la généreuse Ārti qui (nous) assure longue défense[205], qui toujours (nous) seconde, (déesse) de bons secours, qui toujours (nous) seconde, (déesse) indéfectible,»

Y 52.2.

a. *barəṇtīm*[206] *vīspā̊ baēšazā̊*

b. *apąmca gauuąmca uruuaranąmca*

c. *tauruuaiieiṇtīm*[207] *vīspā̊ t̰baēšā̊*[208]

---

[202] Voir n. 203.

[203] *āfrasā̊ŋhaitīm* G, J2, Pt4; *āfrasaŋhaitīm* K5; *afrasā̊ŋhaitīm* Mf1.2, Jp1, (Jp1), K4, J9b, M6a; *afrasā̊haitīm* J3; *afrasā̊ŋhuuaiṇtīm* P6, Pt1; *afrasā̊ŋhuuaṇtəm* H1; *afraṣ̌ā̊ŋhauuaṇtəm* Jm4b, F1. ▪ ⁺*afrasā̊ŋᵛhaitīm* < *a-fra-sāh-u̯aṇt-* «qui n'a pas de coupure (devant soi), qui n'a pas de fin, perpétuel» (Kellens, IIJ 17, 1975, 211-215); «unbegrenzt» (Humbach 1991 : *II* 38; JamaspAsa & Humbach 1971 : *I* 58 sq.; voir Mayrhofer 1986-2001 : *II* 632). Cf. *'pls'vnd* afrasāvand «imperishable» (Mackenzie 1971). Comme la concurrence de *a+* et de *+u̯aṇt-* est, en principe, illicite (cf. *aiθiiejah-* antonyme de *iθiiejaŋᵛhaṇt-*), je suis enclin à amender l'étymologie proposée par Kellens en accusant la diascévase ou la transmission d'avoir introduit °v̲° et en faisant la conjecture que la forme originale était celle du bahuvrīhi du type védique *arundhatī́-* de *a+* et du participe présent actif de l'adādi de *frā+* √ *sah* «interrompre» : ˣ*afrasaŋhaitī-* < Io. afrasahatī- «celle de qui l'interrompant n'existe pas».

[204] Avec Kellens, IIJ 17, 1975, 211.

[205] Avec Bartholomae, sur base des autres attestations de *vārəθman-*, contre Kellens (1974 : 302 sq., IIJ 17, 1975, 211).

[206] J2, K5, Pt4.1, Mf1; *baraṇtīm* Mf2, Jp1, (Jp1); *barəntəm* J3, H1.

[207] K5, Pt4, Mf1; *tauruuaiieṇtīm* J2; *tauruuaiiaṇtīm* Mf2, K4; *tauruuaiiaṇtąm* Jp1, (Jp1); *tauruuaiṇtīm* H1, P6, J9b, Jm4b, F1; *taura-uuaṇtəm* J3. ▪ Cf. Yt 10.34.3cd[1] [2]*vīspā̊ t̰baēšā̊ tauruuaiiama* ᐯ [3]*daēuuanąm maṣ̌iiānąmca* «que nous puissions surmonter toutes les nuisances que causent les Daiva et (leurs suppôts) mortels» ; 14.4abc *āat̰ t̰baēšā̊ tauruuaiieni* ᐯ [4]*vīspanąm*[5] *tbišuuatąm t̰baēšā̊* ᐯ [6]*daēuuanąm maṣ̌iiānąmca* «Alors, je vais surmonter les maux que causent tous les nuisibles, les maux que causent les Daiva et (leurs suppôts) mortels». **Notes:** [1]. = 10.59.3cd. ||| [2]. Cf. 5.13de, Y

d. *daēuuanąm maṣ̌iiānąmca*[209]
e. *arəšiiaṇtąm*[210] *ahmāica nmānāi*
f. *ahmāica nmānahe nmānō.patōe*[211] .·.

«elle qui apporte tous les remèdes des rivières, des vaches et des plantes, elle qui surmonte toutes les nuisances que causent les Daiva et (leurs suppôts) mortels envieux de cette maison et du maître de maison de cette maison».

Y 52.3.
a. *vaŋᵛhīšca*[212] *aδā̊*[213] *vaŋᵛhīšca*[214] *aṣ̌aiiō*

9.18ab. ||| ³. = 14.4c. ||| ⁴. = 5.13.1e, 13.33.2d, Y 9.18b. ||| ⁵. Emploi factice de la finale de gén. masc. pl. des noms pour celle des pronoms. ||| ⁶. = 1.10c, 5.13.1f, 10.34.3d, 13.33.2e, Y 9.18c.

[208] *ṯbaēšaiiā̊* K4; Mf1 inserts sec. m. after this *ṯbišauuatąm*; Jp1 has here and Chap. 59 instead of *vīspā̊* the words: *vīspanąm ṯbaēšuuatąm*; cf. Y 9.18.

[209] *maśiiānąmca* G, Pt4, Mf1, K4, P6, L11; *maṣ̌iiānąmca* J2.3, Mf2; °*cā* K5.

[210] *arəṣ̌iiaṇtąm* K5, Pt4, J3, P6; *arṣ̌iiaṇtąm* J2; *arəšaiiaṇtąm* F1; *arəṣ̌īmtąm* Pt1, Jm4b; *ārəśiiaṇtąm* (Jp1), K4; *ārəšiiaṇtąm* Mf1.2, Jp1. ◘ Ptcp. prés. divādi de √ *arš* actif tantum «être envieux»: voir Kellens 1984 : 13, 120, 125, 319. La rection dative est confirmée par le védique.

[211] J2, Pt4, Mf1.2, K5.4, Pt1; *paitə* H1; *patōiš* J3.9b, Jm4b. ◘ Cf. Yt 10.17.2abc *yō nōiṯ kahmāi* ˣ*aiβi.draoxδβō*¹ ᵛ [*nōiṯ*]² *nmānahe nmānō.patōe* «(à Miθra) que tout maître de maison d'une maison doit éviter de léser»; 15.1.2bcde *təmciṯ vaēmciṯ zbaiiamahi* ᵛ *ahmāica nmānāi* ᵛ *ahmāica nmānahe nmānō.patōe* ᵛ ³*ahmāica zaoθrō.barāi arədrāi* «nous appelons aussi Vāyu, qu'il vienne protéger cette maison, le maître de maison de cette maison et son porteur d'offrandes compétent». **Notes :** ¹. G *aiβi.draoxδō*. Le datif de l'agent impose d'y reconnaître l'adj. verbal d'obligation en *-θβa-*. L'antonyme peut se contenter du suffixe *-ta-*: *anaiβi.druxta-*. ||| ². Logiquement. ||| ³. Cf. Yt 5.19.1c, 5.132.1h, 15.21.1b.

[212] Pt4 has *vaŋhīšcā* corrected to *vaŋhīšca*; *vaŋhūšca* K5; *vaŋhəūšca* J2; *vaŋhūšcā* H1, Jm4b; *vaŋhūscā* P6, L11, F1; *vaŋhū* J3; in Mf1.2, Jp1, (Jp1) *vaŋhīšca* or *vaŋhūšca*; in K4 °*īšcā* or °*ūšcā*. ◘ Hintze (2000 : 189) sous-entend *āfrīnāmi*.

[213] J2, K5, Mf1.2, Jp1; *adā̊* J9b, Pt1; *iδā̊* K4.

b. *hupauruuā̊*[215] *vahehīš*[216] *aparā̊*
c. *rāsaiṇtīš*[217] *darəγō.vārəθmanō*
d. *yaθa nō*[218] *mazištā̊sca vahištā̊sca sraēštā̊sca*
e. *aṣ̌aiiō ərənauuaṇte*[219] ∴

«Les déesses Ādā[220] et les déesses Ārti, bonnes par le passé[221], meilleures encore dans l'avenir[222], les généreuses qui (nous) assurent longue défense, de façon que nous arrivent les plus grandes, les meilleures et les plus belles chances (...)».

Y 52.4.1.
a. *aməṣ̌anąm spəṇtanąm*
b. *yasnāica vahmāica xšnaoθrāica frasastaiiaēca*
c. *fradaθāi ahe nmānahe*
d. *fradaθāi vīspaiiā̊ aṣ̌aonō stōiš*
e. *hamistē vīspaiiā̊ druuatō stōiš* ∴ (cf. Y 61.5.4)

«Pour que les Amr̥ta Spanta (nous) permettent de (correctement) célébrer le sacrifice, exécuter le chant, réserver l'attention et lancer la proclamation, que prospère cette maison, que prospère la Sti de chaque r̥tavan et que soit altérée la Sti de chaque drugvant,»

---

214 K5; *vaŋhīšca* J2; *vaŋuhīšcā* H1, Jm4b, J9b; *vaŋhīšcā* P6; Mf1.2, Jp1, (Jp1), K 4 as n. 212.

215 K5, Pt4, J3, Mf1; *hupaouruuā̊* J2, Mf2, K4, H1, F1; *hupaōuruuō* Jp1, (Jp1).

216 K5.4, Pt4, Mf2, Jp1, (Jp1), Jm4b, F1; *vahihīš* J2, H1, P6, Pt1. ▪ Si le syntagme *vahehīš aparā̊* équivaut au comparatif de *x*ᵛ*āparā-*, la ligne fait écho à Y 52.1.1a.

217 Pt4.1, Mf1; *rāsaṇtīš* Mf2, Jp1, (Jp1), K4, H1, P6; *rāsəṇtīš* J2, K5.

218 Mf1, Jp1, (Jp1), K4; *yaθanō* J2.3, K5, Pt4, H1, P6.

219 J2, Pt4.1, Mf1.2, Jp1, K4, H1, P6, Jm4b, F1; *ərənuuaṇte* K5, J3, (Jp1).

220 L'allégorie de la mise en place des offrandes. Voir Narten 1986 : 269 sq.

221 = de notre vivant ?

222 = dans l'au-delà ?

Y 52.4.2. (= Y 45.6bb', Y 61.5.5, Y 72.5.5)

[223]*stauuas aṣ̌ā yə̄ hudā̊ yōi həṇtī* °₀°

«(nous récitons:) Faisant au moyen de l'harmonie l'éloge (d'Ahura Mazdā) qui, parmi les Hant[224], est celui à qui les offrandes sont (les meilleures) à faire».

Comme elle est reflétée par les deux passages pehlevis qui nous parlent du sacrifice que Vištāspa avait offert à Ārti dans l'espoir que lui naîtrait un fils immortel, il est probable que la Vaŋhuca Hād en ait été vue comme le récitatif. Les deux facettes sémantiques de la déesse sont ainsi concernées par la Hād : Ārti est ici non seulement l'envoi de la triade comportementale, mais aussi la chance d'une descendance.

Il reste que, par elle-même, la Vaŋhuca Hād n'évoque en rien le sacrifice que Vištāspa avait offert à la déesse. La raison ou le prétexte qui a pu la faire passer pour le texte sacrificiel auquel Vištāspa avait eu recours est à rechercher dans la Vahuxšaθrā Gāθā (Y 51) qui, dans le *Yasna*, la précède immédiatement, mais, comme nous pouvons nous y attendre, pareille recherche passe par une compréhension artificielle, factice, secondaire ou superficielle des strophes de la Gāθā. C'est en leur prêtant un sens ad hoc, pour les besoins de la cause, qu'il est possible de découvrir un lien qui permît de reconnaître dans la Vaŋhuca Hād l'ensemble des paroles rituelles que Vištāspa aurait prononcées dans cet espoir que lui naîtrait un fils immortel : nommé à la strophe Y 51.16, il serait à reconnaître dans la première personne du verbe *yāsā* de l'hémistiche Y 51.21c' tandis que le pronom *tə̄m* y représen-terait l'objet de la demande, celle que lui naquît un fils immortel : *tə̄m vaŋᵛhīm*

---

[223] Le premier hémistiche stavas ṛtā de cette citation vieil-avestique aurait pu donner lieu à un nom de Saušyant comme Y 43.16c est à l'origine d'Astvat-ṛta (Saušyant fils de l'âme-moi de Zaraduštra) et Y 45.8d à celle de Viduš-ṛta (Saušyant mal identifié). Sur base du sacrifice qu'il avait offert et qui, pour son récitatif, recourait à la Vaŋhuca Hād, nous pourrions avancer que le Saušyant fils de l'âme-moi de Vištāspa pût porter logiquement le nom de *Stavas-ṛta.

[224] Les êtres surnaturels, quels qu'ils soient.

yāsā aṣ̌īm «(moi qui suis Vištāspa,) je demande (d'avoir) ce (fils immortel) à la déesse Ārti (en lui offrant le sacrifice au moyen de la récitation du Y 52)».

25. <u>Ārti</u> dans les textes vieil-avestiques

Ce sont les textes vieil-avestiques qui montrent avec le plus de fréquence la relation étroite que la déesse doit entretenir avec les trois niveaux du comportement rituel de l'adorateur : Y 28.4 *yə̄ uruuānəm* ˣ*mə̄m*[225] *gairē vohū dadē haθrā manaŋhā* ᵛ *aṣ̌īščā*[226] *śiiaoθənanąm vīduš mazdā̊ ahurahiiā* ᵛ *yauuaṯ isāi tauuāčā auuaṯ xsāi aēšē aṣ̌ahiiā* ∴ «Moi l'adorateur d'Ahura Mazdā qui suis à pousser mon ruvan à chanter tout à la fois **avec la pensée bonne et avec l'envoi des gestes**, me voici scruter autant que le puis et en suis capable lors de la recherche de R̥ta»; Y 28.7aa' *dāidī aṣ̌ā tąm aṣ̌īm vaŋhə̄uš āiiaptā manaŋhō* «Ô R̥ta, donne(-nous, à Vištāspa et à moi), **cette chance**: la faveur de **la pensée bonne!**»[227]; Y 31.4 *yadā aṣ̌əm zəuuīm aŋhən mazdā̊scā ahurā̊ŋhō* ᵛ *aṣ̌icā ārmaitī vahištā išasā manaŋhā* ᵛ *maibiiō xšaθrəm aojōŋhuuaṯ yehiiā vərədā vanaēmā drujəm* ∴ «Quand les Ahura qu'il faut invoquer seront là, (à commencer par) R̥ta et Mazdā, j'exigerai (d'eux), en fonction de **l'envoi**, de la déférence et **de la pensée bonne**, qu'ils me confèrent l'emprise et la puissance par laquelle nous puissions vaincre Druj»; Y 33.13b' *yā vaŋhə̄uš aṣ̌iš manaŋhō* «**l'envoi de la pensée bonne**»; etc. Je me vois dans l'obligation d'interrompre, au moyen de cet «etc.», le recueil des passages vieil-avestiques qu'il faudrait donner à l'appui de l'existence d'un syntagme ancien «envoyer la pensée, la parole et le geste bons» tout simplement en raison de leur difficulté inhérente : la

---

[225] G *mə̄n̥*.

[226] Sur la concordance du nombre avec celui du complément figurant au génitif, Kellens 1991b : 104. Pour moi, *aṣ̌īš°* est ici instr. plur.

[227] *āiiaptā* est-il la forme en sandhi pour **āiiaptəm* (cf. Y 9.3-15) devant *m°* ? Si nous considérons que √ ¹*dā* est construit avec deux accusatifs et que *tąm* est l'indice que *vaŋhə̄uš ... manaŋhō* porte non sur **āiiaptəm*, mais sur *aṣ̌īm*, la traduction est la suivante: «fais pour nous de l'envoi de la pensée bonne une faveur!»

compréhension des textes vieil-avestiques reste encore trop hésitante ou insuffisante pour qu'il soit possible d'en tirer des certitudes sur les conceptions mazdéennes zoroastriennes malgré les efforts que j'ai crus naguère fructueux. Les trois volumes que Jean Kellens et moi-même avons consacrés aux textes vieil-avestiques ne débouchent trop souvent que sur des conjectures invérifiables et sur des interrogations que seul l'enthousiasme de la jeunesse croit résoudre.

Cependant, il semble bien que le double emploi que nous avons admis pour le mot *aṣ̌i-*, «envoi» et «octroi»[228], ne fasse pas trop de doute: d'une part, au sens de «envoi» lorsque le sujet de cette action est l'adorateur et que son objet est la pensée, la parole ou le geste; d'autre part, au sens de «octroi» lorsque le sujet de l'action est la divinité et que l'objet est une donnée enviable. Pour cette seconde acception, je me contente de citer Y 43.4cc' *yå då aṣ̌īš drəguuāitē aṣ̌āunaēcā* «les octrois que tu réserves au drugvant et (ceux que tu réserves) au r̥tavan» et Y 43.5cc'dd' *hiiat̰ då śiiaoθanā mīždauuąn yācā uxδā* ^{V} *akəm akāi vaŋ^{v}hīm aṣ̌īm* ${}^{\times}$*vaŋhauuē*[229] «que tu as accompagné le geste et la parole d'une récompense, attribuant la mauvaise récompense à la pensée mauvaise et le bon octroi à la pensée bonne».

La notion que la déesse représente serait ainsi faite de deux volets: l'arrivée de la pensée, de la parole et du geste dans la sphère des dieux et celle de bienfaits divins dans le monde des adorateurs, mais, au delà de la mort, le monde des adorateurs se confond avec la sphère divine: l'âme du défunt y est récompensée; l'activité religieuse qui fut celle de ce défunt est soumise à rétribution. Au vu des données de l'Avesta récent, parmi les récompenses célestes comme parmi les bienfaits terrestres, nous devons envisager la naissance d'un fils: en ce bas monde, non seulement comme main d'œuvre permettant d'augmenter les moyens de subsistance du père, mais aussi comme garantie que la vie religieuse qui fut celle du défunt sera poursuivie et offrira de la sorte un soubassement à l'éternité de ce père défunt; dans l'autre, comme garantie de victoire

---

[228] 1988-1991 : *II* 212.

[229] G *vaŋhaouuē*.

définitive sur les forces délétères. Le fils de l'adorateur préfigure ainsi celui que son âme engendrera dans l'au-delà.

APPENDICES

26. Ārti et Fravr̥ti

Pour l'analyse et la compréhension de la coordination d'*aṣ̌i-* et de *frauuaṣ̌i-* que l'on rencontre dans le Yt 13.95.3 *maiδiiōimåŋhahe ārāstiiehe iδa*[230] *aṣ̌aonō* ᵛ *aṣ̌īmca frauuaṣ̌īmca yazamaide* ᵛ *yō paoiriiō zaraθuštrāi*[231] ᵛ [232]*mąθrəmca gūšta sāsnåsca* °₀° «Nous offrons ici le sacrifice à l'Ārti et à la Fravr̥ti du r̥tavan Madyaimāha Ārāstya[233] qui fut le premier à écouter les manθra et les indications de Zaraduštra», dans le Y 10.21.3 (= 6.18.2, Yt 20.2.3, Vr 16.2.1) *zaraθuštrahe spitāmahe iδa aṣ̌aonō* ᵛ *aṣ̌īmca frauuaṣ̌īmca yazamaide* .·. «Nous offrons ici le sacrifice à l'Ārti et à la Fravr̥ti du r̥tavan Zaraduštra descendant de Spitāma» et dans le Vr 16.2.2 *vīspaēca*[234] *iδa aṣ̌aonō* ᵛ *aṣ̌īmca frauuaṣ̌īmca yazamaide* .·. «Nous offrons ici le sacrifice à l'Ārti et à la Fravr̥ti de chaque r̥tavan», Kellens[235] se détourne de la synonymie que, dans le Y 43.5cc'dd'[236], *aṣ̌i-* entretient avec *mīžda-* «récompense». Il faut effectivement à mes yeux éviter la disparité de nature que montreraient alors les deux termes de la coordination si l'on faisait ici d'*aṣ̌i-* l'«octroi», c'est-à-dire la différence de statut du génitif selon que le

---

[230] Place et emploi curieux de *iδa* : si c'est «ici» (véd. *ihá*) ou que ce soit ˣ*iθa* «ainsi, correctement» comme le suggèrent des parallèles tels que Y 37.1, 39.1,3, nous attendions non la troisième place, mais la deuxième ou la première. Tout se passe donc comme si l'auteur avait voulu baliser le nom propre, ce qui n'est pas sans rappeler l'usage de *iδa* dans le Y 19 pour indiquer qu'un mot est à comprendre entre guillemets.

[231] Mis ou fautif pour le génitif.

[232] Cf. Y 31.18a'.

[233] Le père de Madyaimāha était le frère de celui de Zaraduštra (ZA 35.53).

[234] Fautif pour ˣ*vīspaheca.*

[235] JA 287, 1999, 457-464. Voir aussi JA 289, 2001, 179.

[236] Voir le § précédent.

déterminé en est *aṣ̌i-* «l'octroi **concédé à** Zaraduštra» ou *frauuaṣ̌i-* «l'engagement **pris par** Zaraduštra». Cependant, pour la recherche d'un autre sens à attribuer à *aṣ̌i-*, Kellens, au lieu de se tourner d'emblée vers «envoi», entreprend un parcours inédit et affirme que la seule voie qui lui soit ouverte, une fois relevé que l'expression est l'apanage exclusif de Zaraduštra et de son cousin Madyaimāha qui fut son complice religieux le plus proche, est de déterminer quels sont dans l'Avesta les rapports les plus précis et les plus explicites que Zaraduštra entretienne avec une notion *aṣ̌i-* ou avec la déesse du même nom. Ceci mène à l'examen de deux textes: la conversation que, dans le Hōm Stōd, Zaraduštra maintient avec Hauma et qui traite d'une *aṣ̌i*; celle qu'il maintient, dans l'Ārd Yašt, avec la déesse *Aṣ̌i*. Kellens, à travers l'examen des deux conversations, met en évidence l'idée que Zaraduštra a pu gagner corps et âme l'autre monde, qu'il n'est donc pas vraiment mort, mais est parti. Il me semble aventureux d'en tirer que *aṣ̌i-* puisse signifier «départ», surtout que solliciter à cette fin le védique *nírr̥ti-* qui serait non «désagrégation», mais «sortie de route», reste bien conjectural, voire tout à fait insolite[237].

Dans ses analyses et dans ses conclusions, Kellens reste silencieux sur *frauuaṣ̌i-* : pourquoi avoir coordonné de la sorte *aṣ̌i-* et *frauuaṣ̌i-*? Pour moi, la coordination n'est justifiable que si *aṣ̌i-* est une entité ou une notion de la même sphère sémantique que *frauuaṣ̌i-*. L'interprétation que Kellens donne d'*aṣ̌i-* permet bien sûr de donner au génitif le sens subjectif par rapport à toutes deux notions coordonnées, mais le départ de Zaraduštra et son engagement religieux sont des notions trop disparates pour avoir fait l'objet d'une coordination formulaire.

À mes yeux, *aṣ̌i-*, dans sa coordination avec *frauuaṣ̌i-*, doit représenter une action rituelle au même titre que cette dernière. L'autre sens d'*aṣ̌i-*, «envoi (des pensées, paroles et gestes bons)», me semble donc convenir à merveille. Les deux actions, déifiées, sont donc les faits rituels de recourir à la pensée, à la parole et au geste bons et de prononcer le texte de

---

[237] Le verbe védique *nírR̥* «disjoindre», dont dérive *nírr̥ti-*, est bien attesté comme antonyme de *sámR̥* «combiner». Voir Dumézil 1956 : 107 sqq.

la profession de foi[238], deux opérations dont les conséquences eschatologiques sont importantes pour être à la base de l'union fructueuse du ruvan et de la dainā du pieux défunt.

Ce n'est du reste pas la seule fois que le mot *aṣ̌i-* se trouve en coordination avec un nom d'action rituelle. Citons deux exemples où *aṣ̌i-* est coordonné à *xšnūiti-* «fait de se tenir attentif, d'avoir des attentions pour, de s'occuper de» : P 39.3 *naršca aṣ̌aonō xšnūitīmca ārəitīmca ... frāiiō.humatahe frāiiō.hūxtahe frāiiō.huuarəštahe* .·. «et avec l'attention et l'envoi de l'homme r̥tavan qui multiplie la pensée bonne, la parole bonne et le geste bon»[239] ; Y 60.2.1abc (= A 1.2.1abc) *tā̊ ahmi nmāne jamiiārəš* V *yā̊* <*narąm*> *aṣ̌aonąm* V *xšnūta*<*iia*>*sca aṣ̌aiiasca* ... «Puissent aller à cette maison les attentions et les envois des hommes r̥tavan !». S'il est vrai que l'association d'*aṣ̌i-* et de *frauuaṣ̌i-* n'est guère documentée en dehors du Yt 13.95.3 et du Vr 16.2.1-2, ce ne doit être dû qu'aux hasards de la documentation. Cependant, cette association ressort de façon nette de passages tels que Y 60.4abcd (= A 1.4abcd) *jamiiąn iθra aṣ̌āunąm vaŋᵛhīš* V *sūrā̊ spəṇtā̊ frauuaṣ̌aiiō* V *aṣ̌ōiš baēšaza hacimnā̊* V *zəm.fraθaŋha dānu.drājaŋha huuarə.barəzaŋha* «Puissent y aller les déesses opulentes et savantes que sont les Fravr̥ti des r̥tavan, accompagnées du remède que fournit Ārti, (remède) aussi large que la terre, aussi long que le fleuve et aussi haut que le Soleil !», même si sa nature exacte ne peut être précisée.

Le rapport qui serait à établir entre la formule qui coordonne *aṣ̌i-* avec *frauuaṣ̌i-* et le contenu des conversations que Zaraduštra a maintenues avec Hauma et Ārti reste incertain : les deux entretiens ne font aucune allusion à la Fravr̥ti de Zaraduštra. Je préfère donc séparer l'*aṣ̌i-* du début du Hōm Stōd de celle qui figure dans la formule *aṣ̌īmca frauuaṣ̌īmca*. Celle du Hōm Stōd est «octroi, chance», et celle

---

[238] Sur ce texte, voir les notes concernant la traduction de 17.0.11.

[239] Trad. phl. : ud mard-iz ī ašauu° šnāyēnīdārīh ud tarsagāhīh ... ī frēh-humat° ī frēh-hūxt° ī frēh-huuarəšt° .·. «et aussi l'attention et le respect de l'homme r̥tavan qui multiplie la pensée bonne, la parole bonne et le geste bon».

de ladite formule, «envoi». Quant à la déesse qui, dans l'Ārd Yašt, converse avec lui, elle doit plutôt représenter l'envoi des pensées, paroles et gestes bons dont Zaraduštra se fit le champion et dont il devait retrouver le trésor dans l'au-delà. J'attribue aux hasards de la documentation que la coordination d'*aṣ̌i-* et de *frauuaṣ̌i-* ne soit connue que pour Zaraduštra et son cousin. D'ailleurs, l'ex-clusivité que Kellens met en relief est démentie par le Vr 16.2.2 ˣ*vīspaheca iδa aṣ̌aonō* ᵛ *aṣ̌īmca frauuaṣ̌īmca yazamaide* .·. «Nous offrons ici le sacrifice à l'Ārti et à la Fravr̥ti de chaque r̥tavan».

Tout comme *frauuaṣ̌i-*, le mot *aṣ̌i-* est parfois employé aussi au pluriel en accord avec le pluriel caractérisant le complément déterminatif *aṣ̌āunąm* «(les envois) effectués par les r̥tavan» (e. g. Y 60.2.1bc). La déesse Ārti, susceptible de pluralité comme Fravr̥ti, ainsi s'avère-t-elle être une composante immatérielle de l'individu au même titre que la dainā ou le ruvan.

27. L'adversaire d'Ārti

Le déclin d'Ārti dans la tradition pehlevie se remarque au peu de passages la concernant, mais aussi à son absence dans les catalogues qui opposent les diverses divinités aux démons. Néanmoins, une fois écartés ceux où il fallait lire non *'lt|* mais *hlt|*, deux passages permettent d'identifier l'adversaire de la déesse : ce serait tout simplement *'n'hl* anaš° «Anārti», sa négation[240].

Le Dk 8.9.3 (West 1880-1897 : *IV* 21) se borne à nommer la diablesse dans un petit catalogue qui peut être schématisé comme suit :

Vahu Manah ↔ Aka Manah[241]
Spantā Aramati ↔ Varana[242]

---

[240] L'orthographe pehlevie atteste que l'Avesta contenait le nom de la diablesse pour être censée reproduire une graphie **anāṣ̌i-*.

[241] L'Amr̥ta Spanta de la pensée bonne opposé au Draujana de la pensée mauvaise.

Srauša ↔ Išma[243]
Ārti Vahvī (*'hlyšvng*) ↔ Anārti (*'n'hl*).

Par contre, la VZ 35.40-42 se montre plus généreuse pour évoquer, dans le mythe de la grande conflagration qui doit marquer la fin du temps linéaire, une séquence mettant en scène la diablesse Anārti. Le thème de l'eschatologie générale intègre ici des éléments paraissant mieux relever de l'eschatologie individuelle comme le sort qui attend l'âme après la mort en fonction de sa sainteté : Ārti préside au sort du pieux défunt, mais Anārti à celui de l'impie. Ce dernier est présenté comme le parent de l'âme pieuse qui part pour le Paradis. Le thème des liens familiaux que nous avons rencontré dans l'Ārd Yašt à propos de la déesse elle-même est ici le cadre dans lequel l'impie, jaloux du sort enviable d'un parent, se plaint de n'avoir aucune part à de ces richesses que, dans l'examen de l'Ārd Yašt, j'ai appelées «les avantages d'Ārti». Si Ārti est ici la récompense des pieux ṛtavan qui, dans les cérémonies sacrificielles célébrées de leur vivant, recouraient aux pensées, paroles et gestes rituels requis, Anārti est, quant à elle, la rançon que les drugvant retirent des pensées, paroles et gestes mauvais dont ils se rendirent coupables :

VZ 35.40.1.

pas pad ān gāh ātarš ī vuzurg V az ān ī asar rōšnīh parrōn āyēd V ud pad hamāg zamīg payrōg be abganēd V ud tāg-ēv pad dast dārēd V ī pad homānāgīh ī draxt-ēv V kē-š tāgān ō azabar ud rēšag ō frōd

«Puis, à cet instant, le grand feu, depuis la lumière sans début[244], s'en viendra illuminer toute la terre, tenant en mains

[242] Ailleurs Spantā Aramati «savante déférence», déesse appartenant à la catégorie divine des Amṛta Spanta, est associée au dieu Xratu «intelligence» ou remplacée par lui pour affronter ce démon mal connu correspondant à RS *Úraṇa*.

[243] Le Yazata de la déclamation opposé au Daiva «colère» qui représente la mauvaise élocution liturgique.

un tronc semblable à un arbre dont les branches s'élèvent et les racines descendent».

VZ 35.40.2.

harv aṣauu°-ēv rāy tāg-ēv V ud harv druvand-ēv rāy rēšag-ēv V ud aṣiš.vaŋh° ī mādag-cihrag V pad sar ī draxt V ud anaṣ̌° ī dēv V pad bun ī draxt ēstēd V ud aṣiš.vaŋh° harv aṣauu°-ēv rāy tāg-ēv V ud anaṣ̌° harv druvand-ēv rāy rēšag-ēv V ō dast dahēd V ud ēk az dīd jud be bavēnd V druvand az aṣauu°

«Pour chacun des ṛtavan, il y aura une branche et, pour chacun des drugvant, une racine. Et la déesse Ārti, de nature féminine[245], se tiendra au sommet de l'arbre et la diablesse Anārti à la base de l'arbre. Et, tandis que la déesse Ārti donnera une branche à chacun des ṛtavan, Anārti donnera une racine à chacun des drugvant. Et, l'un de l'autre, ils se retrouveront séparés: le drugvant du ṛtavan».

VZ 35.41.

pad ān gāh hamāg V mardōm pad ēvbār garzēnd V ud ars pad zamīg frāz rēzēnd V cē pid vēnēd kē-š pus V abāz ō dužaxv abganēnd V ud pus kē-š pid ud brād kē-š brād V ud zan kē-š šōy ud šōy kē-š zan ud dōst kē-š dōst

«À ce moment-là, tous les hommes se lamenteront à la fois, et verseront des pleurs sur la terre, car le père verra qu'on jette son fils en enfer, le fils son père, le frère son frère, la femme son mari, le mari sa femme, l'ami son ami».

VZ 35.42.1.

abar xvānēnd druvandān ō aṣauu°ān

«Les drugvant héleront les ṛtavan : »

VZ 35.42.2.

kū ān ī man pid ud brād V ud šōy ud zan ud dōst V ciyōn kū-t pad zamīg nē hammōxt ō man V ān ī abēzag rāh ī rāst V u-t be nē vardēnīd ham az vināh V u-t nē āhixt ham ō kirbag

---

[244] Ceci traduit le syntagme avestique *anayra- raocah-* «les jours sans début» qui est une désignation de l'au-delà paradisiaque que caractérise la permanence du jour.

[245] La remarque, qui paraît curieuse, fait peut-être allusion à l'idée que la déesse était vue comme l'un des modèles de la femme mazdéenne (Y 13.1 : voir p. 38).

«Mon père, mon frère, mon mari, ma femme ou mon ami, comment se fait-il que tu ne m'aies pas montré sur terre la voie pure et droite, que tu ne m'aies pas détourné du crime et que tu ne m'aies pas poussé à la vertu ?»

VZ 35.42.3.

kū-m nūn pad judāgīh V ī az xvēšān ud hamāxagān V abāz ō dužaxv abāyēd šudan V bē ham-rāhīhā be ō vahišt ī bāmiiº šud hēm V agar-it nimūd būd hē V āštīh ī az xvēš menišn

«Maintenant, séparé de mes proches et de mes congénères, je dois reculer en direction du Dāužahava[246]. Au contraire, par une même route, j'aurais pu gagner le Vahišta lumineux si tu m'avais montré la paix qui émane de ta propre pensée».

VZ 35.42.4.

kū cim ī ān dōst V kē-m pad zamīg arzānīg dāštan V pad xvarišn ud vastrag ud kadag V u-m pad < ... > arzānīg nē dāštan V pad ān ī az xvarišnīhā xvaštar V ud vastrag ī cābuktar V ud xānag ī drubuštar V ud asp ī arvand ī tēzdar

«La raison qu'avait cet ami, quelle était-elle de considérer que, sur terre, je méritais nourriture, vêtement et maison, mais que, dans <l'au-delà>, je serais indigne de la plus agréable des nourritures, du vêtement superbe, de la maison bien solide et du cheval de course très rapide ?»

Le contraste qui l'installe face à Anārti peut rappeler le tandem[247] qu'Ārti forme avec le vr̥θra «blocage, force défensive» dans le Yt 19.53-54. Tout comme Anārti frustrait les drugvant de la richesse, le r̥tavan, muni du vr̥θra, leur empêche d'y avoir accès :

---

[246] Le Dāužahava «lieu de la mauvaise existence» n'est autre que l'enfer tandis que le Vahišta (Ahu) «Excellente (existence)» est une désignation du Paradis. L'un et l'autre reflètent quelle fut, en ce bas monde, la pratique religieuse, laquelle est appelée «existence mentale» (ahu manahiya).

[247] Mis en lumière par Kellens (1997-1998 : 749).

Yt 19.53.
[248]*āat̰ vō kascit̰ maṣ̌iiānąm*
uiti mraot̰ ahurō mazdā̊
āi aṣ̌āum zaraθuštra
x^{v}arənō ax^{v}arətəm isaēta .·.
aθaurunō[249] *hō rātanąm*[250]
ˣ*raoxšna.xšnūtəm*[251] ˣ*hišā̊ŋhaēta*[252]
aθaurunō[253] *hō rātanąm*
pouru.xšnūtəm[254] ˣ*hišā̊ŋhaēta*
[*aθaurunō*[255] *hō rātanąm*] [256] .·.

«À celui d'entre vous les mortels qui, quel qu'il soit — dit Ahura Mazdā —, ô r̥tavan Zaraduštra, cherche le Hvarnah qui est interdit (aux forces délétères), il lui convient d'obtenir, parmi les offrandes faites avec l'aide du prêtre, celle qui satisfasse (au mieux) les (dieux) lumineux, il lui convient d'obtenir, parmi les offrandes faites avec l'aide du prêtre, celle qui satisfasse (au mieux) les (dieux) nombreux [parmi les offrandes faites avec l'aide du prêtre]».

Yt 19.54.1.
təm hacāt̰ aṣ̌iš pouruš.x^{v}āθra (= 18.4.1a)
spāra.dāšta[257] <...>[258]

---

[248] Mis pour **yō vō kascit̰ maṣ̌iiā̊ŋhō**?

[249] Avec Humbach & Ichaporia (1998 : 44), je garde la leçon retenue par Geldner, contre Klingenschmitt (1968 : 124), Kellens (1974 : 123; 1984 : 263) et Hintze (1994 : 273) qui corrigent en ⁺*aθa* ⁺*urunō* sur base d'une infime minorité de mss.

[250] Cf. Y 16.1 *rātābiiō zaoθrābiiō.*

[251] G *raoxṣ̌ni.xṣ̌nūtəm*; Humbach & Ichaporia (1998 : 44) donnent *raoxšni.xšnutəm.*

[252] Avec Geldner (1884 : 40 sq.; voir Kellens, 1974 : 122; Humbach & Ichaporia 1998 : 44 n. 17), contre G *išā̊ŋhaēta*. La faute est due à l'influence de *isaēta*.

[253] Voir a.

[254] Humbach & Ichaporia (1998 : 44) donnent *pouru.xšnutəm.*

[255] Voir a.

[256] Humbach & Ichaporia (1998 : 44 et 132) n'excluent pas la conjecture inverse : *aθaurunō hō rātanąm* < *...xšnutəm hišā̊ŋhaēta*>.

sūra [259]*gəušca vāstraheca*
təm hacāt̰ vərəθrəm vīspō.aiiārəm[260]
amaēniγnəm[261] *tarō.yārəm*[262] ∴

«(S'il y arrive,) la chance opulente l'accompagnera de posséder vache et fourrage, la (déesse) honorée le matin (?) qui assure le bien-être des nombreux (mazdéens), et la force défensive l'accompagnera jour après jour d'écraser (ses ennemis) tout au long de l'année».

Yt 19.54.2.
āat̰ ana vərəθra hacimnō
vanāt̰ haēnaiiā̊[263] ˣ*xruuišiieiṇtiš*[264]
āat̰ ana vərəθra hacimnō
vanāt̰ vīspe[265] *t̰bišiiaṇtō*[266] ∴

---

[257] Composé de **spāra-* «matin» (cf. védique *śváḥ* «demain») et de l'adj. verbal en *-ta-* de √ *dās* (véd. *DĀŚ*) ? Analyses différentes chez Hintze (1994 : 278 sq., avec litt.) et chez Humbach & Ichaporia (1998 : 133).

[258] La métrique dénonce une lacune.

[259] Ces deux génitifs ne peuvent compléter que *aṣ̌iš*, le seul substantif à disposition, contre Humbach & Ichaporia (1998 : 133) qui en font les compléments de *sūra*. Hintze (1994 : 280) fait remarquer que c'est ici la seule fois que *sūra-* régirait le génitif. Voir aussi la note 159 du texte du Yt 17.

[260] Faux composé mis pour lo. vispā ayār (> vispāyār pour la métrique?) d'après Y 43.2e *vīspā aiiārə* (voir Humbach & Ichaporia 1998 : 133).

[261] Comme, en principe, c'est un tṛtīyātatpuruṣa, il faut considérer que °*ē*° ne représente qu'une épenthèse (< lo. ama-nignam). Voir Kellens 1974 : 146 sqq.

[262] Voir Humbach & Ichaporia 1998 : 133.

[263] Acc. plur. de lo. hainiyā-.

[264] G *xruuiṣ̌iieitiš*. Voir Hintze 1994 : 281 n. 143.

[265] Mis ou fautif pour l'acc. (Hintze [1994 : 281] corrige : ˣ*vīspə*).

[266] La métrique confirme l'analyse qu'en a donnée Kellens (IIJ 30, 1987, 11 n. 7) : lo. dvišayantah, mais la correction (⁺*t̰bišaiiaṇtō* d'après F1) n'est pas absolument nécessaire : on ne peut se laisser guider par l'étymologie à l'instant de choisir une leçon ou une graphie.

«Muni de cette force défensive, il vaincra les cruelles Hainiyā[267]. Muni de cette force défensive, il vaincra tous les nuisibles».

28. Ārti dans la Zand-āgāhīh

Les renseignements que nous fournissent les livres pehlevis ne sont pas toujours fiables, mélange qu'ils sont de traductions approximatives et de commentaires évasifs, erronés ou hésitants. Celui d'entre eux qui est le plus utile à l'étude d'Ārti, la Zand-āgāhīh (ZA), ne fait pas exception.

La ZA 3.17 inféode Ārti à Spantā Aramati «la savante déférence», une déesse de la catégorie divine des Amṛta Spanta, comme collaboratrice à côté des divinités suivantes : Dainā, déification de la bonne religion; Xratu, allégorie de l'intel-ligence; Manθra Spanta, déification du discours divin ou de l'Avesta; Ṛdvī Sūrā Anāhītā, la grande rivière céleste ou Voie lactée qui, comme le pont Cinvatpṛtu qui mène à l'au-delà, a son point de départ sur le sommet des montagnes. L'auteur des commentaires insérés dans ce texte a visiblement lu *'lt|* «Ārti» là où il fallait lire *hlt|* «Xratu»[268], d'où la nécessité que j'ai ressentie dans la transcription interprétative de donner l'alter-native puisque la déesse de la maison ne peut être Xratu. La confusion mentale dont j'accuse ledit auteur de commentaires est encore visible à la compréhension bizarre qu'il offre de Ṛdvī Sūrā Anāhitā qui serait la coordination (*'lydvsvl V 'n'hyt|*) des noms du père et de la mère des rivières terrestres :

ZA 3.17.1.

panjom az mēnōyān spandarmad V u-š az dahišn ī gaēiθi°īg zamīg ō xvēš padīrift

«Spantā Aramati est cinquième parmi les Mānyava[269]. Et, dans l'ordre gaiθiya, lui correspondit la Terre».

---

[267] Contrepartie négative des Fravṛti (voir Pirart 2006 : 54 sq.).

[268] Voir notes 14 et 242.

[269] Cinquième parmi les Amṛta Spanta qui sont des dieux «abstraits» (mānyava-, °ī-), cette déesse représente un aspect de l'attitude du sacrifiant, la

ZA 3.17.2.

u-š dād ō ayārīh ud hamkārīh V [ābān ud] dēn ud xrad (ou : ārd) ud mār ī spand ud aṣiš.vaŋh° V ud arədu°sūr° ud[270] anāhīt° V ī ciyōn āšnāg mēnōy ī yaoždaθr°gar ī zamīg V ī ābān-tōhmag

«Et lui furent assignés comme aides et collaborateurs [les rivières,][271] Dainā, Xratu (ou : Ārti), le discours Spanta[272], la déesse Ārti et *'lydvsvl* [et] Anāhītā qui, comme on sait, est la Mānyavī[273] purificatrice de la Terre pour être apparentée aux rivières[274]».

ZA 3.17.3.

u-š pēš mār ī spand {manθr° ī spand gōvišn ī ohrmazd} ud xrad (ou : ārd) ud dēn {ugr xvarrah ī mān — ast kē aṣiš.vaŋh° gōvēd — ud xvarrah ī vahištīg ardāyīh} ud arədu°sūr° ud[275] anāhīt° {pid ud mād ī ābān} pad ēn hamkārīh andar aibigat°īh vinnārd estēd

---

déférence qu'il doit avoir pour les dieux. Comme déesse «visible» (gaiθiya-, °ā-), Spantā Aramati est une Yazatā: la Terre. Certaines divinités émargent ainsi à deux catégories.

[270] Corruption pour ī. Curieusement TD1 donne *'lydvsvl Y V 'n'hyt|*.

[271] Non repris par 3.17.3, mais bien 26.87 u-š ham-kārīh ī ābān ud dēn ud xrad (TD2 *ylt|* !) ud mār ī spand «Et elle (= Spantā Aramati) a la collaboration des rivières, de Dainā, de Xratu (ou: Ārti) et du discours Spanta».

[272] Le discours «savant», désignation de l'Avesta.

[273] La place de l'Ardvīsūr ī Bānūg Yašt (Yt 5) dans la série des 22 Yašt ne devrait alors pas faire illusion: Anāhītā serait-elle une Yazatā Mānyavī même si les rivières qui patronnent le 10e jour du mois sont des Yazatā Gaiθiyā ?

[274] Que le passage apparente l'Eau à l'eau (cf. av. *afšciθra-*) ou la grande rivière céleste aux rivières terrestres, voilà qui peut surprendre : nous attendions l'inverse, l'eau à l'Eau, au vu de RS 5.31.6d *jáyann apó mánave dā́nucitrāḥ*.

[275] Nous ne pouvons résorber cette corruption de ī en ud en raison du commentaire qui suit. Celui-ci fait de Rdvī Sūrā Anāhītā deux personnages, *'lydvsvl* et *'n'hyt|*, pour y voir le père et la mère des rivières. Sur le nom de la grande rivière céleste, Pirart, IIJ 46, 2003, 200 sqq.

«Et, devant elle (= devant Spantā Aramati), le discours Spanta {Manθra Spanta, c'est la parole d'Ahura Mazdā}, Xratu (ou : Ārti) et Dainā {ce sont le puissant Hvarnah de la maison — il y a qui dit la déesse Ārti — et le Hvarnah du Vahišta (Ahu)[276] des ṛtavan}, *'lydvsvl* [et] Anāhītā {ce sont le père et la mère des rivières} furent rangés comme collaborateurs face aux adversaires».

ZA 3.17.4.

ud ēn mēnōyān hamkārān xvarrah nigāh dārēnd ∴

«Et ces collaborateurs Mānyava veillent sur le Hvarnah».

La ZA 12.3 établit un lien entre la déesse et la mer d'Aral que nous ne pouvons commenter :

var ī xvārizm rāy gōvēd V kū-š aziš bē dād ēstēd aṣ̌iš.vaŋh° V xvāstag ud tuvāngarīh ud hubaš°īh ud abāyišnīgīh ud hurāmīh

«À propos du lac Huārizamī (= la mer de Chorasmie), (l'Avesta) dit que la déesse Ārti y a puisé la richesse, l'opulence, la bonne fortune, l'opportunité et le bonheur».

La ZA 26.96 décrit la relation que la déesse entretient avec le paradis appelé Vahišta, avec la maison, avec le Hvarnah et avec la Sti :

ārd ī mēnōy ardāyīh vahištīgīh {ast kē aṣ̌iš.vaŋh° ī veh gōvēd ast kē ašišvang[277] gōvēd} ud xvarrah-abzāyišnīh ī mān {cē harv cē be ō arzānīgān dahēnd ōy pad abzōn abāz ō ān mān rasēd} ud pānāgīh ī ganj ī vehān kunēd {cē vahišt-iz mān ēvēnag ī gōhr-pēsīd ciyōn gōvēd mēhan ī mānišn ī veh} ciyōn harvisp axv ī astōmand V nē pad ēn dēn ī ohrmazd hēnd

«La Mānyavī Ārti s'occupe de l'excellence (de vie)[278] des ṛtavan {il y a qui dit la bonne *'hlyšvng*; il y a qui dit *'ššvng*}, de l'accroissement du Hvarnah de la maison {car tout

---

[276] «Excellente (existence)», nom du Paradis.

[277] Forme proche de celle en usage en pāzand.

[278] Le fait que les ṛtavan aient accès au Paradis appelé Vahišta «Excellente (existence)». Concernant Ārti et le Vahišta, voir VZ 35.40-42 au § 27.

ce qu'ils viennent à donner aux (personnes) honorables[279] reviendra en abondance sur cette maison} et de la protection du trésor[280] des bons {car c'est l'excellente maison qui est pour ainsi dire ornée de joyaux comme le dit le passage 'La demeure où réside la bonne (religion)'} dans la mesure où toute l'existence osseuse n'est pas adepte de cette Dainā Māzdayasni».

ZA 26.121-122 fait de Parandī l'associée d'Ārti :

ZA 26.121.

purr-xvarrah pǎrəṇd°[281] ī panjāh-stārag[282] kē abāg aṣ̌iš.vaŋh° aməš°spand<ān> sūd dād

«Parandī qui procure le hvarnah aux nombreux mazdéens, qui possède cinquante étoiles (?), qui fut mise en place en compagnie de la déesse Ārti [283]au profit des Amr̥ta Spanta,»

ZA 26.122.

ciyōn gōvēd kū pǎrəṇd° ī ravāg-rah[284]

«dans la mesure où (l'Avesta) dit : Parandī au char véloce».

Que signifie donc l'épithète panjāh-stārag «pourvue de cinquante étoiles» que ce passage accorde à Parandī ? Feraitelle allusion aux cent cinquante disciples qui, à la fin du millénium inauguré par Zaraduštra, doivent venir avec Pišiśyāuθna restaurer la loi zoroastrienne et préparer le terrain des Saušyant ?

---

[279] = les prêtres itinérants ?

[280] Pour parler védique, nous dirions que la déesse est une *stipā́*, une protectrice ou gardienne des richesses sacrificielles que l'adorateur «harmonieux» a accumulées.

[281] DH *p'lynd* avec *°y°* pour noter l'avestique *°ə°* comme dans *'lydvsvl*.

[282] *50 st'lk|* selon TD2, mais *dhk st'lk* selon DH et TD1.

[283] Le statut grammatical de ce complément reste incertain.

[284] Rend l'avestique *raoraθa-*.

CONCLUSIONS

29. Ārti rouage du *do ut des* et de l'eschatologie

Depuis les Gāθā jusqu'aux livres pehlevis, Ārti conserve une double valeur : elle est tout à la fois l'envoi que le sacrifiant ou le prêtre font d'éléments rituels à destination des dieux et celui que ces derniers font de richesses à leurs adorateurs. Pour être ainsi le rouage du *do ut des* la déesse est très logiquement donnée pour l'aurige du char du dieu Échange.

Son importance eschatologique, est elle, aussi double : dans le cadre de l'eschatologie individuelle, la déesse garantit à l'âme-moi du défunt de retrouver ce que, de son vivant, il avait pu engranger en fait de richesses immatérielles et, dans le cadre de l'eschatologie générale, d'avoir pu, par le biais de cette richesse, féconder la religion en vue de lui offrir un combattant décisif.

ĀRD YAŠT (Yt 17)
Traduction annotée

17.0.0.

[1]Quatorzième partie[2]: le sacrifice offert à la Vahvī[3] Ārti. Ici en commence le premier chapitre[4].

[Formules préliminaires]

17.0.1.

[5]Au nom des Yazata[6].

17.0.2.

[7]Que du seigneur bienfaisant Ahura Mazdā[8] la gloire et le hvarnah[9] s'accroissent!

---

[1] Rédigé en pehlevi (moyen perse), ceci ne figure que dans le ms. F1.

[2] Sur cette indication, voir le commentaire concernant les lignes 242v04-05 du ms. F1.

[3] Le mot courant et habituel pour désigner les déesses, fém. de Vahu «bon, dieu».

[4] Ceci ne tient pas compte des formules préliminaires: le premier chapitre commence en réalité avec 17.1.

[5] Rédigé en pāzand (= moyen perse tardif écrit en caractères avestiques). Dans les traductions de ce qui est rédigé en pāzand ou en pehlevi, je recours aux noms propres vieil-iraniens correspondants.

[6] Ou : «En nommant les Yazata», puisque le sacrifice qui leur est offert consiste notamment à dire les noms des Yazata (Y 51.22c). Les Yazata (védique *yajatá-*) «adorables» forment la catégorie des dieux qui se définissent par la nécessité que le sacrifice leur soit offert (Pirart, JA 290, 2002, 20).

[7] Rédigé en pāzand.

[8] Le dieu suprême Ahura Mazdā appartient à toutes les catégories divines. Sa dénomination la plus courante réunit le substantif ahura- «roi» (Pirart, JA 286, 1998, 531 n. 31; JA 288, 2000, 398 n. 108), en raison de son statut suprême, et l'adjectif mazdā- «source de sagesse, informateur» (Pirart, JA 290, 2002, 21 n. 8), en raison des précieux entretiens qu'il avait accordés principalement à Zoroastre (Zaraduštra).

17.0.3.

[10]Que vienne aussitôt Ārti, la Vahvī Mānyavī[11], (sur les lieux du sacrifice que nous lui offrons)!

17.0.4.

(Avant de commencer la cérémonie,) [12]pour tous mes crimes je fais pénitence et me repens. Pour toutes les pensées mauvaises, toutes les paroles mauvaises, tous les gestes mauvais que j'aie pu contracter, dire et commettre dans le monde matériel, dans lesquels j'aie pu choir, dans lesquels j'aie pu m'installer {(=) pour ces crimes de pensée, de parole et de geste[13]}, qui affectent le corps ou l'âme {(=) qui affectent le monde des gaiθiya ou celui des mānyava}, contrit, je me repens au moyen des trois formules et de la pénitence.

---

[9] Capacité du roi d'alimenter ses sujets et possibilité qu'ils ont de s'alimenter sans difficulté y compris dans l'au-delà où ce hvarnah constitue la félicité. L'avestique *x̌ᵛarənah-* (le v.-p. farnah- n'est attesté que dans des andronymes), dérivé nt. en *-nah-* de √ *xᵛar* «avaler, s'alimenter» (< ie. √**su̯elH* : voir Pirart 2004 : 354; litt. chez Kellens, Kratylos 36, 1991, 31), n'a pas de correspondant védique, la RS recourant à *vā́ja-* et les *Brāhmaṇa* à *annā́dya-* pour cette notion. En védique, la même racine n'existe plus qu'à l'état de traces (Pirart, JA 289, 2001, 119 sq. n. 90).

[10] Rédigé en pāzand.

[11] Parmi les dieux (Vahu) et déesses (Vahvī), certains sont les Yazata «adorables» que le sacrifice honore et d'autres les Amr̥ta Spanta «immortels savants» qui, pour représenter divers aspects du culte, ne sont donc logiquement pas honorés. À leur tour, les Yazata se subdivisent en deux catégories : les Gaiθiya (au féminin : Gaiθiyā) qui, tels les astres, sont visibles pour appartenir aux «troupeaux» dont le monde est fait; les Mānyava (au féminin : Mānyavī) qui, pour dépendre de l'opinion (manyu) que les adorateurs se font d'Ahura Mazdā, sont des entités abstraites comme les Amr̥ta Spanta. Sur spanta, voir la note 14. Sur les Amr̥ta Spanta, voir Pirart, JA 290, 2002, 20 sqq.

[12] Rédigé en pāzand. Il convient de corriger ainsi la traduction que j'en ai donnée 2006 : 71 sq.

[13] Les trois niveaux du comportement rituel de l'adorateur. Il s'agit non d'éthique, mais de technique rituelle correcte.

17.0.5.

(Les séquences rituelles préliminaires que voici) permettent (d'entreprendre cette cérémonie:) l'attention réservée à Ahura Mazdā, la frustration réservée à Ahra Manyu[14].

17.0.6. (= Y 50.11dd')

[15]Que (le manθra[16]) soit accompli d'un (geste) authentique dont (l'effet), grâce à (Ahura Mazdā, soit) optimal!

17.0.7. (= Y 11.17)

[17]Je m'engage à penser les pensées bonnes, à dire les paroles bonnes, à exécuter les gestes bons. Je considère devoir adopter toutes les pensées bonnes, toutes les paroles bonnes et

---

[14] La «mauvaise opinion», c'est l'archidémon. Il s'oppose généralement à Spanta Manyu «l'opinion (qu'Ahura Mazdā est) savant», mais, de temps à autre, Ahura Mazdā lui-même se substitue à Spanta Manyu ou s'identifie à lui. Dans la désignation d'Ahra Manyu (*aŋra- mainiiu-*), la relation que l'adjectif *aŋra-* (véd. *asrá-*) «funeste, mauvais» entretient avec la substantif *mainiiu-* (véd. *mányu-*) ne paraît pas être du même type que celle qui fonde la désignation de Spanta Manyu (*spəṇta- mainiiu-*) et qui est hypallagique (Kellens, MSS 51, 1990, 97-118) : cette dernière désignation est littéralement «la savante opinion», mais il faut comprendre «l'opinion qu'il est savant». C'est sous l'influence de la traduction pehlevie abzōnīg «fructueux», fondée sur l'assonance (Pirart, JA 290, 2002, 20 n. 3), que le sens de «bienfaisant» a généralement été donné à *spəṇta-*, mais l'étymologie donnée à l'appui de ce sens, trop approximative quand elle prend ii. √ **śū* «gonfler» comme point de départ, ne peut être retenue tandis que le rapprochement de *spəṇta-* ne souffre aucune difficulté s'il se fait avec *spānah-* nt. «force d'enseigner», et la définition que le Dk 1.27.4 donne de spenāg, son autre traduction pehlevie, va dans ce sens. Signalons enfin que la racine √ *span* pourrait être apparentée à la védique *PAN* «être admirable».

[15] Citation vieil-avestique (c.-à-d. en vieil iranien archaïque).

[16] Le texte sacré vu comme instrument ou matière de la pensée rituelle, c'est-à-dire celui à l'analyse duquel, à la prononciation duquel et à l'accomplissement duquel le rite ou la séquence rituelle recourent.

[17] Le caractère vieil-avestique de cette citation reste controversé.

tous les gestes bons. Je considère devoir rejeter toutes les pensées mauvaises, toutes les paroles mauvaises et tous les gestes mauvais.

17.0.8. (= Y 11.18; cf. Y 33.14a')

[18]À vous les Amṛta Spanta, je vous destine le sacrifice et le chant avec la pensée, avec la parole et avec le geste; [19]à la recherche de l'existence (rituelle), (je vous) de(stine) la faculté que mon propre corps a de se mouvoir[20].

17.0.9. (= Y 11.19.1)

[21]Je fais l'éloge de Ṛta[22].

17.0.10. (= Y 27.14)

[23]L'excellent (mot) se situe (dans le syntagme) «le bon Ṛta» (de Y 51.20b) (et l'exclamation) «À volonté!» se situe

---

[18] Citation d'inspiration vieil-avestique.

[19] Autre possibilité: «(je vous destine le sacrifice et le chant) avec la recherche de l'existence rituelle/avec la réflexion et (avec la récitation de l'hémistiche Y 33.14a') "la faculté que mon propre corps a de se mouvoir"».

[20] Ceci s'inspire de l'hémistiche vieil-avestique Y 33.14a'. L'uštāna «faculté de se mouvoir» est une des parties immatérielles de l'individu. Étymologiquement: «ce qui dépend du voulu».

[21] Le caractère vieil-avestique de cette citation reste controversé.

[22] Le dieu «harmonie, bon agencement», l'un des sept Amṛta Spanta. Souvent confondu avec la déification du texte Y 27.14 qui traite de lui et est donné tout de suite.

[23] Je reprends ici, avec des modifications mineures, la note 9 de JA 291, 2003, 99 (cf. 2004 : 115; 2006 : 73 sq. n. 20). Ce texte (Y 27.14), appelé Ṛta Vahišta «harmonie excellente», est en réalité un fragment de commentaire spéculatif fort ancien des Gāθā, mais qui n'a plus été reconnu comme tel pour devenir une formule sacrée, tout particulièrement vénérée, à la récitation de laquelle étaient attribuées les plus grandes vertus antidémoniaques. Dans les textes médiévaux, il est souvent fait référence à ce texte par son incipit *aṣ̌əm vohū* «Ṛta bon». Logomachie étrange à première vue, le Ṛta Vahišta apparaissait probablement ainsi aux rédacteurs de l'Avesta dit récent, c.-à-d. non archaïque; et ceux-ci furent séduits par la récurrence qu'ils y trouvaient de mots chargés d'un sens aussi important que le sont ṛta «l'harmonie» (orthographié *aṣ̌a-* = védique *ṛtá-*), mentionné trois fois, et l'exclamation uštā «À volonté!», mentionnée deux fois, avec laquelle était décrite la condition de

(dans le syntagme) «À volonté pour lui!» (de Y 43.1a), (syntagme dans lequel il est à comprendre) que l'excellent Ṛta est pour lui(-même). ***ter***

17.0.11. (= Y 11.16.2)

[24]Je choisis d'être mazdéen et zoroastrien, de repousser les Daiva[25] et de suivre l'enseignement d'Ahura (Mazdā).

---

l'âme du bienheureux qui, dans l'au-delà, ne manque de rien. À regarder la phrase de plus près, nous pouvons y reconnaître le fragment d'une réflexion spéculative faite sur des passages des Gāθā. L'hémistiche gâthique Y 51.8b' nous fournit la clé de sa compréhension: uštā yah ṛtam dādrai «À volonté (pour celui) qui a toujours soutenu l'harmonie!». L'idée exprimée rappelle le fameux *dhárma* indien, «le fait de soutenir ou maintenir (l'harmonie ou bon agencement présent entre les divers éléments du monde ou les diverses composantes de la société et dont la Formule *bráhman* est la traduction verbale)». L'auteur du Ṛta Vahišta a voulu comprendre ou est arrivé à la compréhension que s'y trouvait posée l'équation uštā = ṛtam. En transportant le fruit de cette équation dans Y 43.1a uštā ahmāi «À volonté pour lui!», qui ouvre l'Uštavatī Gāθā, et en estimant que le pronom ahmāi faisait référence à Ṛta «l'harmonie», il est arrivé à la conclusion que **ṛtam ṛtāi «l'harmonie est pour l'harmonie», sans doute en voulant dire par là qu'elle se justifie d'elle-même. Cette justification, pouvons-nous avancer, constituerait alors l'«excellence» de l'harmonie. Dans le Y 51.20b ṛtam vahu manahā «l'harmonie bonne au moyen de la pensée», l'harmonie reçoit l'épithète de vahu «bonne, divine», ce que le nom de Darius paraît refléter : vieux-perse dāraya-vahu- «celui qui soutient la bonne (harmonie)». Le Ṛta Vahišta avait fini par être assimilé au dieu harmonie à tel point que, parfois, nous ne pouvons plus discerner dans les textes les plus récents de l'Avesta si le mot ṛta désigne l'harmonie ou si ce n'est jamais que le nom du Y 27.14.

[24] Je reprends ici, avec quelques modifications mineures, la note 21 de 2006 : 74. Cette phrase (Y 11.16.2), intitulée Fravṛti «engagement», fragment de texte partiellement archaïque, constitue la profession de foi mazdéenne zoroastrienne. Avec sa récitation marquée par le cas de coïncidence, l'adorateur s'engage à être mazdéen zoroastrien, c'est-à-dire à offrir le sacrifice à Mazdā et à le faire en observant scrupuleusement les enseignements de Zaraduštra (Zoroastre). Cet engagement personnel était vu comme l'une des parties immatérielles et immortelles de l'individu et, partant, était déifié. Le Fravardīn Yašt (Yt 13) est consacré à ces nombreuses déesses que sont les

17.0.12. (= G 1.1.4)

(Selon le cas, dire:) — Pour Hāvani[26] harmonieux, exemple[27] d'harmonie. Et pour le sacrifice[28] et pour le chant et

---

Fravr̥ti. Comme Zaraduštra était le docteur réputé avoir été informé directement par Ahura Mazdā lui-même sur les attendus du rituel, il convient que les mazdéens se conforment à ses paroles qui reproduisent les divines : le vrai mazdéen est un zoroastrien.

[25] Les Daiva (fém. Daivī) forment la catégorie des démons que l'impiété favorise et qui s'opposent aux Yazata. Voir § 2 n. 41.

[26] Je reprends ici, avec quelques modifications mineures, la note 22 de 2006 : 74 sq. Les cinq génies tutélaires des parties du jour (Hāvani, Rāpiθvina, Āuzayarina, Abisruθrima Abigāya y Āušahina), c'est-à-dire ceux du matin, du midi, de l'après-midi, de la nuit et de l'aube (voir Kellens, JA 284, 1996, 66 sq.), ont cinq auxiliaires agricoles mal connus (Sāvahi, Frādatfšu, Frādadvīra, Frādadvispāhujyāti, Br̥jaya) et cinq autres (Visiya, Zantuma, Dahyuma, Zaraduštratama, Dmāniya) qui portent les noms des cinq grades hiérarchiques de l'organisation sacerdotale correspondant aux cinq cercles d'appartenance sociale qui, dans l'ordre de leur apparition dans le texte, sont le clan ou le village, le district ou la tribu, la nation ou le pays, le monde ou l'empire, la famille ou la maison. Le groupe de trois génies auquel il convient d'adresser l'invocation dépendra du moment auquel se déroule la cérémonie, mais nous ne connaissons pas les critères exacts avec lesquels la cérémonie, en tout ou en partie, était célébrée à tel ou tel moment du jour. Kellens (JA 284, 1996, 65) considère que les trois séries n'en font qu'une : par exemple, sāvahi et visiya exprimeraient deux fonctions ou caractéristiques de hāvani.

[27] Je reprends ici, avec quelques modifications mineures, la note 23 de 2006 : 75. Il n'y a pas de moments du jour qui se chevauchent, qui empiètent l'un sur l'autre, ni d'intervalles entre eux. Le parfait ajustement qui les caractérise ou le parfait agencement qu'ils configurent leur donnent le nom de ratu de r̥ta «pièces parfaites du bon agencement, exemples de l'harmonie». Les divisions du temps qui s'articulent entre elles de forme impeccable reçoivent ce même nom de ratu (< proto-indo-européen *H_2r-étu-*) dont le correspondant védique approximatif, *r̥tú* (< proto-indo-européen *H_2r-tú-*), n'a plus conservé que les sens de «temps opportun, saison», tandis que le mot grec *artús*, recueilli par Hésychius qui le rend par *súntaxis*, conserve le sens fondamental proto-indo-européen. En cas de rituel non dûment et correctement accompli, le temps même, pouvons-nous penser, perdrait sa structure et

pour l'attention et pour la proclamation. Pour Sāvahi et pour Visiya harmonieux, exemple(s) d'harmonie. Et pour le sacrifice et pour le chant et pour l'attention et pour la proclamation;

17.0.13. (= G 2.1.4)

— Pour Rāpiθvina harmonieux, exemple d'harmonie. Et pour le sacrifice et pour le chant et pour l'attention et pour la proclamation. Pour Frādatfšu et pour Zantuma harmonieux, exemple(s) d'harmonie. Et pour le sacrifice et pour le chant et pour l'attention et pour la proclamation;

17.0.14. (= G 3.1.4)

— Pour Āuzayarina harmonieux, exemple d'harmonie. Et pour le sacrifice et pour le chant et pour l'attention et pour la proclamation. Pour Frādadvīra et pour Dahyuma harmonieux, exemple(s) d'harmonie. Et pour le sacrifice et pour le chant et pour l'attention et pour la proclamation;

17.0.15. (= G 4.1.4)

— Pour Abisruθrima Abigāya harmonieux, exemple d'harmonie. Et pour le sacrifice et pour le chant et pour l'attention et pour la proclamation. Pour Frādadvispāhujyāti et pour Zaraduštratama harmonieux, exemple(s) d'harmonie. Et pour le sacrifice et pour le chant et pour l'attention et pour la proclamation;

17.0.16. (= G 5.1.4)

— Pour Āušahina harmonieux, exemple d'harmonie. Et pour le sacrifice et pour le chant et pour l'attention et pour la proclamation. Pour Bṛjaya et pour Dmāniya harmonieux,

---

son rythme : ce sont les fêtes des saisons qui fondent le changement ordonné des saisons, non l'inverse. Voir Pirart, IIJ 46, 2003, 214.

[28] Je reprends ici la note 24 de 2006 : 75. Le mot «sacrifice» (yasna) est à prendre littéralement : c'est la séquence ou le groupe des séquences rituelles «qui rendent sacré», autrement dit: consistant à prononcer les paroles qui convertissent un animal ou un végétal en offrande faite à la divinité. À côté de cette offrande et de son habillage verbal, d'autres séquences ou paquets séquentiels sont ici énumérés : le chant avec lequel éloge est fait de la divinité; l'attention qu'on lui porte en l'accueillant comme il se doit et en la servant; la proclamation (frasasti) par laquelle sont rappelés ses hauts faits ou prouesses passées.

exemple(s) d'harmonie. Et pour le sacrifice et pour le chant et pour l'attention et pour la proclamation.

17.0.17.

Avec l'attention réservée à la Vahvī Ārti, à la Vahvī Cisti[29], à la Vahvī Arθayā[30], à la Vahvī Rāsanstāt[31], à Hvarnah[32] (et) à Savah[33] que Mazdā mit en place.

17.0.18.

Pour le sacrifice et pour le chant et pour l'attention et pour la proclamation.

17.0.19. (= Y 3.25.2)

[34]Le zautar (= prêtre libateur) me dit : «L'(opinion) à laquelle il faut adhérer avec l'existence...», et le r̥tavan («harmonieux»[35], = l'un des autres prêtres ou le sacrifiant) doit

---

[29] Allégorie de la compréhension ou du sens des paroles sacrées.

[30] Allégorie du but poursuivi par l'organisation de la cérémonie sacrificielle, déesse Espérance.

[31] Allégorie de la générosité divine.

[32] Allégorie de la possibilité de se nourrir sans restriction.

[33] Allégorie de la force positive que produit la cérémonie sacrificielle au profit des dieux.

[34] Je reprends ici, avec peu de modifications, la note 28 de 2006 : 76 sq. Ce passage est la version dialoguée de l'Ahuna Variya (Y 27.13, sur quoi voir ci-dessous 17.62.2) entre le zautar et les autres officiants (ou leur représentant) avec laquelle il a sans doute voulu être signifié que tout a été mis en place, que les officiants ont pris la mesure de leurs rôles respectifs et que la cérémonie proprement dite peut commencer. Le Y 11.16 en contient une version plus étendue: *yaθā ahū vairiiō zaotā frā mē mrūtē ∴ yaθā ahū vairiiō yō zaotā frā mē mrūtē ∴ aθā ratuš aṣ̌āt̰cīt̰ hacā frā aṣ̌auua vīδuuå mraotū* °₀° «Le zautar me dit: "L'(opinion) à laquelle il faut adhérer avec l'existence ...", et, quand[1] le zautar me dit: "L'(opinion) à laquelle il faut adhérer avec l'existence ...", le r̥tavan doit avec science donner (la suite de la phrase:) "...configure le modèle: sur base de R̥ta"». Le N 19.8 fait intervenir aussi l'ātarvaxša (= officiant chargé d'alimenter le feu) et un second zautar[2]. **Notes :** [1]. Subordination tonale. ||| [2]. Voir Kotwal & Kreyenbroek 1995 : 113.

[35] «Accompagné du bon agencement, harmonieux» (védique *r̥tā́van*) : désignation générique de tous les êtres, divins, humains ou autres, qui sont

avec science donner (la suite de la phrase:) «...configure le modèle : sur base de Ṛta».

[Chapitre premier]

[Ārti et les Saušyant]

17.1.

Nous offrons le sacrifice[36] à la Vahvī Ārti, splendide, haute, impétueuse[37], bien développée[38], avec qui l'avenir est prometteur, (de) qui (le char) possède des roues sonores, (la déesse) impétueuse, de qui l'acuité visuelle s'exerce en accord avec Dāta[39], qui guérit, qui (offre) large (protection) aux héros, opulente[40],

17.2.1.

fille d'Ahura Mazdā, sœur des Amṛta Spanta,

17.2.2.

elle qui propulse à l'envi[41] et avec intelligence (le char)[42] de tous les Saušyant[43].

---

impliqués dans la célébration des sacrifices correctement accomplis ou dans le fonctionnement correct du monde. Le féminin est ṛtaunī.

[36] *yazamaide* «nous offrons le sacrifice» est le verbe clé définissant la version liturgique d'un Yašt «texte sacrificiel» face à la version juridique qui, elle, est marquée par *yazaēša* «il convient que tu offres le sacrifice».

[37] Ou: «accompagnée d'Ama». Le dieu Ama, souvent associé à Vṛθragna, représente la force offensive des textes sacrés.

[38] Le bon développement de la déesse, non seulement, va de pair avec l'impétuosité ou force offensive qui la caractérise dans la lutte contre les forces ténébreuses, mais fait aussi allusion à l'apparence qu'elle a en permanence d'être âgée de quinze ans, c'est-à-dire d'être mature et en pleine possession de ses moyens. Pareille apparence est celle de toutes les divinités.

[39] Allégorie de la loi, ce dieu n'est autre que Srauša, l'allégorie de la déclamation, qui joue aussi le rôle de juge aux portes de l'au-delà.

[40] La déesse est opulente (sūrā) du fait du savah «embonpoint, force d'accomplir des prouesses» que la cérémonie sacrificielle produit à son profit.

[41] «À l'envi» ou «vers l'est» ? Voir la note concernant le texte.

[42] À sous-entendre d'après 5.50.4b et 10.136.2b. Cf. 10.68.1 (voir aussi 10.76.2, 10.143.2) où Ārti est donnée pour le cocher de Miθra.

17.2.3.

Et elle (leur) transmet l'intelligence innée[44], de bonne grâce. Et elle, au (Saušyant) qui l'appelle des environs tout comme à celui qui l'appelle de loin, elle vient en aide,

17.2.4.

(pour autant que celui-ci lui offre le sacrifice avec les libations. Car) celui qui offre le sacrifice à Ārti avec les libations, offre aussi le sacrifice à Miθra avec les libations[45].

[Formules conclusives des chapitres de l'Ārd Yašt]

17.3.1.

Avec sa richesse et son hvarnah[46].

17.3.2.

Je lui offre le sacrifice audible, lui offre le sacrifice de forme exemplaire[47], à elle, la Vahvī Ārti, avec les libations.

17.3.3.

Nous offrons le sacrifice à la Vahvī Ārti,

---

[43] Les combattants eschatologiques, fils que, dans l'au-delà, les âmes des pieux mazdéens engendrent avec leur daină (la conscience religieuse sous forme de jouvencelle) pour augmenter les armées du bien et en assurer la victoire définitive sur les forces ténébreuses lors de la grande conflagration qui marquera la fin du temps linéaire et le retour à la fixité de l'infini. Voir Pirart 2004 : 52 sq. Sur le sens étymologique de *saošiiaṇt-*, Kellens, Annuaire 1997-1998, 752 sqq.; voir aussi Pirart 2004 : 338.

[44] Xratu «intelligence, sagesse, performance» fait parfois l'objet d'une déification : voir § 1 n. 14; § 27 n. 242; § 28.

[45] Ceci signifie-t-il que la déesse Ārti ne serait jamais qu'une hypostase de Miθra?

[46] La capacité qu'elle a de nous garantir une alimentation sans restriction. La richesse et le hvarnah de la divinité sont les motifs qui poussent les adorateurs à lui rendre un culte.

[47] Ou: «en recourant à un bon Yašta (= texte sacrificiel)». Il est traditionnel de traduire cette ligne comme le fait Hintze (2000 : 308), «will ich sie verehren mit wohlverehrter Verehrung», mais je ne crois ni au subjonctif de *yazāi* ni que *huiiašta* contienne l'adjectif verbal en *-ta-* de √ *yaz*. À mes yeux, *yazāi* est un indicatif (MSS 47, 1986, 164) et *huiiašta-* est à expliquer par √ *yas* (véd. *YAŚ*) «rendre exemplaire, glorifier» (JA 285, 1997, 363-379).

17.3.4.

avec le hauma[48] coupé de lait[49], avec le barsman[50], avec l'adresse de la langue et le manθra[51], avec la parole et le geste, avec les libations et les paroles à réciter d'une diction rectiligne[52].

17.3.5. (= Y 27.15.3)

[53](Puis)qu'Ahura Mazdā sait, au cours de chaque sacrifice offert à (l'un) des êtres authentiques[54] (ou à l'une des

---

[48] Le hauma (védique *sóma*), jus obtenu par le pressurage d'une plante dont l'identité reste fort controversée, est l'ingrédient phare des libations : il symbolise l'âme du sacrifiant. Son importance dans le sacrifice est sans nul doute à l'origine de la déification dont il fit l'objet.

[49] Ce coupage préfigure ou symbolise le mariage du ruvan et de la dainā.

[50] Instrument rituel constitué d'un faisceau de branches avec lequel l'officiant effectue certains mouvements.

[51] Le texte qui rend l'offrande sacrée.

[52] Les paroles sacrées dont la prononciation est en diction continue, c'est-à-dire sans pause et avec observation minutieuse des règles conditionnant les contacts et modifications phonétiques entre mots. Une pause indue est un trou par lequel les forces délétères pourraient s'introduire dans le rite.

[53] Voir Pirart 2004 : 107; 2006 : 79 sq. n. 48. Cette phrase isolée (Y 27.15.3) reste d'interprétation controversée. Son succès fut important à en juger par la quantité de fois qu'elle est répétée dans les textes arrivés entre nos mains et de fois qu'elle est mentionnée dans les livres pehlevis. Il est habituel de la désigner par son incipit yahya hatām «de qui parmi ceux qui sont». On lui donne aussi le titre de Bagā «division» comme au Ṛta Vahišta et à l'Ahuna Variya sans doute en raison de son emploi comme marque de division en chapitres des textes avestiques. La dernière strophe (Y 51.22) de la quatrième Gāθā (la Vahuxšaθrā Gāθā: Y 51) fut le modèle que suivit l'auteur de la Yahyahatā, mais pareille rénovation ou pareille refonte d'une strophe gâthique, fait exceptionnel, ne peut que surprendre. La plupart des strophes gâthiques présentent déjà d'énormes problèmes d'interprétation, et c'est sans nul doute le cas de Y 51.22 *yehiiā mōi aṣ̌āt̰ hacā vahištəm yesnē paitī* ᵛ *vaēdā mazdā̊ ahurō yōi ā̊ŋharəcā həṇticā* ᵛ *tą yazāi xᵛāiš nāmə̄nīš pairicā jasāi vaṇtā* °₀° «Moi de qui, au cours de chaque sacrifice harmonieux, Ahura Mazdā connaît la meilleure (existence), aux (dieux) qui furent et sont (et seront),

entités authentiques), ce qui est le mieux (pour nous) sur base de Ṛta (= sur base de l'harmonie que chacun de ces sacrifices comporte), nous leur offrons le sacrifice à eux et à elles.

Chapitre II
[Ārti et Hauma]
17.4. (= 17.1)

Nous offrons le sacrifice à la Vahvī Ārti, splendide, haute, impétueuse, bien développée, avec qui l'avenir est prometteur, (de) qui (le char) possède des roues sonores, (la déesse) impétueuse, de qui l'acuité visuelle s'exerce en accord avec Dāta, qui guérit, qui (offre) large (protection) aux héros, opulente.

17.5.1.

L'hommage rendu à Hauma, à Manθra[55] et au ṛtavan Zaraduštra.

17.5.2.

Bien sûr hommage est rendu à Hauma puisque toutes les autres ivresses sont accompagnées par Išma[56] à la javeline

---

j'offre le sacrifice au moyen des noms propres de chacun d'eux et, charmeur, me mets à leur service». Le sens général de la strophe me paraît être celui-ci : sur un ton de propagande, celui qui parle (Zaraduštra?) n'hésite pas à affirmer que l'existence rituelle et spirituelle que son accomplissement scrupuleux de la série des sacrifices offerts aux différents dieux adorables configure ou installe de façon harmonieuse est celle qu'Ahura Mazdā considère comme la préfiguration de l'excellente existence dont pourra jouir son âme dans l'au-delà.

[54] Littéralement: «à (l'un) de ceux qui sont». Ce participe présent *hanṭ-* (fém. *hāitī-*) est la désignation la plus large des êtres surnaturels (voir Kellens & Pirart 1988-1991 : *II* 326; Kellens, MSS 50, 1989, 51-64).

[55] Le corpus des textes de la religion mazdéenne zoroastrienne dont l'Avesta est issu.

[56] Origine de l'Asmodée biblique, le Daiva Išma («colère»), comme adversaire attitré de Srauša, doit représenter la mauvaise déclamation de paroles sacrées. On le trouve parfois associé au Daiva Agataxša à qui la composition des mauvaises paroles rituelles était attribuée et qui, dans les Gāθā, porte le nom de Hrama «le fait d'être boiteux».

cruelle tandis que l'ivresse de Hauma est celle qu'accompagne <la réjouissante> Ārti [qui procure bonne descendance][57].

[Les avantages d'Ārti][58]

17.6.1.

(Hommage lui est rendu en disant ceci :)[59] Vahvī Ārti, belle et radieuse Ārti, toi qui (les) irradies de quiétude avec tes rayons, Ārti, toi qui confères le divin hvarnah aux hommes que tu accompagnes —

17.6.2.

La maison de celui chez qui l'opulente et pacifique Vahvī Ārti met les pieds pour une longue association sent le parfum —,

17.7.1.

Ces hommes ont de l'influence (sur les dieux) avec de grands banquets, des dépôts d'aliments bien parfumés, chez qui le socle[60] est tapissé et les autres objets vénérés protégés d'une housse, si tu les accompagnes, Vahvī Ārti.

17.7.2.

À volonté pour celui que tu accompagnes! Et te voilà m'aider, toi l'impétueuse qui disposes de toutes sortes de richesses.

---

[57] Voir § 8. Le diascévaste a glosé vrāzman «réjouissante, qui procure du plaisir». Il est abusif, voire erroné, de réduire l'idée à celle de plaisir sexuel : avoir un fils est un motif de réjouissance tant en Iran qu'en Inde où, par exemple, *kurunandana-* «descendant de Kuru» signifie littéralement «qui est un motif de réjouissance pour Kuru». C'est que les descendants à reprendre les rênes de la pratique religieuse qui fut celle de leurs ancêtres offrent un soubassement à l'éternité des âmes de ces derniers.

[58] J'avais évoqué (JA 287, 1999, 484) de façon trop vague cette partie du texte.

[59] Pour autant que les phrases qui suivent doivent être rattachées à 17.5.2.

[60] Je traduis commodément le vieil-iranien gātu par «socle» puisque le mot sert tout à la fois à désigner le lieu réservé, le lit ou le trône.

17.8.1.

Pour eux, les maisons bien construites, où les vaches apportent prospérité, se dressent, avec de grandes salles, aptes pour un long séjour, si tu les accompagnes, Vahvī Ārti.

17.8.2.

À volonté pour celui que tu accompagnes! Et te voilà m'aider, toi l'impétueuse qui disposes de toutes sortes de richesses.

17.9.1.

Eux disposent de socles qui se dressent avec de bons tapis, parfumés, bien faits, avec des coussins, dont les pieds sont ornés d'or, si tu les accompagnes, Vahvī Ārti.

17.9.2.

À volonté pour celui que tu accompagnes! Et te voilà m'aider, toi l'impétueuse qui disposes de toutes sortes de richesses.

17.10.1.

Pour eux, les aimées[61] aux vêtements soyeux sont assises sur les beaux socles pourvus de coussins, elles qui, pomponnées, sont parées de bracelets et portent des pendentifs quadrangulaires <en or> et des colliers ciselés d'or —

17.10.2.

(Elles pensent:) Quand va-t-il se montrer entreprenant avec nous, le maître de la maison? Et quand allons-nous lui apporter la joie dans notre tanū[62] propice (= être enceintes de lui)? —, si tu les accompagnes, Vahvī Ārti.

17.10.3.

À volonté pour celui que tu accompagnes! Et te voilà m'aider, toi l'impétueuse qui disposes de toutes sortes de richesses.

---

[61] Sur la façon dont il faut comprendre au juste vantā «bien-aimée», voir § 14.

[62] Mot ambigu désignant le corps par opposition à l'âme (ruvan), mais aussi la personne ou l'individu par opposition à ses biens (sti). L'épouse donne de sa personne, est «aliénée» à contenir en elle, dans sa propre chair, l'âme du fils de son mari. Pour ce dernier, la joie dont il est question est celle d'avoir un fils (voir §§ 3 et 8).

17.11.1.

Pour eux sont assises les demoiselles aux pieds cambrés, à la fine ceinture, belles de corps, aux longs doigts, le corps d'autant de beauté qu'en souhaitent (voir) ceux qui les regardent, si tu les accompagnes, Vahvī Ārti.

17.11.2.

À volonté pour celui que tu accompagnes! Et te voilà m'aider, toi l'impétueuse qui disposes de toutes sortes de richesses.

17.12.1.

Leurs chevaux effraient (les Daiva), sont rapides, ont un vol léger, tirent un char rapide[63], eux [64]qui ont le cuir tanné à le propulser, et transportent le guerrier vaillant (= Miθra ?), aux chevaux rapides, au char solide, qui tient une lance pointue, de qui la lance atteint au loin, qui décoche des flèches à vibration tournoyante, qui (d'une flèche) transperce (l'adversaire) de part en part, qui poursuit l'adversaire qui professe une mauvaise opinion, qui le frappe par devant, si tu les accompagnes, Vahvī Ārti.

17.12.2.

À volonté pour celui que tu accompagnes! Et te voilà m'aider, toi l'impétueuse qui disposes de toutes sortes de richesses.

17.13.1.

Ils possèdent des chameaux[65] effrayants aux bosses rebondies et bien ardents, qui font montre de leur force dans des combats qui les entraînent sur le sol lorsqu'ils sont en rut, si tu les accompagnes, Vahvī Ārti.

17.13.2.

À volonté pour celui que tu accompagnes! Et te voilà m'aider, toi l'impétueuse qui disposes de toutes sortes de richesses.

---

[63] Pour que leurs passagers puissent gagner sans encombre l'au-delà paradisiaque ?

[64] Traduction conjecturale: voir les notes du texte.

[65] Sur le chameau avestique, voir Pirart, JA 287, 1999, 481 sqq.

17.14.1.

L'argent et l'or leur sont apportés en tribut depuis les nations voisines ainsi que des vêtements confectionnés et pourvus d'un large ruban de tissu soyeux, si tu les accompagnes, Vahvī Ārti.

17.14.2.

À volonté pour celui que tu accompagnes! Et te voilà m'aider, toi l'impétueuse qui disposes de toutes sortes de richesses.

[La famille divine d'Ārti]

17.15.1.

Prête-moi attention! Tourne ta miséricorde vers moi, haute Ārti!

17.15.2.

(Car) tu as été bien mise en place[66], avec de bonnes caractéristiques, et tu as la faculté de conférer à discrétion le hvarnah à (ma) tanū.

17.16.1.

Ton père est Ahura Mazdā, le plus grand des Yazata, le meilleur des Yazata; ta mère, la savante Aramati[67].

17.16.2.

Tes frères sont le pieux Vahu Srauša, le haut et impétueux Rašnu et Miθra[68] qui possède de vastes prairies, dix mille regards et mille oreilles. Ta sœur est Dainā Māzdayasni.

---

[66] Par Ahura Mazdā ou, ce qui revient au même, par l'adorateur qui se plie aux enseignements reçus du grand dieu. L'activité rituelle conditionne la subsistance de l'adorateur : la correction de sa pratique lui garantit de trouver de quoi se nourrir.

[67] Forme mānyavī de la Terre, cette déesse est classée parmi les Amṛta Spanta.

[68] Les juges qui attendent le ruvan aux portes de l'au-delà sont trois Yazata : Srauša, allégorie de la récitation des textes rituels, est aussi un sévère psychopompe; Rašnu, allégorie de l'orientation des paroles récitées, tient la balance; Miθra, déification de l'échange que le sacrifice établit entre les dieux

[Ārti et Zaraduštra]

17.17.1.

Au cours de la louange annexe (que Zaraduštra avait adressée) aux très rectilignes Yazata, la haute Vahvī Ārti restait immobile sur son char à dire ceci :

17.17.2.

Qui es-tu pour m'invoquer, toi qui, de ceux qui souvent m'invoquent, as la voix la plus belle que j'ai jamais écoutée?

17.18.1.

Alors Zaraduštra[69] descendant de Spitāma[70] lui entonna ceci :

17.18.2.

(Je suis) le premier mortel laudateur de l'excellent Ṛta à avoir offert le sacrifice à Ahura Mazdā, offert le sacrifice avec[71] les Amṛta Spanta,

17.18.3.

lors de la naissance et de la croissance de qui se réjouirent rivières et plantes, à l'instant de la naissance et de la croissance de qui se mirent à croître rivières et plantes,

---

et les hommes, est le plus important des Yazata après Ahura Mazdā. Pour davantage de détails, voir Pirart 2006 : 48 sqq.

[69] Interlocuteur du grand dieu, l'homme «aux vieux chameaux», qui avait pu rencontrer aussi les autres Yazata, était au fait des moindres détails qui conduisent à la perfection du sacrifice.

[70] Comme on le sait par la littérature pehlevie (ZA 35.52, VZ 7.1), mais contre ce que suggèrent illusoirement les Gāθā (c'est-à-dire contre Kellens & Pirart 1988-1991 : *I* 11), Zaraduštra fils de Parušāspa («aux grisâtres chevaux») est, à la neuvième génération, le descendant d'un certain Spitāma de qui nous ne savons rien et de qui le nom résiste à l'analyse (voir Kellens & Pirart 1988-1991 : *I* 7 sq.).

[71] La valeur de l'accusatif ne peut être la même qu'en c : les Amṛta Spanta, pour être parts intégrantes de l'adorateur (synecdoque), ne faisaient l'objet d'aucun culte.

17.19.1.

à l'instant de la naissance et de la croissance de qui disparut Ahra Manyu de la terre sillonnée de chemins, au relief accidenté et aux confins éloignés.

17.19.2.

Ahra Manyu à qui les offrandes ne sont pas bonnes à faire, responsable qu'il est de nombreuses destructions, proféra[72] ceci :

17.19.3.

Si les Yazata ne peuvent à eux tous me renverser contre ma volonté, voici pourtant Zaraduštra m'atteindre à lui seul contre ma volonté.

17.20.1.

Il me frappe avec l'Ahuna Variya[73], arme[74] aussi importante qu'une pierre de la taille d'une habitation.

17.20.2.

Il me brûle avec le R̥ta Vahišta[75] comme si c'était du métal fondu[76].

---

[72] La langue avestique fait usage d'un vocabulaire spécifique lorsqu'il est question des êtres négatifs. C'est ce que l'on appelle le «daivisme» (antonyme : ahurisme). Je rends çà et là cette habitude stylistique en recourant dans les traductions à des verbes à connotation péjorative: les dieux **entonnent** des paroles, mais les démons en **profèrent**. Voir aussi la note concernant 17.34.3 «sales».

[73] Comme la *Gāyatrī Sāvitrī* védique, l'Ahuna Variya (dont le texte est donné en 17.62.2) est la parole sacrée la plus importante, germe ou concentré qu'elle est de toutes les autres ou de tout le corpus des textes. Humbach & Ichaporia (1998 : 157) rassemblent commodément les passages qui évoquent la récitation que Zaraduštra fit de l'Ahuna Variya.

[74] Sur la métaphore, Kellens, Annuaire 1997-1998, 759.

[75] Sur ce texte, voir la note concernant 17.0.10.

[76] Comparaison étonnante si «Métal fondu» est l'associé habituel non de R̥ta Vahišta, mais de Xšaθra Variya, le quatrième des sept Amr̥ta Spanta (Ahura Mazdā, Vahu Manah, R̥ta Vahišta, Xšaθra Variya, Spantā Aramati, Harvatāt et Amr̥tatāt), lesquels étaient chacun le patron d'un élément (l'homme, l'animal, le feu, le métal, la terre, l'eau et le végétal), celui qui

17.20.3.

Il fait en sorte que je n'aie d'autre solution que d'abandonner cette terre quand il est seul à m'expulser, lui Zaraduštra descendant de Spitāma.

17.21.1.

Alors la haute Vahvī Ārti lui entonna ceci :

17.21.2.

Approche-toi davantage de moi, toi le r̥tavan descendant de Spitāma (qui as de) rectiligne(s paroles), et monte dans mon char!

17.21.3.

Zaraduštra descendant de Spitāma s'approcha davantage d'elle et monta dans son char.

17.22.1.

Alors elle le frotta[77] de bas en haut avec le bras gauche et le droit, avec le bras droit et le gauche, en lui disant ces mots :

17.22.2.

Tu es beau, Zaraduštra, tu es bien fait, descendant de Spitāma, avec de bons tibias et de longs bras[78].

17.22.3.

Tu as reçu le hvarnah pour ta tanū (= corps, personne) et la bonne et longue existence pour ton ruvan (= âme-moi) ainsi que je te l'avais promis.

17.22.4-8. (= 17.3)

[Chapitres III-IX : Le Catalogue des sacrifiants]

Chapitre III

17.23.

Nous offrons le sacrifice à la Vahvī Ārti, splendide, haute, impétueuse, bien développée, avec qui l'avenir est prometteur, (de) qui (le char) possède des roues sonores, (la déesse) impétueuse, de qui l'acuité visuelle s'exerce en accord

---

nomme l'influence requise ou souhaitable que les dieux conviennent que leurs adorateurs soucieux de bénéfices exercent sur eux par le biais du sacrifice.

[77] Voir § 16.

[78] Sur le nom avestique du tibia, Lubotsky, JAOS 122, 2002, 318-324. Description digne d'un guerrier épique.

avec Dāta, qui guérit, qui (offre) large (protection) aux héros, opulente.

17.24.1.

Le paradāta Hušianha[79] lui offrit le sacrifice sur les contreforts de la belle montagne Harā[80] que Mazdā avait mise en place,

17.24.2.

<apportant cent chevaux, mille bovins et dix mille moutons[81] en plus de la libation>.

17.25.1.

Il lui fit alors <cette demande>:

17.25.2.

Concède-moi, toi la haute Vahvī Ārti, la faveur

17.25.3.

de pouvoir victorieux m'imposer à tous les Daiva Mazaniya[82],

---

[79] La forme exacte du nom de ce personnage est mal connue. Peut-être signifie-t-il «aux sèches épaules» (Kellens, Annuaire 1997-1998, 751). Hušianha (Šn *hvšng*), l'un des premiers humains pour être fils de Fravāka fils de Syāmaka fils de Martiya fils de Gaya Martan (ZA 14, VZ 7.1), fut le premier roi des sept secteurs de la Terre. Son titre de paradāta- < parah-dāta- «placé devant», qui fait de lui un intermédiaire entre les hommes et les dieux, correspond à celui d'un type de prêtre de l'Inde védique, le *puróhita*, et au nom de la tribu dans laquelle les Scythes choisissaient leurs prêtres (Hérodote 4.6 : *Paralátai*). J'écris paradāta, qui est un titre, avec l'initiale en minuscule, sans pourtant pouvoir complètement écarter que le titre ait pu devenir un nom propre. Les livres pehlevis donnent une explication différente (e. g. Ayādgār ī Jāmāspᵒīg 4.8) : Hušianha reçoit cette épithète pour avoir été le premier législateur. Voir Humbach & Ichaporia 1998 : 99 sq.

[80] Phl. *hlbvlc* (harburz). Le nom de cette chaîne de montagnes mythique a été donné notamment au Caucase, à l'Alborz et à l'*Himālaya*.

[81] Victimes sacrificielles. Il est remarquable que ce type de sacrifice, sans doute guerrier (chapitres III, IV, V, VII et IX), ne soit pas celui qu'offriront Hauma (chap. VI) et Zaraduštra (chap. VIII).

[82] Selon Hintze (1994 : 164 sq.), *māzaniia-* signifie «riesig». C'est ce qu'enseignent les livres pehlevis, mais une autre explication existe : appelés aussi Daiva Mānyava (10.68.3) «nés de la (mauvaise) opinion que les impies

17.25.4.

de n'éprouver aucune crainte devant le danger que les Daiva représentent tandis que les Daiva eux tous ne puissent que me craindre et, pleins de crainte, se fourvoyer dans les ténèbres.

17.26.1.

La haute Vahvī Ārti accourut à son service[83].

17.26.2.

Le paradāta Hušianha vit sa demande exaucée.

17.26.3-7. (= 17.3)

Chapitre IV

17.27. (= 17.1)

Nous offrons le sacrifice à la Vahvī Ārti, splendide, haute, impétueuse, bien développée, avec qui l'avenir est prometteur, (de) qui (le char) possède des roues sonores, (la déesse) impétueuse, de qui l'acuité visuelle s'exerce en accord avec Dāta, qui guérit, qui (offre) large (protection) aux héros, opulente.

---

ont de Mazdā (autrement dit: les Daiva fils d'Ahra Manyu)», le nom énigmatique de Daiva Mazaniya (ou Māzaniya?) qu'ils reçoivent ici et que la tradition postérieure, recueillie dans le Šn, interprète comme un ethnonyme pour faire du Māzandarān le pays ou un protectorat des démons (voir Humbach & Ichaporia 1998 : 100), pourrait signifier fondamentalement «relatif au *Mazan», le *Mazan étant le Maz («grand»), le chef des impies, que les Gāθā mentionnent. Si cette hypothèse devait être la bonne, les Mazaniya seraient les démons que génère la mauvaise opinion que le chef des impies a de Mazdā. Le Yt 19.26 ajoute à leur mention celle des Varaniya. Il s'agit non d'un ethnonyme comme le voudraient Humbach & Ichaporia (1998: 100), mais bien des «descendants du démon Varana (= védique *Úraṇa*; Pirart, JA 286, 1998, 534 n. 47) que la tradition postérieure assimile au mauvais Vāyu, mais qui, absent des textes avestiques conservés, reste assez énigmatique (voir Pirart 2003 : 145).

[83] Comme le syntagme avestique est l'asyndète de deux verbes combinés avec le même préverbe, il semble à Kellens (Annuaire 1999-2000, 723 n. 5) que la déesse soit prise d'une agitation frénétique pour satisfaire le sacrifiant.

17.28.1.

Le splendide Yama[84] aux bons troupeaux[85] lui offrit le sacrifice sur Hukarya[86], le sommet (de la montagne Harā),

17.28.2.

<apportant cent chevaux, mille bovins et dix mille moutons en plus de la libation>.

17.29.1.

Il lui fit alors <cette demande>:

17.29.2.

Concède-moi, toi la haute Vahvī Ārti, la faveur

17.29.3.

de pouvoir garantir petit bétail et gros bétail aux Dāman[87] de Mazdā,

17.29.4.

de pouvoir garantir l'indestructibilité aux Dāman de Mazdā.

17.30.

Et que je puisse[88] encore affranchir les Dāman de Mazdā à la fois de la faim et de la soif! Et que je puisse encore

---

[84] Le nom de Yama, l'un des premiers rois d'Iran et du monde (Šn *jmšyd*), signifie «jumeau». C'est que, comme dans la mythologie indienne, lui et son épouse étaient des jumeaux. Tout comme le *Yamá* indien est devenu le roi des morts suite à un mensonge, c'est un mensonge qui empêcha le Yama iranien de maintenir durablement l'immortalité qu'il était parvenu à installer sur Terre. Le refuge qu'il avait construit pour abriter les êtres face au Grand Hiver dans un mythe comparable à celui du Déluge, selon le géographe arabe Yāqūt, servit de modèle pour la construction d'Ecbatane (Pirart, AulaOr 17-18, 1999-2000, 466). Humbach & Ichaporia (1998 : 104 sqq.) réunissent commodément tous les passages avestiques significatifs concernant Yama.

[85] Allusion probable aux êtres qu'il eut la charge de protéger.

[86] «Permettant un bonne célébration sacrificielle», bahuvrīhi de *hu+* et de **kairiiā-* (= véd. *kriyā́-*).

[87] Les êtres vus comme autant d'**instaurations** que le grand dieu situa sur l'échiquier de son combat contre les forces négatives.

affranchir les Dāman de Mazdā à la fois de la vieillesse et de la mort ! Et que je puisse encore affranchir les Dāman de Mazdā à la fois du [vent] chaud et du froid ! Durant mille révolutions (du ciel)!

17.31.1.

La haute Vahvī Ārti accourut à son service.

17.31.2.

Le splendide Yama aux bons troupeaux vit sa demande exaucée.

17.31.3-7. (= 17.3)

Chapitre V

17.32.

Nous offrons le sacrifice à la Vahvī Ārti, splendide, haute, impétueuse, bien développée, avec qui l'avenir est prometteur, (de) qui (le char) possède des roues sonores, (la déesse) impétueuse, de qui l'acuité visuelle s'exerce en accord avec Dāta, qui guérit, qui (offre) large (protection) aux héros, opulente.

17.33.1.

Le prince Θrāitauna[89] du clan opulent des Āθpiyāna[90] lui offrit le sacrifice près de Varna, le pays aux quatre profits (?)[91],

---

[88] Pour l'installation de l'immortalité sur terre. L'entreprise ne put réussir que de façon limitée: 1000 ans. C'est que Yama avait refusé d'adhérer pleinement à la bonne religion (V 2.3.4).

[89] La forme exacte du nom de ce personage reste controversée (voir Kellens 2001 : 317). J'ai moi-même beaucoup hésité pour préférer aujourd'hui Θrāitauna avec vr̥ddhi (2004 : 290, contre e. g. IIJ 46, 2003, 203). Héros important du Šn (*frydvn*), il est connu surtout pour avoir vaincu Dāhaka (Šn *dḥḥ'k*) et libéré les filles de Yama.

[90] Quoiqu'il doive correspondre à celui du védique *Āptyá*, le nom du clan auquel appartient Θrāitauna n'a pas pu être interprété correctement jusqu'ici (voir Pirart 2006 : 171 n. 59). Hypothèses chez Kellens 2001 : 318; Kellens, Annuaire 2002-2003; Pirart 2004 : 265 sq.

[91] Traduction conjecturale. La traduction pehlevie du V 1.17 identifie le Varna avec le mont *ptšhv'lgl Y kylm* (padišxvārgar ī kerm), avec cette précision *kylm* (*dailam* chez Darmesteter 1892-1893 : *II* 14 n. 38 !) qui

17.33.2.

<apportant cent chevaux, mille bovins et dix mille moutons en plus de la libation>.

17.34.1.

Il lui fit alors <cette demande> :

17.34.2.

Concède-moi, toi la haute Vahvī Ārti, la faveur

17.34.3.

de pouvoir victorieux m'imposer avec mille moyens de purification à Dāhaka[92], l'Aji[93] aux trois gueules, aux trois sales[94] têtes et aux sales six yeux,

---

pourrait le distinguer du Padišxvārgar situé par la Zand-āgāhīh (ZA 9.20) du côté du Tabaristān et du Gīlān et qui doit être à l'origine de l'opinion rapportée par le commentaire pehlevi que ce serait la ville de Kermān ou la Carmanie, mais le parallèle que la Zand-āgāhīh (ZA 31.32; cf. 32.2) offre du V 1.17 fait du Varna la désignation du mont Damāvand, ce qui est en accord avec le Šn (Mohl 1838-1878 : *I* 110 sqq.). Il reste que le premier chapitre du Vidēvdād est non un catalogue de montagnes mais une liste de pays (comme invite d'ailleurs à le penser la leçon *varənaēšu* «chez les Varna») et que, vu sa position dans cette liste, le Varna pourrait tout aussi bien être un pays voisin de l'Inde ou de la Bactriane, comme le *Varṇu* (actuel Buner) ou encore l'*Áornos* (< **Óarnos* ?) que mentionne Arrien (*L'Inde* 5.10). La raison de son épithète de caθrugauša- «avec quatre oreilles» (voir Kellens, Annuaire 1999-2000, 737 n. 18) est inconnue (quatre routes et quatre portes selon l'opinion rapportée par le commentaire pehlevi de V 1.17; quatre rivières selon ZA 31.32), mais, à titre d'expérience, je préfère lire caθruguša- «aux quatre profits» (cf. le nom v.-p. de la Sattagydie, θataguša- «le pays aux cent profits»).

[92] Homologue du védique *Vṛtrá Dāsá*, Dāhaka, feu rituel de la mauvaise obédience religieuse, est un démon logiquement terrestre dont la tradition ultérieure (e. g. Šn) a fait un usurpateur sur le trône des rois des sept secteurs de la terre et que les interprétations historicisantes ont fait régner à Babylone (déjà dans le Yt 5.29.1) ou à Ecbatane (Moïse de Chorène 1.22). Cependant, la transposition de données mythiques dans la réalité géographique ou historique n'est pas à considérer comme le fruit d'une évolution : cette pratique qui était largement répandue chez les peuples indo-iraniens doit

17.34.4.

(de pouvoir m'imposer à) Druj[95], la Daivī[96] au grand ascendant,

17.34.5.

(de pouvoir m'imposer à) Drugvant[97], le (démon) qui fait du mal aux êtres vivants, lui qu'accompagne cette Druj au si grand ascendant qu'Ahra Manyu a programmée[98] à destination du monde osseux, dans le but de détruire les êtres vivants de Ṛta[99].

17.34.6.

Et que je puisse encore (em)mener les aimées[100] de l'(Aji), Sanhavāc et Ṛnavāc[101], qui rivalisent de beauté physi-

---

remonter à leur préhistoire. Nabonide, roi de Babylone, fut un grand Satan comme d'autres le sont encore de nos jours.

[93] Terrestre, Dāhaka est classé dans la catégorie démoniaque des Aji (véd. *áhi-*) «serpents». Parallèlement au feu védique, il est tricéphale en raison de son statut sacerdotal puisque la science religieuse, comme en Inde, comportait trois volets (Pirart, JA 286, 1998, 547; IIJ 46, 2003, 211 n. 78; 2006 : 171 n. 61, 174 n. 72).

[94] Je recours à l'adjectif «sale» pour rendre commodément la connotation péjorative ou le caractère daivique (voir la note concernant 17.19.2 «proféra») des substantifs spécifiques que la langue avestique réserve à la description des êtres démoniaques.

[95] Druj (véd. *Drúh*), l'allégorie du dysfonctionnement et de l'inadéquation, est la principale entité démoniaque féminine.

[96] Il peut paraître étonnant que Druj soit une Daivī, une démone de la catégorie de celles à qui les impies rendent un culte, si Ṛta, le principe auquel elle s'oppose, est quant à lui rangé non dans la catégorie des Yazata, mais bien dans celle des Amṛta Spanta (Pirart, JA 291, 2003, 98 n. 8).

[97] Drugvant «accompagné de Druj», antonyme de ṛtavan, sans doute n'est-il ici qu'une désignation d'Ahra Manyu.

[98] Littéralement : «a produite par déchirement». Voir la note du texte.

[99] Les êtres qu'Ahura Mazdā mit en place et qui sont la manifestation de l'harmonie.

[100] Sur la façon dont il faut comprendre vantā «aimée», voir § 14.

[101] Selon le Šn, *šhrn'z* et *'rnv'z* sont les filles de Yama que le serpent avait capturées, mais Kellens (Annuaire 2002-2003 : 825 n. 16) fait remarquer

que et ne faillissent jamais dans les soins à apporter aux êtres vivants!

17.35.1.

La haute Vahvī Ārti accourut à son service.

17.35.2.

Le prince Θrāitauna du clan opulent des Āθpiyāna vit sa demande exaucée.

17.35.3-7. (= 17.3)

Chapitre VI

17.36.

Nous offrons le sacrifice à la Vahvī Ārti, splendide, haute, impétueuse, bien développée, avec qui l'avenir est prometteur, (de) qui (le char) possède des roues sonores, (la déesse) impétueuse, de qui l'acuité visuelle s'exerce en accord avec Dāta, qui guérit, qui (offre) large (protection) aux héros, opulente.

17.37.1.

Hauma Fraxšmi[102], le guérisseur, le glorieux (roi) aux yeux jaunes qui a la charge d'(exercer) l'influence (rituelle sur les dieux), lui offrit le sacrifice sur le plus haut sommet, sur la haute (montagne) Harā,

17.37.2.

< ... >.

17.38.1.

Il lui fit alors <cette demande> :

17.38.2.

Concède-moi, toi la haute Vahvī Ārti, la faveur

---

que cette généalogie est incertaine ou fluctuante. Leurs noms paraissent signifier littéralement «parole de définition» et «parole de dette» sans que nous puissions en donner de justification.

102 Hauma (véd. *Sóma*), à côté de son statut de dieu Ivresse, joue aussi le rôle de prêtre divin ou paradigmatique comme, dans le *Véda*, *Bṛ́haspáti*, ce que le Šn a retenu en faisant de *hvm* un «pieux cénobite» (Mohl).

17.38.3.

de pouvoir faire enchaîner [103]Frahrasyān, le marya descendant de Tura.

17.38.4.

Et que je puisse encore (l')emmener pour le livrer aux chaînes de Kavi Husravah[104]!

17.38.5.

Le Kavi Husravah le frapp(er)a(it) sur la berge de Caicista[105], le profond réservoir où les eaux sont retenues, pour venger son père Syāvar̥šan[106] ... que (ce turiya) a frappé traitreusement, et (venger) [107]Agrairaθa ...!

---

[103] Nous ne connaissons pas la forme exacte du nom de ce personnage maléfique (Šn *'fr'sy'b*). Probablement sans rapport avec Tura, le clan dont la famille de Zaraduštra paraît issue (voir note 126 et § 19 n. 131), l'adjectif tur(iy)a, qui, à première vue, devrait être patronymique et signifier «descendant du quatrième fils», est en réalité un ethnonyme mythique tout aussi connoté négativement que *turváśa-* ou *turvasu-* dans l'Inde védique et épique ou que *taûroi* chez les Scythes d'Hérodote. Dès lors, son sens primitif ne peut être assuré. Le titre de marya (maryā au fém.), qui correspond au védique *márya-* «garçon», est en avestique une désignation péjorative («vaurien») ou daivique réservée aux êtres maléfiques tant humains que surnaturels.

[104] Husravah (Šn *kyxsrv*) «possesseur de bons hymnes» (= véd. *suśrávas-*) appartient à la dynastie des Kavi. Les neuf Kavi sont Kavāta, Apivahu, Usadan, R̥šan, Pisianah, Dvir̥šan, Syāvar̥šan, Husravah et Vištāspa.

[105] Selon la ZA 12.3, le réservoir de Caicista serait l'actuel lac Urmia. Étymologie et sens premier inconnus (mais voir les notes du texte).

[106] «Possesseur de noirs animaux mâles». Le nom que le Šn lui donne, *sy'vxš*, ne provient pas du vieil-iranien *syāva-uxšan- «aux noirs taureaux», mais de la mauvaise lecture *syd'vhš* du phl. *syd'v'š* dans lequel °*'š* reproduit l'avestique °*arš*° comme dans *'t'š* < *ātarš* : siiāuuarš°. Nous ne savons comment interpréter l'épithète nara- qu'il reçoit, mais un andronyme identique est attesté en indien : *Nala*. Selon Humbach & Ichaporia (1998 : 153), *nara-* ne serait jamais qu'une épithète signifiant «héros».

[107] «Possesseur du char qui est en tête, descendant de Naru (?)», *'gryrθ* frère de *'fr'sy'b* dans le Šn. Voir note du texte. Sur sa généalogie, voir Humbach & Ichaporia 1998 : 154.

17.39.1.

La haute Vahvī Ārti accourut à son service.

17.39.2.

Hauma Fraxšmi, le guérisseur, le glorieux (roi) aux yeux jaunes en charge de l'influence (rituelle à exercer sur les dieux), vit sa demande exaucée.

17.39.3-7. (= 17.3)

Chapitre VII

17.40.

Nous offrons le sacrifice à la Vahvī Ārti, splendide, haute, impétueuse, bien développée, avec qui l'avenir est prometteur, (de) qui (le char) possède des roues sonores, (la déesse) impétueuse, de qui l'acuité visuelle s'exerce en accord avec Dāta, qui guérit, qui (offre) large (protection) aux héros, opulente.

17.41.1.

Taureau[108] des nations aryā[109], (le roi) Husravah, qui(, par son exercice de) l'influence (rituelle sur les dieux,) maintenait (l'harmonie entre les nations aryā)[110], lui offrit le

---

[108] Ce titre est comparable à l'indien MBh *bharatarṣabha-* «taureau des descendants de Bharata». Il est porté par Miθra en Yt 10.86.2. Je rejette maintenant l'idée, avancée JA 291, 2003, 98 n. 7, que *arša* pourrait être une forme de lo. ṛši- «poète».

[109] Les nations iraniennes (voir Kellens 2005 : 233 sqq.), littéralement: celles où la bonne obédience est de mise. Le mot vieil-iranien arya, dont le féminin est aryā, n'est pas parfaitement superposable au vieil-indien correspondant, védique *árya-* (fém.: *árī-*), qui, lui, bien évidemment se refère aux Indiens védiques, mais dans un emploi parallèle à *mā́nuṣa-* (féminin : *mā́nuṣī-*) «dont l'obédience religieuse fut instituée par Mánu». Sur l'étymologie de *airiia-* (lo. arya-), Pirart, JA 286, 1998, 528 n. 24.

[110] Le syntagme qui introduit le nom de Husravah et constitue sa titulature est assez frappant par son extension et sa complexité. Il nous informe sur la conception que l'on avait du souverain idéal et sur son rôle: l'influence que le sacrifice permet au roi d'exercer sur eux au profit de son peuple rend les dieux favorables et maintient l'harmonie (Pirart, JA 291,

sacrifice sur la berge de Caicista, le profond réservoir où les eaux sont retenues,

17.41.2.

<apportant cent chevaux, mille bovins et dix mille moutons en plus de la libation>.

17.42.1.

Il lui fit alors <cette demande> :

17.42.2.

Concède-moi, toi la haute Vahvī Ārti, la faveur

17.42.3.

de pouvoir terrasser Frahrasyān, le marya (descendant de) Tura, sur la berge de Caicista, le profond réservoir où les eaux sont retenues, et venger ainsi mon père Syāvar̥šan ... que (ce turiya) a frappé traitreusement, et (venger ainsi aussi) Agrairaθa ...!

17.43.1.

La haute Vahvī Ārti accourut à son service.

17.43.2.

Taureau des nations aryā, (le roi) Husravah, qui(, par son exercice de) l'influence (rituelle sur les dieux,) maintenait (l'harmonie entre les nations aryā), vit sa demande exaucée.

17.43.3-7. (= 17.3)

Chapitre VIII

17.44.

Nous offrons le sacrifice à la Vahvī Ārti, splendide, haute, impétueuse, bien développée, avec qui l'avenir est prometteur, (de) qui (le char) possède des roues sonores, (la déesse) impétueuse, de qui l'acuité visuelle s'exerce en accord avec Dāta, qui guérit, qui (offre) large (protection) aux héros, opulente.

2003, 98). En outre, nous voyons que, dans la période mythique, il existait un souverain gouvernant l'ensemble des nations aryā, ce qui n'est pas sans évoquer le monde achéménide.

17.45.1.

Le ṛtavan Zaraduštra lui offrit le sacrifice [111]dans l'Aryāna Vaijah de la Vahvī Dātiyā,

17.45.2.

avec le hauma coupé de lait, avec le barsman, avec l'adresse de la langue et le manθra, avec la parole et le geste, avec les libations et les paroles à réciter d'une diction rectiligne.

17.46.1.

Il lui fit alors <cette demande> :

17.46.2.

Concède-moi, toi la haute Vahvī Ārti, la faveur

17.46.3.

de pouvoir amener le fils d'Arvadaspa[112], le vaillant Kavi Vištāspa[113],

---

[111] Ce pays dont le nom paraît signifier «tourbillon que forme la rivière Dātiyā et qui appartient aux Arya» (Kellens, BCLARB 11, 2000, 249 sq.), le premier de ceux dont le premier chapitre du Vidēvdād dresse la liste, peut-être est-il à reconnaître dans la grande Médie qui s'étendait le long de la chaîne de l'Alborz depuis le fleuve Araxe et l'Arménie jusqu'à l'Hyrcanie. Les confusions que commet Hérodote (1.202) entre plusieurs fleuves lorsqu'il nous parle de l'Araxe peuvent provenir de ses informateurs. Il est possible que l'Araxe soit la rivière Dātiyā de l'Avesta (cf. Dk 7.2.54 [Sanjana]) et que celle-ci fût conçue comme double, c'est-à-dire: constituée par les deux fleuves Atrak et Araxe qui, de part et d'autre de la mer Caspienne, pourraient avoir délimité le territoire mède, à l'est et à l'ouest. Le nom de «tourbillon» qui est donné à ce territoire pourrait ainsi être lié au caractère double de la rivière. Nous pouvons en outre signaler que, selon Hérodote, les Mèdes se donnaient anciennement le nom d' *Árioi* et reconnaître cet ethnonyme dans la première partie du toponyme aryāna- vaijah-. Cependant, rappelons que, de toute façon, ce ne serait jamais que l'application d'une donnée de géographie mythique à la géographie réelle. Le nom de la rivière Dātiyā paraît signifier «celle qui appartient à la loi (dāta-)». Comme toutes les rivières, c'est une déesse, une Vahvī.

[112] «Possesseur de chevaux de course» (Šn *lhr'sp*).

[113] Le roi Vištāspa (Šn *gšt'sp*) «possesseur de chevaux qui ne sont pas attachés (à son char)» fut un des premiers partisans de Zaraduštra.

17.46.4.

à conformer ses pensées avec Dainā, conformer ses paroles avec Dainā et conformer ses gestes avec Dainā[114]!

17.47.1.

La haute Vahvī Ārti accourut à son service.

17.47.2.

Le ṛtavan Zaraduštra vit sa demande exaucée.

17.47.3-7. (=17.3)

Chapitre IX

17.48.

Nous offrons le sacrifice à la Vahvī Ārti, splendide, haute, impétueuse, bien développée, avec qui l'avenir est prometteur, (de) qui (le char) possède des roues sonores, (la déesse) impétueuse, de qui l'acuité visuelle s'exerce en accord avec Dāta, qui guérit, qui (offre) large (protection) aux héros, opulente.

17.49.1.

Vištāspa, le Kavi qui avait idée de la hauteur (de Mazdā)[115], lui offrit le sacrifice sur la berge de la rivière Dātiyā,

17.49.2.

<apportant cent chevaux, mille bovins et dix mille moutons en plus de la libation>.

17.50.1.

Il lui fit alors <cette demande> :

17.50.2.

Concède-moi, toi la haute Vahvī Ārti, la faveur

---

[114] C'est-à-dire : de pouvoir convertir Vištāspa à la bonne religion. Dainā est tout à la fois la religion mazdéenne, la déesse qui la représente et la conscience religieuse du mazdéen qui, sous la forme d'une jeune femme, apparaît à son ruvan sur le chemin de l'au-delà. RS 10.167.3b donne le nom d'*Ánumati* «pensée conforme» à l'épouse de *Bṛ́haspáti* ailleurs appelée *Dhénā*.

[115] Converti à la bonne religion, Vištāspa en avait eu aussi la révélation.

17.50.3.

de pouvoir mener le combat, capable de vaincre tous (les Daiva), contre les huit Arvant[116] et, capable de vaincre tous (les Daiva), contre le fils d'Ašti[117] au casque rutilant, au bouclier rutilant, au gros cou, lui de qui [118]la sale épouse but (le lait de) sept cents chamelles après (l'heure de) la traite;

17.50.4.

de pouvoir mener le combat contre [119]Arjadaspa, le marya Hyāuna,

17.50.5.

de pouvoir mener le combat contre [120]les deux petites insolentes adoratrices des Daiva.

17.51.1.

Et que je puisse encore terrasser Tanθriyavant[121] qui a mauvaise Dainā!

17.51.2.

Et que je puisse encore terrasser Spijāruška[122], l'adorateur des Daiva!

17.51.3.

Et que je puisse encore faire revenir [123]Humāyā et V° du pays des Hyāuna!

---

[116] Les Arvant «(chevaux) de course» sont des ennemis inconnus par ailleurs. En outre, la lecture interprétative de leur nom n'est pas assurée.

[117] Personnage inconnu. La lecture interprétative de son nom n'est pas assurée.

[118] Traduction fort conjecturale du fait des incertitudes de lecture. Le mythe auquel ceci fait allusion est complètement inconnu.

[119] Arjadaspa «aux chevaux de valeur» (Šn *'rj'sp*), roi des Hyāuna, un peuple ou un clan d'impies. Voir Pirart, JA 286, 1998, 527 n. 17.

[120] Traduction fort conjecturale du fait des incertitudes de lecture.

[121] L'impie Tanθriyā̆vant «adorateur des forces ténébreuses» est mal connu.

[122] spijā-aruška- «qui cogne avec les fesses»? Nom d'un impie mal connu. Ce pourrait être le composé en +*ka*- de l'instr. sg. de **spij*- (scr. *sphij*-) fém. «fesse» et de **auruš*- (véd. *áruṣ*-) nt. «coup, blessure».

[123] Les deux filles de Vištāspa. Le nom de la seconde n'est pas établi : voir la note du texte.

17.51.4.

Et que je puisse encore terrasser (le chef) des nations hyāunī,

17.51.5.

(répondant) de cent coups aux cinquante, de mille coups aux cent, de dix mille coups aux mille, d'innombrables coups aux dix mille!

17.52.1.

La haute Vahvī Ārti accourut à son service.

17.52.2.

Vištāspa, le Kavi qui avait idée de la hauteur (de Mazdā), vit sa demande exaucée.

17.52.3-7. (= 17.3)

Chapitre X

[Les exigences d'Ārti]

17.53.

Nous offrons le sacrifice à la Vahvī Ārti, splendide, haute, impétueuse, bien développée, avec qui l'avenir est prometteur, (de) qui (le char) possède des roues sonores, (la déesse) impétueuse, de qui l'acuité visuelle s'exerce en accord avec Dāta, qui guérit, qui (offre) large (protection) aux héros, opulente.

17.54.1.

Alors la haute Vahvī Ārti dit :

17.54.2.

Que nul parmi les hommes arrivés à l'andropause ne s'approprie (d'aucune) de mes libations pour la verser (en disant) «hélas!» ni les sales femmes[124] arrivées à la ménopause[125] ni les garçons impubères ni les jeunes filles qui ne peuvent encore être approchées [par les mortels]!

---

[124] Daivisme. La jahikā «sale femme» est parfois la prostituée: voir § 20. Sur les incertitudes qui entourent l'étymologie et le sens du mot, Pirart, JA 291, 2003, 123.

[125] Littéralement «désautorisée, avec qui l'union n'est pas indiquée» (parā-dištā) : voir les notes du texte.

[Les caches d'Ārti]

17.55.

Quand les Tura et les Nāutara[126] aux chevaux rapides me chassèrent, je me cachai la tanū (= corps, personne) sous les pieds d'un taureau en pleine saillie, sans quoi les garçons impubères et les filles qui ne peuvent encore être approchées [par les mortels] m'eussent gardée en secret.

17.56.

Quand les Tura et les Nāutara aux chevaux rapides me chassèrent, je me cachai la tanū sous la gorge d'un bélier reproducteur environné d'une centaine de femelles pleines, sans quoi les garçons impubères et les filles vierges m'eussent gardée en secret. C'était quand les Tura et les Nāutara chevaux rapides me chassèrent.

---

[126] Deux clans ou familles de l'entourage de Zaraduštra? Les Tura de ce chapitre, qui sont mentionnés aussi dans les Gāθā, n'auraient aucun lien avec les démoniaques du même nom (voir note 103), mais le mythe que ce passage évoque est inconnu par ailleurs. Les Nāutara ou descendants de Nāutara «qui traverse en barque» (Šn *nvδr* fils de *mnvchr*) forment le clan auquel appartient Vištāspa. Comme le Tura gâthique est appelé Friyāna «fils ou descendant de Friya» (Y 46.12bb') et que ce Friya figure dans la généalogie de Spitāma telle que la donnent les VZ 7.1 (le parallèle qu'en offre ZA 35.52 saute sa mention), il n'est pas échevelé de penser que les Tura en question formaient à tout le moins une branche du clan qui fut à l'origine de la ville de Ragā (phl. *l'k*), la capitale religieuse (Pirart, IIJ 43, 2002, 133), puisque le nom de celle-ci était expliqué (VZ 10.15) à partir de celui du père de Friya. Les leçons manuscrites du nom de cet ancêtre — inconnu des textes avestiques conservés et notamment du Yt 13 qui, pour ignorer presque tous les ascendants de Zaraduštra, doit être incomplet — sont les suivantes: *'lyn* (VZ 7.1, selon K35 [246r17] et TD [d'après Gignoux & Tafazzoli 1993]), *y lcn* et *ylcn* (VZ 10.15, selon K35 [249v15] et TD [d'après Gignoux & Tafazzoli 1993]), *.lcn|* (ZA 35.52, selon TD2 [235.1]), *lcn|* (ZA 35.52, selon TD1 [100v3] et DH [228r21]) et *rajan* (ZA 35.52, en caractères avestiques, selon K20 [128r7]). Cette dernière leçon paraît le plus proche de l'original qui devait être rajan- ou rajana-, mais ceci ne nous donne aucune piste.

[Les plaintes d'Ārti]

17.57.1.

La première plainte que vint à formuler la haute Vahvī Ārti est que la sale femme[127] ne veuille avoir de fils —

17.57.2.

Ne t'approche pas de son séjour! N'aborde pas son socle! — :

17.57.3.

Que puis-je faire d'elles? Avancer vers le ciel? Retourner à la Terre?

17.58.1.

La deuxième plainte que vint à formuler la haute Vahvī Ārti est que la sale femme présente à son mari ce fils qu'elle a eu d'un autre :

17.58.2.

Que puis-je faire d'elles? Avancer vers le ciel? Retourner à la Terre?

17.59.1.

La troisième plainte que vint à formuler la haute Vahvī Ārti est celle-ci :

17.59.2.

L'acte le plus grave que puisse commettre le dirigeant mortel envers moi est d'emmener les demoiselles pour les forcer au célibat.

17.59.3.

Que puis-je faire d'elles? Avancer vers le ciel? Retourner à la Terre?

17.60.1.

Alors Ahura Mazdā dit :

17.60.2.

Belle Ārti, toi que (moi,) le Dāmi[128], (j'ai) mise en place, n'avance pas vers le ciel! Ne retourne pas non plus à la Terre!

---

[127] Voir § 20.

[128] Ce nom du grand dieu, dérivé en *-mi-* de √ *dā* «placer», ne fait pas de lui un créateur, mais le présente comme étant celui qui mit chaque chose ou chaque être à sa place (voir Kellens 1989 : 217-228). Un autre de ses noms, θvarštar «différenciateur» (sur quoi Pirart 2003 : 168), qui est aussi

17.60.3.

Centre ainsi tes activités à l'intérieur de la belle maison[129] que l'exercice de l'influence rituelle m'a permis de construire[130] !

[Le sacrifice modèle]

17.61.1.

(Ahura Mazdā dit encore :) Je vais t'offrir ce sacrifice, je vais procéder ainsi pour t'offrir le sacrifice : comme[131] le fit Vištāspa à se trouver au bord de la rivière Dātiyā, en élevant la voix à l'instant d'offrir la libation, restant debout derrière le barsman.

17.61.2.

(Le mazdéen dit / Vištāspa avait dit :) Je vais t'offrir ce sacrifice[132], je vais procéder ainsi pour t'offrir le sacrifice, toi, la belle Ārti que le Dāmi a mise en place.

---

celui d'un dieu annexe (cf. véd. *tváṣṭṛ*) ou même de tout le groupe des Amṛta Spanta, fait d'Ahura Mazdā le dieu qui résorba toute confusion ou tout chevauchement d'identités entre les êtres ou les choses pour configurer entre eux l'excellent agencement (ṛta).

[129] Si c'est Ahura Mazdā qui parle, cette maison qui est alors la sienne ne peut être que le Garah Dmāna «la maison du chant de bienvenue», le Paradis.

[130] Cette maison qui doit être le Garah Dmāna, sans doute est-elle métallique si c'est Xšaθra, l'influence que le sacrifice exerce sur les dieux, qui a permis de la construire : Xšaθra est le patron des métaux. Contre Hintze (2000 : 314) «für den Herrscher erbauten».

[131] Il est étonnant, pour autant que ce soit bien lui qui ait la parole, qu'Ahura Mazdā prenne exemple sur Vištāspa à l'instant d'offrir le sacrifice à la déesse et de rencontrer ses doléances, mais ceci paraît correspondre à la légende que rapportent le Dk 7.4.85 et la RPDD 47.13 : Vištāspa avait accepté d'embrasser la bonne religion en échange de la promesse que les dieux lui avaient faite qu'un fils immortel du nom de Piši-śyāuθna (Šn *bšvtn*) allait lui naître à offrir le sacrifice mazdéen aux déesses Ārti et Rāsanstāt.

[132] La répétition de ces quelques lignes reflète ou bien les paroles de Vištāspa, ou bien celles de n'importe quel mazdéen et donc aussi du récitant

17.61.3-7. (= 17.3)

[Formules conclusives du Yašt]

17.62.1.

[133]*Dire à voix basse :* Que le seigneur bienfaisant Ahura Mazdā apporte la multiplication de l'homme, de l'humanité et de toutes les espèces, l'adhésion des bons à ma bonne religion, la connaissance, la foi, la beauté! Qu'il en soit ainsi!

17.62.2. (= Y 27.13)

[134]L'(opinion) à laquelle (vous avez) à adhérer avec l'existence (rituelle) configure le modèle: sur base de R̥ta. (Dès

---

qui déclarent ainsi se conformer au modèle dont Vištāspa avait donné l'exemple et qu'Ahura Mazdā lui-même avait été le premier à observer.

[133] Rédigé en pāzand. Traduction inspirée de celle de Darmesteter 1892-1893 : *II* 341 (voir les notes du texte).

[134] Voir Pirart 2006 : 99 n. 150. Citation vieil-avestique. Cette strophe isolée (Y 27.13), d'interprétation controversée, reçoit le nom d'Ahuna Variya «(texte) dont l'incipit contient les mots ahū "au moyen de l'existence (rituelle)" et variyah "à choisir, (l'opinion) à laquelle il convient d'adhérer"». Son schéma prosodique est aussi celui de la première Gāθā (Y 28-34) qui, pour cette raison, porte le titre d'Ahunavatī Gāθā «l'hymne qui se trouve avec l'Ahuna». Les deux derniers vers, qui ne forment pas une même phrase avec le premier, explicitent les conditions d'application du plan divin et le but avec lequel il convient de réaliser ces dernières. Sur les versions dialoguées de l'Ahuna Variya, voir 17.0.19. Trad. phl. (voir aussi Williams 1990 : *I* 218 sqq. et *II* 105): ciyōn ahu° kāmag {ciyōn ohrmazd kāmag} ēdōn rat°īhā {ud ēdōn dastvarīhā} az aṣ̌aii°īh cēgām-iz-ēv {kār ud kirbag <ī> kardan ēdōn dastvarīhā kardan ciyōn ohrmazd abāyēd} ∴ ān-iz ī vahman dāšn andar kunišn ī ohrmazd {kū ān mēzd ud pādāšn ī ō vahman dahēnd ō ōy-iz ōh dahēnd ast kē ēdōn gōvēd ay xvad-iš vahman dahēd} ∴ xvadāyīh ō ohrmazd dād bavēd {˟kū-š ohrmazd abar tan ī xvēš xvadāy ud pādixšā kard bavēd} kē ō driyōšān dahēd vehīgān {ud parvarišn kū-šān ayārōmandīh ud jādag-gōvīh ˟kunēd ast kē ēdōn gōvēd kū xvadāyīh az ohrmazd kū-š ān pādixšāyīh az ohrmazd ast kē ēdōn gōvēd kū xvadāyīh ī ohrmazd ravāg kard bavēd} ∴ «Comme est le désir de l'Ahu(ra) {= Comme est le désir d'Ahura Mazdā}, ainsi sont les fonctions de Ratu {= ainsi sont les fonctions sacerdotales}: elles dépendent de la piété, peut-on dire. {Les bonnes actions qui sont à accomplir

lors,) exercez sur Ahura Mazdā (l'ascendant) et l'influence que, conjointement aux (paroles) et aux gestes, la pensée bonne donne à l'existence (rituelle) de façon que (cette influence) fasse de lui un pâtre au secours des indigents!

17.62.3.

Je propicie le sacrifice et le chant et la puissance et la rapidité de la Vahvī Ārti, de la Vahvī Arθayā, de la Vahvī Cisti, de la Vahvī Rāsanstāt, de Hvarnah et de Savah que Mazdā mit en place.

17.62.4. (= Y 27.14)

L'excellent (mot) se situe (dans le syntagme) «le bon Ṛta» (de Y 51.20b) (et l'exclamation) «À volonté!» se situe (dans le syntagme) «À volonté pour lui!» (de Y 43.1a), (syntagme dans lequel il est à comprendre) que l'excellent Ṛta est pour lui(-même).

---

le sont par les prêtres comme Ahura Mazdā l'exige}. Ce don de Vahu Manah se situe aussi dans l'action d'Ahura Mazdā {= Ce banquet et la rétribution qu'ils offrent à Vahu Manah, ils les offrent semblablement à lui aussi. Il y a qui dit ainsi : Vahu Manah s'offre lui-même}. La souveraineté fut donnée à Ahura Mazdā {= Ahura Mazdā fut fait le souverain et le gouverneur de son propre corps}, lui qui aux pauvres donne de bonnes choses {et de la nourriture = il leur vient en aide et prend leur défense. Il y a qui dit ainsi : La souveraineté vient d'Ahura Mazdā et le gouvernement lui vient d'Ahura Mazdā. Il y a qui dit ainsi : La souveraineté d'Ahura Mazdā fut faite effective}»; trad. scr. : || *yathā svāminaḥ kāmaḥ* | *kila yathāhurmajdābhilāṣaḥ* | *evam ādeśaḥ puṇyād yasmāt kasmāc cit* | *kila yat kiṁ cit kāryaṁ tasya tathādeśaḥ kartuṁ yathāhurmajdasya rocate* (Ny 1.10: *kila sarvaṁ kāryaṁ puṇyam evam ādeśaḥ kartuṁ yathāhurmajdasya kāmaḥ*) *nānyathā kiṁ viśiṣṭāt puṇyāt* || *uttamasya* [x]*dātir*[1] *manasaḥ karmaṇām antar bhuvane 'hurmajdasya* | *kila taṁ puṇyaprasādam uttamaṁ mana uttamaṁ mana iti gvahmano'maśāspanto dadāti tebhyo ye <santy> antas tasmin karmaṇi svāmitve ca yad ahurmajdasya rocate* || *rājyaṁ cāhurmajdāt tasya* | *kila tenāhurmajdaḥ svatano rājā kṛto bhavati* | *yo durbalebhyo dadāti pālanām* | *kila durbalānāṁ sāhāyyaṁ pālanaṁ ca karoti* ||. **Note :** [1]. Bharucha 1906.

17.62.5. (= Y 68.11)

Pour lui[135], la richesse et le hvarnah! Pour lui, la fermeté du corps[136]! Pour lui, le charme du corps! Pour lui, la défense du corps (sur le chemin de l'au-delà)! Pour lui, la doctrine sacrificielle qui apporte le bien-être à beaucoup (de r̥tavan)! Pour lui, la noble faculté de procréer! Pour lui, les moyens de vivre longtemps (= la vie éternelle)! Pour lui, l'excellente existence (= le paradis) des r̥tavan, lumineuse, avec laquelle tous (les r̥tavan) connaissent le bien-être!

17.62.6.

Puisse (Ahura Mazdā) venir ainsi que je le propitie!

17.62.7.

(Ce sont) mille remèdes, dix mille remèdes. ***ter***

17.62.8. (= Y 27.14)

L'excellent (mot) se situe (dans le syntagme) «le bon R̥ta» (de Y 51.20b) (et l'exclamation) «À volonté!» se situe (dans le syntagme) «À volonté pour lui!» (de Y 43.1a), (syntagme dans lequel il est à comprendre) que l'excellent R̥ta est pour lui(-même). ***ter***

17.62.9.

Viens à mon aide, Mazdā! ***ter***

17.62.10.

[137]Je fais de bonnes œuvres, méritoires, afin de racheter mes crimes et par amour de l'harmonie de mon âme. Et puissent me parvenir à la perfection toutes les bonnes œuvres des bons des sept secteurs de la Terre, d'aussi loin que s'étende la Terre, que coulent les rivières et que monte le Soleil!

17.62.11.

[138]Sois r̥tavan! Vis longtemps!

17.62.12.

(Sacrifice offert) à Ama, le bien forgé et bien développé, à Vr̥θragna Ahuradāta et à Vanantī Uparatāt. Et (sacrifice

---

[135] Pour l'âme de l'homme?

[136] Ou: «la santé de la personne».

[137] Rédigé en pāzand. Corriger ainsi la traduction que j'ai donnée 2006 : 100.

[138] Rédigé en pāzand.

offert) à Rāman[139] qui possède bon fourrage, à Vāyu auteur de prouesses incomparables, lui que ne peuvent atteindre les dāman (de l')autre (parti) (= les entités et les êtres qui appartiennent à Ahra Manyu) — Il est ici question de ce qui en toi, Vāyu, appartient à Spanta Manyu —, à Θvarta[140] qui se mit en place de lui-même, à Zarvan[141] qui n'a pas de limites et se mit en place de lui-même tout au long.

17.62.13. (= Y 27.14)

L'excellent (mot) se situe (dans le syntagme) «le bon Ṛta» (de Y 51.20b) (et l'exclamation) «À volonté!» se situe (dans le syntagme) «À volonté pour lui!» (de Y 43.1a), (syntagme dans lequel il est à comprendre) que l'excellent Ṛta est pour lui(-même).

---

[139] Le dieu Rāman Huvāstra «le calme qu'accompagne le bon fourrage», l'un des acolytes de Miθra, est mal connu. Les livres pehlevis l'assimilent au bon Vāyu avec lequel il patronne le 21e jour du mois. Les dieux mentionnés dans la suite de ce paragraphe sont leurs associés, mais, pour l'Avesta, Vāyu, l'espace libre, est ambigu : tout à la fois bon d'un côté (espace diurne) et mauvais d'un autre (espace nocturne), d'où l'incise précisant que le sacrifice n'honore que ce qui en lui relève de Spanta Manyu. Les livres pehlevis vont jusqu'à distinguer un dieu d'un démon du même nom.

[140] La roue du firmament.

[141] Sur Zarvan, le dieu Temps, voir Pirart 2003 : 143-173.

ĀRD YAŠT (Yt 17)
Édition critique du texte

[1]Ārd Yašt

17.0.0.
[2]*ch'ldhvm plglt*
[×]*'hlyšvng ysn*
pltvm kltk bvn ∴

17.0.1. (= Y 0.0, Yt 1.0.1, etc.)
[3]*pa nąm i yazdą* ∴
17.0.2. (= 1.0.2, etc.)
[4]*hōrməzd i* [+]*xᵛadāe i aβazūnī* [V] *gurz* <*u*> *xᵛarahe aβazāiiāṯ* ∴
17.0.3.
[5]*mainiiō* [×]*aršašauuaŋg*[6] *bə̄ rasāṯ* ∴

---

[1] Ce titre (*'lṯ yšṯ*) figure dans Ml2.

[2] Rédigé en pehlevi. Transcription interprétative : cahārdahom fragard aši̧š.vaŋh° yasn fradom kardag bun ∴. J10 donne un titre en pāzand : *araša.saŋg.yašt*. Voir la note concernant 17.0.3 [×]*aršašauuaŋg*. ◘ *'lššvng* G, F1, E1. ◘ *yst* G.

[3] Les mss. abrègent considérablement les formules préliminaires : F1, le plus important d'entre eux, par exemple, ne donne que 17.0.17. Les phrases 17.0.1-4 sont rédigées en pāzand. ◘ Celle-ci continue un pehlevi **pad nām ī yazadān ∴.

[4] Ceci continue un pehlevi **ohrmazd ī xvadāy ī abzōnīg varz ud xvarrah abzāyād ∴. ◘ G *xᵛadae*.

[5] Ceci continue un pehlevi ***mynvd 'hlyšvng BRA ls't* (mainiiaoii° aši̧š.vaŋh° be rasād). Avec cette transcription, je présume que *mynvd* reproduit ici l'avestique *mainiiaoiia-* (lo. manyaviya-, °ā-), mais au sens de l'avestique *mainiiəuuī-* fém. de *mainiiauua-* (lo. mānyava-, °ī-).

[6] *aršasaŋg* G, F1; *arša.šauuaŋg* J10. ◘ Les déformations pāzand du nom de la déesse jusqu'ici n'ont pas reçu d'explication satisfaisante qui nous permette de départager les leçons mamuscrites. Je constate pourtant que la leçon fautive que F1 et E1 transmettent de son nom pehlevi, *'lššvng*, conduit à

17.0.4. (= Yt 1.0.4, etc.)

[7]*əž hamā gunāh patit <u> pašəmąnōm .·. əž haravistīn dušmat <u> dužūxt <u> dužvarəšt* V †*mən pa gəθī minīṯ* †*vaem guft* †*vaem kard* V †*vaem jast* †*vaem bun būṯ əstəṯ {əž ą gunāhihā <i> manišnī <u> gaβəšnī <u> kunišnī} <i> tanī <u> ruuąnī {<i pa> gəθī <u> mainiiuąn[ī] ōxe} aβaxš <u> pašəmą pa sə gaβəšnī pa patit hōm* °₀°

17.0.5. (= Y 0.14.1, Yt 1.0.5, etc.) [P]

[8]*xšnaoθra ahurahe mazdå* V +*tarō.dīti*[9] *aŋrahe mainiiəuš*[10] .·.

---

^×*aršašauuaŋg*, la forme pāzand dont doivent témoigner F1 et J10. Dès lors, il faut admettre que les textes pāzand ont été rédigés à une époque où l'erreur manuscrite pehlevie se fût déjà figée (voir aussi ZA 26.96 au § 28). Cette erreur pourrait n'être que l'inversion des signes °*h*° et °*ly*° de ^× *'hlyšvng* : en effet, la réunion des signes *y* et *h* dans *'lyhšvng* pouvait aboutir à *'lššvng* par similitude de ductus.

[7] Ceci continue phl. **az hamāg vināh paitīt° ud pašēmān ham .·. az harvispīn dušmat° ud dužūxt° ud dužuuarəšt° ī-m pad gaēiθi°īh menīd ud guft ud kard ud jast ud bun būd estēd {az ān vināhīhā ī menišnīg ud gōvišnīg ud kunišnīg} ī tanīg ud ruvānīg {ī pad gaēθ°īg ud mainiiaoii°ān axv} abaxš ud pašēmān pad se gōvišnīg pad paitīt° ham °₀°. Trad. scr. : *amīṣāṁ sarveṣāṁ pāpānāṁ paścāttapto'ham | etat samastaṁ durmataṁ duruktaṁ duṣkṛtaṁ mayā pṛthivyāṁ cintitam | purato yuṣmākam uttamānām | manasā vacasā karmaṇā | tanvavasthāyām ātmāvasthāyām | pṛthivyāṁ paraloke ca |* †*svāmini vyāvṛtya paścāttāpena | triprakāriṇyā girā paścāttapto'smi* || ou *sarvebhyaḥ / samastebhyaḥ pāpebhyaḥ paścāttapto vyāvṛtto'ham | samastebhyo durmatebhyo duruktebhyo duḥ/ṣkṛtebhyo yāni (pāpāni) mayā pṛthivyāṁ (vi)cintitāni mayoktāni mayā kṛtāni (yāni) mayā prāptāni (mama mūlāni) mama mūlāt saṁbhūtāni santi tebhyaḥ pāpebhyaḥ (| purato yuṣmākam uttamānām |) manasā vacasā karmaṇā ca | tanunātmanā | ihalokatayā paralokatayā ca | svāmin* (voc.) *vyāvṛttaḥ paścāttāpena | triprakāriṇyā girā paścāttapto'ham / tisṛbhir vāgbhiḥ paścāttāpenāsmi* ||. Sur les variations de la traduction sanscrite, Bharucha 1906 : 2 et 34.

[8] Trad. phl. : šnāyēnīdārīh ī ohrmazd <ud> tardahišnīh <ī> gannāg mainiiu°; trad. scr. : *satkāraye svāminaṁ mahājñāninam | kila sānandaṁ karomi | kṣīṇayāmy āharmanam.*

[9] **Pour Yt 1.0.5 :** *tarōidīti* G, Mf3; *tarōi.dīti* K36, Pd; *tarō.dīti* L18. **Pour Y 0.14.1 :** *tarōidīte* G, K5, Pt4; *tarōidīti* Mf1; J2 *dīti*, pr. m. corrected to °*te*; Mf2 originally *tarōidaiti* corrected to *tarōidīti*; *taraōidaitē* K4; *tarōiδīte*

17.0.6. (= Y 50.11dd', 0.14.2, 65.14.2, Yt 1.0.6, etc.)[G]

[11]+*haiθiiā* +*varəštąm*[12] *hiiaṯ*[13] *vasnā* ×*fərašō.təməm*[14] .·.

17.0.7. (= Y 11.17, Yt 1.0.7, etc.) [P]

[15]+*fərastuiiē*[16] V *humatōibiiascā hūxtōibiiascā* +*huuarəštōibiiascā*[17] V *mąθβōibiiascā vaxəθβōibiiascā*[18] +*varəštuuōibiiascā*[19] .·. *aibigairiiā*[20] *daiθē*[21]

L2.3, P1; *tarōi.δīti* J1; *tarō.dīti* M2. ◘ C'est l'instr. sg. du dérivé en *-ti-* de *tarō*+√ *dā* (véd. *tiró DHĀ*) «faire échapper, dissimuler, frustrer» (contre Insler, Lg 47, 1971, 578 sq.). La graphie de lo. tarah-dātī s'explique par une fermeture sévère (type °*jīti-* = v.-av. °*jiiāiti-*) et l'épenthèse consécutive. Celle-ci reste incertaine, la leçon *tarō.dīti* étant tout aussi légitime, le tout étant de savoir si l'on part de l'analyse tarah-dātī (> *tarō.dīti*) ou du sandhi taradātī (> *tarōidīti*). Cependant, pour cette seconde alternative, **taraiδīti* serait mieux attendu. J'opte donc pour la première.

[10] **Pour Yt 1.0.5 :** *mainiiəuš* G. **Pour Y 0.14.1 :** *mainiiəuš* G, K5, Mf1; *maniiəuš* J2, Mf2.

[11] Les traductions médiévales restent con-fuses: phl. : ciyōn āškārag-varzīdārān xvāhišn kē kāmag frāzdom «le désir qui est aussi éminent que l'est le souhait de ceux qui agissent clairement» (rendu conjectural); scr. : *yathā prakaṭakarmiṇāṁ yo'bhilāṣaḥ prakṛṣṭataro'pāpānām* «Comme est le souhait éminent des innocents aux pratiques éminentes» (rendu conjectural).

[12] **Pour Y 50.11 :** Kellens & Pirart (1988-1991 : *III* 246), d'après K5.4, J3.6.7, Jp1, H1, Jm1, L13, S2; contre *haiθiiāuuarəštąm* G, J2, Pt4, Mf1; *haiθiiāuuarštąm* L2.3, O2, Dh1. **Pour Y 65.14.2 :** *haiθiiāuuarəštąm* G, Pt4, Mf1, Jp1, K4.36, Pd, L3; *haiθiiāuuarštąm* J2, K5, L2; *haiθiiā.varəštąm* J7, L13.1, S2. **Pour Y 0.14.2 :** *haiθiiāuuarštąm* G, K5, Pt4; *varštąm* J2; *varəštąm* Mf1, K4.

[13] **Pour Y 50.11 :** K5; *yaṯ* J2. **Pour Y 65.14.2 :** K5, Mf1, Jp1; *yaṯ* J2, Pt4. **Pour Y 0.14.2 :** Pt4, Mf1.2, K4; *yaṯ* K5; J2 originally *hiiaṯ*, corrected to *yaṯ*.

[14] **Pour Y 50.11 :** *fəraṣ̌ōtəməm* G, K5, Jp1, J6, H1, Jm1, P6, S2; *fərašaotəməm* J7; *fərəšaotəməm* L13; *fərṣ̌ōtəməm* J3; *frašōtəməm* Pt4, Mf1, J11, Dh1, Ml1, L1.2; *frišaōtəməm* J2. **Pour Y 65.14.2 :** *fəraṣ̌ōtəməm* G, K5, H1, J7, P6, L2; *fərašōtəməm* Pt4, Mf1.3, Jp1, K4, Pd; *frašaotəməm* J2. **Pour Y 0.14.2 :** *fəraṣ̌ōtəməm* G, J2; *frašōtəməm* Pt4, Mf1; K5 defective. ◘ Je rétablis le point séparateur puisque l'aménagement en °*ō* suppose l'analyse. Emploi factice de °*ṣ̌*° pour °xš° (cf. Hérodote *Prēxáspēs* < lo. fraxša-aspa-).

[15] Trad. phl. : frāz stāyam humat° ud hūxt° ud huuaršt° pad menišn ud gōvišn ud kunišn °o° be gīrišnīh daham harvisp humat° ud hūxt° ud huuaršt° {kū kirbag kunam} °o° be hilišnīh daham harvisp dušmat° ud dužūxt° ud dužuuaršt° {kū vināh nē kunam} °o° «Je fais la promotion de la pensée bonne, de la parole bonne et du geste bon en pensée, en parole ou en acte. Je n'hésite pas à adopter toute pensée bonne, toute parole bonne et tout geste bon {= je pratique la vertu}. Je n'hésite pas à rejeter toute pensée mauvaise, toute parole mauvaise et tout geste mauvais {= je ne pratique pas le crime}»; trad. scr. : *prakr̥ṣṭataraṁ staumi sumatāni ca sūktāni ca sukr̥tāni ca | manasā ca vacasā ca karmaṇā ca | adhikaṁ grahaṇaṁ karomi samastānāṁ sumatānāṁ sūktānāṁ sukr̥tānāṁ ca | parityāgaṁ karomi samastānāṁ durmatānāṁ duruktānāṁ duḥkr̥tānāṁ ca.*

[16] **Pour Y 11.17 :** avec H1, J7, P6, K11, contre *frastuiiē* G, Mf1, K4, L13, F2; *frastuiie* J2, K5, Mf2; *fərastuiie* S1; *frəstuiiē* J3. ◘ Sur la diathèse, Kellens 1984 : 31. Si +*fərastuiiē* est la 1e sg. de l'indicatif prés. moy. (voir Kellens 1984 : 92, mais ceci n'est pas repris 93 et 210) de *frā*+√ *stu* «se louanger pour que *dat.* soit *dat. de l'adj. verbal d'obligation*, s'engager à» (contre Kellens, JA 284, 1996, 106; 2004 : 285, qui prend les formes en °*biiascā* pour des instr.), lo. fra-stavai (ou fra-stuvai ?), il y a conflit graphique : le préverbe présenterait une orthographe de type vieil-avestique (mais les mss. ne sont pas unanimes) tandis que le reste suivrait la norme orthographique de l'avestique récent (amuïssement de °a°, comme dans *aŋ^{v}he* < ahavai datif de *aŋhu-* [e. g. 8.15.4b], et traitement de °vai comme dans *duiie* < lo. dvai [véd. *dvé*] «deux» [acc. fém., e. g. 8.11j] au lieu de °*auuōi* comme dans v.-av. *yauuōi* «à jamais», ou bien traitement de °uvai comme dans Y 19.10 °*mruiiē* < lo. -mruvai [voir Kellens 1984 : 210]). Et un alignement (fautif ?) avec 17.0.8a *fərā* serait alors à envisager. Cependant, cette analyse n'est pas la seule possible : +*fərastuiiē* pourrait tout aussi bien représenter la 1e sg. de l'optatif prés. moy., lo. frastuvīya, mais, contextuellement, cela me paraît moins heureux puisque, dans ce cas, la traduction serait «Puissé-je m'engager ...!», le sens votif étant le seul possible à la première personne (voir Kellens 1984 : 248 sqq.). Sur ce qu'il faut entendre par graphie de type vieil-avestique et graphie de type avestique récent, voir Pirart 2004 : 29 sq.

[17] En harmonie avec Kellens & Pirart 1988-1991 : *II* 333, contre *huuarštōibiiascā* G. **Pour Y 11.17 :** avec J2, Pt4, K4.20, S1, contre *huuarštōibiiascā* G, Mf2.

[18] **Pour Y 11.17 :** G, J2.3, K5, S1, F2; *vaxəδuuōibiiascā* K20.

V vīspā humatācā hūxtācā +huuarəštācā[22] ∴ paitiriciiā[23] daiθē V vīspā dušmatācā dužūxtācā +dužuuarəštācā[24] ∴

17.0.8. (= Y 11.18, Yt 1.0.8, etc.; cf. Y 33.14a') [P + G]

[25]*fərā*[26] *vā rāhī*[27] *aməṣ̌ā spəṇtā* V *yasnəmcā vahməmcā* [*fərā*][28] *manaŋhā* V *fərā vacaŋhā fərā śiiaoθanā*[29] V *fərā aŋhuiiā*[30] [*fərā*][31] *tanuuascīṭ*[32] *x*ᵛ*aẋiiā̊ uštanəm* ∴

---

[19] **Pour Y 11.17 :** avec J3, F2, contre *varštuuōibiiascā* G, Mf2; *varəštōibiiascā* J2, K5.20, P11; S1 defective.

[20] **Pour Y 11.17 :** G, J3, Pt4, S1, Mf2; *aibi.gairiiā* F2; *aiβigairiiā* K5.20; *aiβigairiia* J2. ◘ *aibigairiia-* «qu'il faut adopter» (cf. véd. *abhigará-*) est, avec de Harlez (Beiträge zur Kunde der indogermanischen Sprachen 25, 1899, 189-190; Kellens 1974 : 21 sqq.; 2004 : 287; voir Mayrhofer 1986-2001 : *I* 468), l'adjectif verbal en -iya- tiré de *aibī*+√ *gar* (véd. *abhí GṜ*) sur degré fléchi de la racine. Apparenté à DB 1.21 ā-gariya- (voir Pirart, IIJ 45, 2002, 141 n. 101). Orthographe vieil-avestique de lo. abigariyā. Pour le correspondant du védique *abhí*, la graphie *aibī* et ses variantes *aibi* ou *aiβi* (e. g. 17.15.1b, 17.25.3a) sont du type v.-av. tandis que *auui* et ses variantes *aouui* ou *aoi* (e. g. 17.34.5d) sont du type av. réc. Les deux types peuvent ainsi présenter chacun divers degrés de négligence articulatoire.

[21] **Pour Y 11.17 :** G, F2; *daiθe* J2. ◘ Emploi de √ ¹*dā* moyen + 2 acc. au sens n° 6 de Kellens & Pirart 1988-1991 : *II* 256 («considérer que *acc.* est son *acc.*»). Orthographe récente de lo. dadai. Ce cas de figure du voisinage immédiat de deux types de graphie est attesté aussi dans les Gāθā elles-mêmes.

[22] **Pour Y 11.17 :** avec K5, S1, F2, contre *huuarštācā* G, J2, Pt4, Mf2.

[23] **Pour Y 11.17 :** G; *paiti.riciiā* J2, S1; *paitiricā* Mf2; *paitī.riciiā* Pt4, F2; *paitīriciiā* K36. ◘ Lo. pati-raiciyā, puisque c'est l'adjectif verbal d'obligation.

[24] **Pour Y 11.17 :** J2.3, Mf2, F2, contre *dužuuarštācā* G, K5, Pt4.

[25] Trad. phl. frāz ō ašmā rādēnam kē aməš°spandān ∴ yazišn āšnāg ud niyāyišn ud usəfrit° ∴ frāz pad menišn ud frāz pad gōvišn ud frāz pad kunišn ud frāz pad axv ī menišnīg ud frāz pad tan ud ān-iz ī xvēš gyān {kū tan pad xvēšīh ī ašmā dārēm pad xvēšīh ī ašmā dāštan ēd kū agar-im tan ruvān rāy be abāyēd dādan be daham} ∴ «Je vous adresse, ô Amṛta Spanta, moi qui m'y connais, le sacrifice, la prière et l'offrande, par la pensée, par la parole, par le geste, par l'existence mentale, par la tanū et le propre uštāna aussi {= je tiens ma tanū à votre disposition quand elle est à tenir à votre disposition : s'il vient

17.0.9. (= Y 11.19.1, Yt 1.0.9, etc.) [P]

[33]×*stāumī*[34] *aṣ̌əm* ∴

à être nécessaire pour le ruvan de donner ma tanū, je n'hésiterai pas à (la) donner}»; trad. scr.: *prakṛṣṭaṁ yuṣmabhyaṁ dakṣiṇayāmi | kila dakṣiṇīkaromi | he amiśāspintā ijisniṁ ca namaskṛtiṁ ca | prakṛṣṭena manasā prakṛṣṭena vacasā prakṛṣṭena karmaṇā prakṛṣṭenohena | kila prajñānveṣaṇena | prakṛṣṭaṁ tanuś ca nijaṁ ca jīvam | kila svādhīnatayā yuṣmākaṁ dhārayāmi svādhīnatayā yuṣmākaṁ dhāraṇam evaṁ kila yadi tanur ātmārthe dātuṁ yogyaṁ tad viśeṣeṇa dadāmi* ||.

[26] **Pour Y 11.18 :** J2, Pt4, K36, S1, Mf2; *frā* J3.

[27] **Pour Y 11.18 :** Pt4, J3, S1; *vī.rā.hī* J2; *vīrāhī* Mf2, K36, F2; *və.rāhe* K5. ▫ le sg. inj. aor. sigm. moy. de √*frā*+√ *rā* (voir Kellens 1984 : 367, 370, 376, 380). Sur la diathèse, Kellens 1984 : 30. Cas de coïncidence (Kellens & Pirart 1988-1991 : *II* 69 sq.).

[28] Logiquement.

[29] **Pour Y 11.18 :** J2.3, K20.36, F2; *śiiaoθnā* Pt4, Mf2.

[30] **Pour Y 11.18 :** Mf2; *aŋhāiiā* J2.3, Pt4; *aŋhåiiā* K5, F2; *aŋhåiiå* K36, S1. ▫ Instrumental haplologique de *aŋhuiiā-*. Il est possible que le substantif *aŋᵛhā-* fém., «réflexion» (cf. Kellens 1975 : 25: «intention») et «cycle de la vie» (Hoffmann 1975-1992 : 596; voir Mayrhofer 1986-2001 : *I* 147), tout au moins pour le premier sens, ne soit pas distinct de *aŋhuiiā-* fém. (véd. *asūyā́-*) «qualité de qui recherche l'existence rituelle», abstrait tiré de l'adjectif formé sur le dénominatif en +ya- de *aŋhu-* (voir Mayrhofer 1986-2001 : *I* 147 et 148).

[31] Le caractère interpolé de ce *fərā* est incertain. Tout dépend du statut qu'il faut accorder à l'hémistiche gâthique: est-il réutilisé (Tremblay, sous presse) ou est-il cité (B)? Dans la première alternative, qui se défendra sur base de l'écho que *rāhī* offre de Y 33.14a *aṯ rātąm* ..., seul *aŋhuiiā* est à coordonner au moyen de la répétition du préverbe *fərā*; dans la seconde, la citation, à valoir un instrumental, doit être précédée de *fərā* : voir la note concernant la traduction.

[32] **Pour Y 11.18 :** *tanu.vascīṯ* Mf2; °*cīṯ* J2, K5, S1; *ciṯ* J3, Pt4.

[33] Trad. phl.: stāyam aṣ̌aii°īh; trad. scr.: *staumi puṇyam*. Il est à remarquer que la traduction pehlevie usuelle de *aṣ̌a-* recourt à son dérivé *aṣ̌aiiā-* (véd. *ṛtayā́-*) «recherche de l'harmonie, piété» dont elle aménage le suffixe : *'hl'dyh* (aṣ̌aii°īh). Lo. ṛta- n'a donc plus de reflet direct en pehlevi si ce n'est dans *'rtvhšt*| (manichéen *'rdyvhyšt*) «Ṛta Vahišta».

17.0.10. (= Y 27.14, G 1.1.2, Yt 1.0.10, etc.) [P]

[35]*aṣ̌əm vohū vahištəm astī* V *uštā astī uštā ahmāi* V *hiiat̰ aṣ̌āi vahištāi aṣ̌əm* ° *si bār* ° ∴

17.0.11. (= Y 11.16.2, G 1.1.3, Yt 1.0.11, etc.) [P]

[36]×*frauuaraine*[37] V *mazdaiiasnō zaraθuštriš*[38] V *vīdaēuuō ahura.t̰kaēšō*

---

[34] **Pour Y 11.19.1 :** *staomī* G, Mf1.2, F2; *staomi* J2.3.6.7, K5.4, Pt4, S1, H1, L13; *stāumi* K20. ▫ Sur le degré radical, Kellens 1984 : 93 n. 4.

[35] Les traductions médiévales du Y 27.14 restent assez confuses: phl.[1] aṣ̌aii°īh ābādīh ī pahlom ast {kū hambār ēn veh ī[2] kār ud kirbag ī pad frārōnīh} ∴ nēk ast {ēn kār ud kirbag} nēk ōy ∴ kē az ān ōy nēkīh ī kadār-iz-ēv {kū kadār-iz-ēv az nēkīh ī ōy nēkīh} «Piété est excellente prospérité {= l'accumulation est ce qui est bon dans les bonnes actions accomplies avec honnêteté}. C'est beau {ce sont les bonnes actions}. Beau est celui dont provient la beauté de tout autre {= à tout autre de sa beauté arrive la beauté}» (trad. conjecturale); scr. *puṇyasamṛddhir utkṛṣṭatarā* | *atyuttamā* | *asti* | *samṛddhir ekaiva puṇyasyottamā* | *yato yā kā cic chubhā samṛddhir* ×*vāñchyate*[3] *sā sarvāpi puṇyamadhye'sti* || *śobhanam asti* | *kila tat puṇyam eva śobhanam asti* | *śobhanaḥ* | *kila saḥ śobhanaḥ sundararūpaḥ* | *asau* || *yaḥ puṇyapracārayitā* | *kila yaḥ puṇyaṁ pravartamānaṁ karoti* | *ataḥ paraḥ punyaḥ* | *kila svayaṁ cātyutkṛṣṭapuṇyakārī* || «L'abondance de la vertu est éminente {= excellente}. {La seule abondance de la vertu est bonne. Car toute belle abondance qui est recherchée se trouve bien complètement au centre de la vertu}. C'est beau {= la vertu est ce qui est beau}. Beau {Qui est beau a de jolies formes} est celui-là qui fait pratiquer la vertu {= qui fait exister la vertu}. Le vertueux est alors un autre {= lui-même est donc un promoteur insigne de la vertu}» (trad. conjecturale). **Notes :** [1]. Voir aussi RPDD 57.2 chez Williams 1990 : *I* 200-201; *II* 94 et 252. Je place ∴ entre les groupes correspondant aux lignes avestiques. ||| [2]. Williams, qui ne restitue pas cette eżāfe, fait des mots qui suivent une apposition à hambār. ||| [3]. Bharucha 1906.

[36] Les variantes existant pour ces lignes sont négligeables: voir G pour Y 1.23. Trad. phl.: franāmēm māzdesnīh ī zarduxšt {kū andarag ī vattarān gōvam} jud-dēv {kū-š dēv abāg nēst} ohrmazd-dādestān {kū-š dādestān ān ī ohrmazd} «Je propage le mazdéisme zoroastrien {= Je dis parmi les mauvais} de qui les Daiva sont écartés {= que les Daiva n'accompagnent pas} et qui possède les lois d'Ahura Mazdā {= de qui les lois sont celles d'Ahura Mazdā}»; trad. scr. *prabravīmi mājdaïasnīṁ jarathuśtriyāṁ vibhinnadevāṁ hormijdanyāyavatīm* | *kila madhye pāpakarmaṇāṁ bravīmi* «Je proclame le

17.0.12. (= G 1.1.4, Yt 1.0.12, etc.) [P]

[39]*hāuuanəe*[40] V *aṣ̌aone aṣ̌ahe raθβe* V *yasnāica vahmāica xšnaoθrāica frasastaiiaēca* ∴ *sāuuaŋhəe*[41] *vīsiiāica* V *aṣ̌aone aṣ̌ahe raθβe* V *yasnāica vahmāica xšnaoθrāica frasastaiiaēca* ∴

17.0.13. (= G 2.1.4, Yt 1.0.13, etc.) [P]

rapiθβināi[42] V *aṣ̌aone aṣ̌ahe raθβe* V *yasnāica vahmāica xšnaoθrāica frasastaiiaēca* ∴ *frādaṯ.fšauue*[43] *zaṇtumāica*[44] V *aṣ̌aone aṣ̌ahe raθβe* V *yasnāica vahmāica xšnaoθrāica frasastaiiaēca* ∴

---

mazdéisme zoroastrien dont les Daiva sont écartés et qui comporte un exposé d'Ahura Mazdā {je fais cette proclamation parmi les impies}».

[37] G *frauuarāne*. ◘ La graphie de lo. fra-vṛnai. (1e sg. indic. prés. moy. de *frā*+√ *var*) que G édite vient de la conversion graphique de °*ai*° en °*ā*° par ligature. La représentation de °ṛ° par °*ara*° est d'un type attendu pour les textes v.-av. (voir Kellens & Pirart 1988-1991 : *I* 77). Il s'agit donc, à mes yeux, d'un indicatif présent marquant le cas de coïncidence, contre Kellens (1984 : 354, 360, 375, 384) pour qui c'est un subj. aor. exprimant le futur d'intention.

[38] *zaraθuštri-* (lo. zāradu̇štri-) est le dérivé de *zaraθuštra-* par vṛddhi de la syllabe initiale et thématisation en °*i*-, mais la vṛddhi reste invisible lorsque le mot est tétrasyllabique et que la syllabe initiale est ouverte.

[39] Les variantes existant pour ces lignes et les suivantes sont négligeables. Trad. phl. : hāvan° ī aṣ̌auu° ī aṣ̌aii°īh rat° pad yazišn ud niyāyišn ud šnāyēnīdārīh ud frāz-āfrīgānīh sāuuaŋh° ud vis-iz ī aṣ̌auu° ī aṣ̌aii°īh rat° pad yazišn ud niyāyišn ud šnāyēnīdārīh ud frāz-āfrīgānīh; trad. scr. : *hāüana-nāmnyāḥ prātaḥsaṁdhyāyāḥ puṇyātmakāyāḥ puṇyagurvyā ārādhanāya namaskaraṇāya mānanāya prakāśanāya* | *sāüaṁghanāmnī* | *samaṁ hāüana-saṁdhyayaikakāryiṇī yā paśuyūthānāṁ vṛddhikāriṇī* | *vīsināmnī ca tasyāḥ puṇyātmakāyāḥ puṇyagurvyā ārādhanāya namaskaraṇāya mānanāya prakā-śanāya* | «Pour rendre un culte, rendre hommage, vénérer et respecter Hāvani, le génie du crépuscule du matin qui est vertueuse manifestation de la vertu. Sāvahi, l'associé de Hāvani pour la multiplication des troupeaux de bestiaux, et Visiya, pour rendre un culte, rendre hommage, vénérer et respecter ce(s) vertueuse(s) manifestation(s) de la vertu».

[40] *hāuuani-* (lo. hāvani-) est le dérivé de **hauuana-* (véd. *sávana-*) nt. «pressurage» par vṛddhi de la syllabe initiale et thématisation en °*i*-.

[41] *sāuuahi-* (lo. sāvahi-) est le dérivé de **sauuaŋha-* «?» par vṛddhi de la syllabe initiale et thématisation en °*i*-.

17.0.14. (= G 3.1.4, Yt 1.0.14, etc.) [P]

uzaiieirinai[45] V *aṣ̌aone aṣ̌ahe raθβe* V *yasnāica vahmāica xšnaoθrāica frasastaiiaēca* .·. *frādaṭ.vīrāi*[46] *daxiiumāica*[47] V *aṣ̌aone aṣ̌ahe raθβe* V *yasnāica vahmāica xšnaoθrāica frasastaiiaēca* .·.

17.0.15. (= G 4.1.4, Yt 1.0.15, etc.) [P]

aiβisrūθrimāi aibigaiiāi[48] V *aṣ̌aone aṣ̌ahe raθβe* V *yasnāica vahmāica xšnaoθrāica frasastaiiaēca* .·. *frādaṭ.vīspąm.hujiiātəe*[49] ×*zaraθuštrō.təmāica*[50] V *aṣ̌aone aṣ̌ahe raθβe* V *yasnāica vahmāica xšnaoθrāica frasastaiiaēca* .·.

---

[42] *rapiθβina-* (lo. rāpiθvina-) est le dérivé de *rapiθβin-* «qui comprend le temps de midi» (voir Pirart 2004 : 267) par vṛddhi de la syllabe initiale et thématisation en °*a-*, mais la vṛddhi reste invisible lorsque le mot est tétrasyllabique et que la syllabe initiale est ouverte.

[43] *frādaṭ.fšu-* (lo. frādat-fšu-) «qui augmente le bétail» est le composé de la forme compositionnelle de √ *frād* (du même type que dans véd. *kṣayádvīra-* ou dans grec *pheréoikos*) et de celle de *pasu-* (védique *paśú-* :: +*kṣu-*).

[44] *zaṇtuma-* (lo. zantuma-) est le dérivé en +*ma-* de *zaṇtu-* masc. «tribu». Voir Kellens, JA 284, 1996, 65 n. 24.

[45] *uzaiieirina-* (lo. āuzayarina-) est le dérivé de **uzaiieirin-* «?» (dérivé en *-in-* d'un composé mal expliqué du préverbe *us* et de *aiian-* nt. «le jour») par vṛddhi de la syllabe initiale et thématisation en °*a-*, mais la vṛddhi reste invisible lorsque le mot est au moins tétrasyllabique et que la syllabe initiale est ouverte.

[46] *frādaṭ.vīra-* (lo. frādat-vīra-) «qui augmente le nombre de héros» est le composé de la forme compositionnelle de √ *frād* et de *vīra-* masc. «qui s'occupe (du bétail), qui suit (le bétail pour le défendre), enfant mâle, héros».

[47] *daxiiuma-* (lo. dahyuma-) est le dérivé en +*ma-* de *daŋ́hu-* fém. «nation».

[48] Le nom du génie qui préside à la dernière des parties du jour, celle qui va de l'apparition des étoiles à minuit, *aiβisrūθrima- aibigaiia-* (lo. abisruθrima- abigāya-), est fait de deux mots. Le premier est le dérivé en *-θrima-* (véd. *-trí̄ma-*) de *aiβi*+√ *sru* (scr. *abhí ŚRU*) «écouter» et le second le participe en °*a-* du divādi de *aiβi*+√ *gā* (véd. *abhí GĀ*) «adresser le chant» (contre les explications des livres pehlevis qui veulent y reconnaître *gaiia-* «vie»). Selon Hintze (2003 : 143 sqq.), c'est «the time of chanting characterized by attentive listening». Voir Kellens, JA 284, 1996, 67 n. 25. La succession figée des deux

17.0.16. (= G 5.1.4, Yt 1.0.16, etc.) [P]

ušahināi V *aṣ̌aone aṣ̌ahe raθβe* V *yasnāica vahmāica xšnaoθrāica frasastaiiaēca* ∴ *bərəjiiāi*[51] *nmāṅiiāica* V *aṣ̌aone aṣ̌ahe raθβe* V *yasnāica vahmāica xšnaoθrāica frasastaiiaēca* ∴.

17.0.17. (= S 1.25.1) [P]

a. [52]*aṣ̌ōiš vaŋhuiiå* (= 17.62.3c; cf. Y 1.14.3a, 3.16.2a, 4.19.2a, 22.16.2a)

b. *cistōiš vaŋhuiiå* (= 17.62.3d, Y 1.14.3b, 3.16.2b, 4.19.2b, 22.16.2b)

c. ×*arəθə̄e*[53] *vaŋhuiiå* (= 17.62.3e, Y 1.14.3c, 3.16.2c, 4.19.2c, 22.16.2c)

---

graphies *aiβi*° et *aibi*° (voir la note concernant 17.0.7d *aibigairiiā*) est à remarquer.

[49] D'après G pour Y 1.6.2, contre *frādat̰.vīspąm.hujiiāitə̄e* G pour G 4.1.4. ▫ Mis pour lo. frādat-vispāhu-jyāti- «qui favorise le (droit qu'a le prêtre) de vivre dans toutes (les nations)».

[50] *zaraθuštrōtəmāica* G. ▫ Sur l'emploi de +tama- sur substantif, Pirart 1995-2000 : *I* 369.

[51] Participe en °*a*- de √ *barj* :: *bərəjaiia*-? Kellens (JA 284, 1996, 67 n. 25) préfère y reconnaître l'adjectif verbal d'obligation.

[52] Trad. phl. de Y 1.14.3 (K5) : *'hlyšvng ŠPYL V plc'nk*| *Y ŠPYL V ls Y ŠPYL V l'šstšnyh Y ŠPYL GDE V svt*| *Y 'vhrmzdd't* (ašiš.vaŋh° ī veh ud frazānag<īh> ī veh ud ... ī veh ud ... ī veh <ud> xvarrah ud sūd ī ohrmazd-dād; voir note suivante); trad. scr. de S 1.25.1 et Y 1.14.3 : ... || *arśi-śavaṅghalakṣmīm uttamām* || ... || *nirvāṇajñānaṁ cottamam* || *cittam* (var. lect. *cakram*) *uttamam* || *cittasthitiṁ* (var. lect. *cakrasthitiṁ*) *cottamām* || *śriyaṁ lābhaṁ ca majdadattam* ||.

[53] *ərəθə̄* G; *ərəθe* F1, E1, Pt1; *ərəθə* H3; *ərəθa* J10. **Pour S 1.25 :** *ərəθə̄* G, F2, Mf3, E1; *ərəθē* Kh2, K36.17, H1, L11; *iriθə̄* K18, J15, L12; *arəθa* J10. **Pour Y 1.14.3 :** *ərəθə̄* G, K5.4, C1, Mf2; *arəθə̄* J6; *ərəθē* Mf1, Pt4, J3; *ərəθə̄e* O1; J2 defective. **Pour Y 3.16.2 :** *ərəθə̄* G; *arəθə̄* Pt4. **Pour Y 4.19.2 :** *ərəθə̄* G; The clause, from *aṣ̌ōiš* onwards, is by mistake written twice in K5, the first time *ərəθə̄e*, the second time *ərəθə̄*; *iriθə̄* J2; *ərəθə̄ē* Pt4. **Pour Y 22.16.2 :** *ərəθə̄* G. ▫ Hintze (2000 : 267, avec litt. en n. 6) pose un thème *ərəθiiā*-. Emploi du nominatif (?) pour le génitif. La forme attendue de ce dernier, mais avec haplologie (lo. arθayāh < arθayāyāh), est conservée dans le

d. *rasąstātō*[54] *vaŋhuiiå* (= 17.62.3f, Y 1.14.3d, 3.16.2d, 4.19.2d, 22.16.2d)

Vr 9.4.1 *amauuatō amāi amauuatō vərəθraγnāi amauuaiθiiå* ˣ*arəθaiiå amauuaiθiiå aṣ̌ōiš amauuaiθiiå cistōiš* (*ərəθiiå* G, K4, Fl1, Kh1; *ərəθaiiå* Jp1; *əraiθiiā* Mf2; *araiθiiå* J15; *rəiθiiå* M4.6; *rəiθaiiå* H1, Pt3; *rə̄θīå* P14; *rəuuiθiiå* L27; *raiθiiå* J8; *raiθaiiå* Jm5, P12, K11; *raēθiiå* K7b, L1.2, Dh1, O2, M2; *raēiθiiå* B2, S2; *raēθaiiå* Br1). Ce mot est le dérivé abstrait féminin en °*ā*- correspondant au verbe dénominatif (védique *arthaya-*) tiré de *arəθa*-nt. «objectif» : lo. arθayā- «espérance». La traduction sanscrite *cittam* ne s'y oppose pas, mais cette dernière n'est pas assurée puisque la variante *cakram* (retenue B dans *cakrasthita-* «se tenant sur la roue» (?) qui traduit Y 52.1,3 *rāsaiṇtī-*), que l'on écarte habituellement, correspond au pehlevi *l's* (rāh) «roue», mais, au Y 1.14.3, dans les manuscrits que j'ai pu consulter (K5, Mf4), je trouve *ls* contre B qui parle de transcription — celle-ci eût été * *'lys* —. L'idée de «roue» rencontre aussi les variantes avestiques qui suggèrent ˣ*raiθiia-* (= véd. *ráthya-*) «(roue) de char». Cependant, force nous est de constater que, pour notre plus grande perplexité, la traduction pehlevie que nous offre le Vr 9.4.1 est toute autre : *krt'l* (kardār) «actif» (ou ˣ*krt'lyh* kardārīh «activité» ?). Pour le nom. sg. de arθayā-, la finale °*θe*, que beaucoup de mss. nous suggèrent d'éditer, ne pourrait être préférable à °*θə̄e*, fort minoritaire, que si nous admettions d'imaginer l'amuïssement préalable de °a° au cours de l'évolution première de la prononciation liturgique: arθayā > **arəθaiia* > **arəθiia* > ˣ*arəθe*. Pour leur part, les leçons en °*θə̄*, en elles-mêmes impossibles (°ə̄ < °ånh), sont ou bien approximatives pour °*θe* ou bien fautive pour °*θə̄e*. Il reste que le traitement °*ə̄e* < °ayā n'est guère documenté, qu'il faudrait y voir une alternative à °*aiia* (e. g. *aṣ̌aiia* = véd. *ṛtayā́*) et que nous ne pouvons nous appuyer que sur la finale °*tə̄e* < °tayai du dat. sg. des dérivés en *-ti-*. Faut-il dès lors se tourner vers le vocatif (arθayai) ?

[54] Dérivé en *+tāt-* de *rāsaṇt-*, le ptcp. act. du prés. en ii. **-śśa-* de √ *rā* (véd. *RĀ*) «offrir» (Hoffmann 1975-1992 : 266 n. 1; Kellens 1974 : 302; 1984: 159; Hintze 2000 : 267 n. 7). Comme elle est la première de quatre et qu'elle est ouverte, la syllabe initiale de lo. rāsanstātah (< ii. *rā-śśa-nt+tāt-) montre un abrègement : > *rasąstātō*. La traduction sanscrite *cittasthitim* reflète que ce mot fut compris comme un abstrait en *+tāt-* tiré du théonyme précédent (ou comme le composé de ce dernier et d'une forme de √ *stā* ?), mais la pehlevie revient avec la «roue»: *l'systšnyh* (rāh-estišnīh) «équilibre de la roue» ou «station sur la roue» (?), ce qui est en faveur de la var. lect.

e. *x^{v}arənaŋhō* (= 17.62.3g, Y 1.14.3e, 3.16.2e, 4.19.2e, 22.16.2e)

f. *sauuaŋhō mazdaδātahe* (= 17.62.3h, Y 1.14.3f, 3.16.2f, 4.19.2f, 22.16.2f)

g. *xšnaoθra*

17.0.18. (= 1.0.18, etc., 11a.7.1gh, 17.0.12c) [P]

yasnāica vahmāica xšnaoθrāica frasastaiiaēca ∴

17.0.19. (= Y 3.25.2, Yt 1.0.19, etc.) [P + G]

[55]*yaθā ahū vairiiō* V *zaotā frā mē mrūtē*[56] ∴ *aθā ratuš aṣ̌āṯcīṯ hacā* V *frā aṣ̌auua vīδuuå mraotū* °o°

---

cakrasthitim, tout comme Dk 7.4.85 (81 chez Molé 1967 : 58-59 et 188) et la RPDD 47.13 (Williams 1990), sans pourtant m'amener à aucune certitude (voir § 21 n. 148). Remarquons ici qu'Ārti et Rāsanstāt sont les deux seules déesses que le Dk 7.4.85 et la RPDD 47.13 donnent comme objet d'une propitiation qui a pour but d'obtenir un fils. Ceci rappelle l'avantage que quatre personnages du début du Y 9 retirèrent du pressurage de Hauma puisque cet avantage qui est d'obtenir un fils y était appelé ārti.

[55] S'ils sont impeccablement reproduits, la graphie des deux phrases b et d qui assurent la distribution de leur récitation n'a été que partiellement harmonisée à celle des deux premiers hémistiches cités de l'Ahuna Variya : l'allongement de la voyelle finale est présent dans *zaotā*, dans *mrūtē* et dans *mraotū*, mais non dans *aṣ̌auua*. Et la dentale de *vīδuuå* n'a pas été redressée. Nous ne pouvons savoir si pareille incohérence apparente est le fruit d'une corruption ou si quelque raison liturgique la fonde. Trad. phl.: ciyōn ahu° kāmag {ciyōn ohrmazd kāmag} zōt frāz ō man gōv ēdōn rat°īhā {ēdōn dastvarīhā} az aṣ̌aii°īh cegām-iz-ēv frāz <ō> aṣ̌auu°ān āgāhīhā gōvam {kū dānišnīg gōvam kū hamāg kār ud kirbag ēdōn dastvarīhā kardan ciyōn ohrmazd abāyēd} «"Comme est la volonté du seigneur {= Comme est la volonté d'Ahura Mazdā}", ô Zautar, récite-moi. "Ainsi sont les qualités de ratu {= Ainsi sont les fonctions de juges} sur base de Ṛta en quelque sorte", aux ṛtavan, avec science je vais réciter {= savant je vais dire que toute vertu consiste à accomplir les jugements tels qu'Ahura Mazdā les dicte}»; trad. scr.: *yathā svāminaḥ kāmaḥ | kila yathāhurmajdābhilāṣaḥ | he jaüta prakṛṣṭaṁ me brūhi | evam ādeśaḥ puṇyād yasmāt kasmāc cit prakṛṣṭaṁ puṇyātman vijñāya bravīmi | kila sarvaṁ kāryaṁ puṇyaṁ evam ādeśaḥ kartuṁ yathāhur-majdasya kāmaḥ* «"Comme est la volonté du seigneur {= Comme est la

17.1.

a. [57]*aṣ̌īm vaŋ'hīm yazamaide* (= S 2.25.1a, Y 6.13.4a, 16.6.3, 17.14.4a, 59.14.4a; cf. Y 2.14.4b) [P]

b. *xšōiθnīm bərəzaitīm* (= S 2.25.1b, Y 2.14.4c, 6.13.4b, 17.14.4b, 59.14.4b) [P]

c. <*amauuaitīm*>[58] *huraoδąm* ˣ*x*ᵛ*āparąm*[59] (= S 2.25.1c, Y 2.14.4d, 6.13.4c, 17.14.4c, 59.14.4c) [P]

---

volonté d'Ahura Mazdā}", ô Zautar, récite-moi. "Ainsi est l'injonction sur base de la vertu en quelque sorte", ô vertueux, avec science je vais réciter {= toute vertu à accomplir est que l'injonction est à accomplir telle qu'est la volonté d'Ahura Mazdā}».

[56] G *mrūtē*. Faut-il tirer de cet exemple la règle que l'épenthèse de °*e* en °*i*° à travers °*r*° ne serait pas requise si la voyelle qui doit la recevoir est différente de °*ā̆*° (voir aussi 17.14.1b ˣ*nibərəθe*)? Selon Kellens (1984 : 347, 351), c'est l'infinitif présent de *frā*+√ *mrū* (véd. *prá BRŪ* act. et moy.) employé en fonction impérative (en accord avec les traductions médiévales), mais, comme, d'une part, l'existence de ce type d'emploi, d'ailleurs rarissime, reste douteuse et que, d'autre part, la possibilité de tirer un infinitif en *-tē* de √ *mrū* me paraît invalidée par le caractère défectif de ce verbe qui, pour toutes les formes n'appartenant pas au thème de présent, doit recourir à √ *vac*, je préfère y reconnaître la 3e sg. indic. prés. moy. La voix moyenne est encore attestée en 10.119.2 *miθrəm yazaēša spitama* V *framruuiša*[1] *aēθriianąm*[2] .·. «(Ahura Mazdā dit à Zaraduštra:) Il convient que toi, le descendant de Spitāma, tu offres le sacrifice à Miθra et que tu (forme)s des élèves (à réciter le texte sacrificiel en son honneur), en le leur récitant», mais Kellens reste hésitant et indécis dans son interprétation (1984 : 49, 76). **Notes**: [1]. Sous-entend {*miθrəm*} «Mihr Yašt». ||| [2]. Mis pour le datif.

[57] La trad. phl. du Y 2.14.4 ... aṣ̌iš.vaŋh° ī veh ... ī rōšn ī aṣ̌auu° ī buland ī amāvand ī hurust ī xvābar suggère de restaurer <*aṣ̌aonīm*> entre *xšōiθnīm* et *bərəzaitīm*, ce qui aboutirait à un octosyllabe, mais c'est non seulement contre le Sīh-rōzag et contre la trad. scr.: ... *arśiśavaṅghanāmnīṁ lakṣmīm* ... *tejasvinīṁ mahatīm utsāhinīṁ śubhoditāṁ pālakām*.

[58] Avec J10, K12, Ml2, avec le Y 2.14.4d et avec S 2.25.1c, contre G: this word wanting in the rest. ▪ La répétition de *amauuaitīm* en e n'est pas un argument valable pour refuser sa présence en c : *bərəzaṇtəm* figure deux fois

d̲. *x^v anat̰.caxrąm*[60] [P]
e̲. *amauuaitīm dātō.saokąm*[61] (cf. 10.25.2b)
f̲. *baēšaziiąm*[62] *+pərəθu.vīrąm*[63] *sūrąm* .·. [P][64]

---

en 8.4.2. La répétition s'explique par le caractère de toile d'Arlequin que le texte revêt.

[59] D'après 13.157.1, S 2.25.1 et Y 2.14.4, contre G qui donne *huiiazatąm* avec les manuscrits (Hintze 2000 : 307: «die wohlverehrte»), leçon qui peut rappeler l'andronyme *huiiazata-* du Yt 13.117g. Pour expliquer la faute, il est intéressant de constater que, s'ils sont pris pour des signes pehlevis, les signes avestiques pour *x^vāp°* °سرسوس peuvent se lire °سددرس *hvdd'c°*, c'est-à-dire *huiiaz°*. Concernant *x^vāparā-* < lo. <u>hu-aparā</u>- «avec de bons lendemains», Hintze montre son embarras (2000 : 268 n. 11, avec litt.)

[60] F1, Pt1, E1, H3, J10; *ciθrąm* K12. ◘ Au vu de 9.2 *yuxta.aspąm varətō.raθąm* ˅ *x^vanat̰.caxrąm fšaonīm.marəząm* ˅ *amauuaitīm huraoδąm x^vāsaokąm baēšaziiąm* ... , la succession des épithètes pourrait avoir été altérée.

[61] C'est pour moi un tr̥tīyābahuvrīhi, contre Kellens (Annuaire 1998-1999, 689) «à qui la lueur est adressée» et contre Hintze (2000 : 307) «die den Glanz des Gesetzes hat». Le second terme apparaît (que ce soit à l'état isolé ou en composition) sous deux graphies, *sūka-* et *saoka-* (*saokā-*), qui sont exclusives — il est exceptionnel de trouver des leçons concurrentes pour une seule et même attestation —, sans qu'il soit possible d'imputer la variation du timbre à l'influence de la terminaison si bien que B distingue des mots différents. Voir Pirart, JA 287, 1999, 474 n. 37.

[62] Lo. <u>baišazayām</u>: acc. fém. sg. du participe en °*a-* du dénominatif non de *bišaz-*, mais bien de *baēšaza-* (Pirart, JA 291, 2003, 117).

[63] *pərəθuuīrąm* G, F1, E1 (in both these *v* stands sec. m. above *uu*), Pt1, H3; *pərəθū.vīrąm* J10. En 17.4, F1, Pt1, E1 et H3 donnent *pərəθu.vīrąm*. ◘ Je ne puis suivre ni Bartholomae qui, pour donner à *pərəθuuīra-* le sens de «des Einsicht weit ist, in die Weite geht», instaure un ²*vīra-* ad hoc ni Hoffmann (apud Hintze 2000 : 308 n. 169) qui, pour arriver au sens de «deren Energie breit ist», reconnaît l'incertain *īra-* en second terme. La compréhension que je hasarde de ce composé se base sur les syntagmes védiques *pr̥thú chardíḥ* et *śárma vīrávat* afin d'éviter la traduction malheureuse «qui a de larges héros» qui est pourtant correcte si ce n'est que pareille brachylogie est insupportable.

17.2.1. [P]
a. *duyδarəm*[65] *ahurahe mazdå*
b. ˣ*xᵛaŋhārəm*[66] *aməṣ̌anąm spəṇtanąm*
17.2.2. [P]
a. [67]*yā vīspanąm*[68] *saošiiaṇtąm*
b. *fraśa*[69] *xraθβa fraθanjaiieiti*[70]
17.2.3. [P]
a. *uta* ˣ*hī*[71] *āsnəm xratūm*[72]
b. *auua.baraiti vārəma*[73]

---

[64] La phrase en *yazamaide* que voici est typique du genre : d'abord non métrique par reprise du Sīh-rōzag, puis métrique par reprise de lignes traditionnelles, le tout clôturé par *sūrąm* qui augmente le dernier octosyllabe de deux syllabes. Pareil recours à ce supplément de deux syllabes peut-être est-il le reflet de ce que le Yt 10.31.1 (= 10.56.2) appelle «texte modèle comportant le mot "opulent"».

[65] F1, Pt1, E1, H3, J10; *duyδrəm* M7.

[66] D'après véd. *svásāram*, contre G *xᵛaŋharəm*; *xᵛaŋhrəm* J10, M7.

[67] Les deux lignes sont faites sur le même moule que 5.50.4ab où le verbe régit un utile accusatif: yaθā vispaišām yuxtānām ᵛ azam fratamam θanjayāni.

[68] Emploi factice de °*anąm* pour *°*aēšąm*.

[69] G *fraṣ̌a*. Instr. fém. sg. de *frą̊nc-* (véd. *prā́ñc-*) employé adverbialement comme renfort du préverbe (voir Hintze 1994 : 383 n. 81). Kellens (JA 287, 1999, 461) lui donne le sens moins fade de «vers l'est», mais il reste à savoir si ceci est usuel.

[70] F1, H3, Ml2; *frā°* Pt1; *fra.θnazaiieti* J10; *fraθaiiaṇzaiiaptə* K12. ◘ L'étymologie que propose Pokorny et que recueille Kellens (1984 : 140 n. 5), ie. √ **thenĝh*, est inacceptable puisque, sans parler de l'insolite dentale sourde aspirée, **ĝh* > *z* et que **g(ᵘ)h* > *j*. Sur la diathèse, voir Kellens 1984 : 26.

[71] Nominatif fém. sg. du pronom enclitique de 3e personne, contre G *hē*; *he* F1, Pt1, E1; deest K12; *utahe* J10; *utahi* H3. ◘ La correction me paraît nécessaire si un pronom enclitique *hē* ne peut usuellement s'ordonner avec un participe. Sur le thème enclitique *hī-*, voir la note concernant 17.57.3a *hīš*.

[72] La concaténation lexicale avec 17.2.2b doit-elle nous amener à penser que *zbaiiaṇtāi* représente un Saušyant?

c. *uta* ˣ*hī*[74] *āsnaēca*[75] *zbaiiaṇtāi*[76]
d. [77]*dūraēca*[78] *zbaiiaṇtāi*[79]
e. *jasaiti* ⁺*auuaŋhe*[80] .·.
17.2.4. [P]
a. *yō aṣ̌īm yazāite*[81] *zaoθrābiiō*[82]
b. [83]*hō miθrəm yazāite*[84] *zaoθrābiiō*[85] .·.

---

[73] F1, Pt1; *vārəm* E1, J10, Ml2; *vārima* H3; *vārīm* K12. ▫ Univerbation = véd. *váram ā́*.

[74] Nominatif fém. sg. du pronom enclitique de 3e personne, contre G *hē*; *he* F1, Pt1, E1; deest K12; *utahe* J10; *utahi* H3.

[75] F1, Pt1, E1, H3, J10. ▫ Mis pour l'ablatif (cf. Y 45.1b)? Jeu de mots *āsnəm ... āsnaēca*.

[76] Mis pour **zbaiieṇte*. Kellens (1984) ne se fait pas l'écho du grand nombre de formes de part. prés. act. montrant une thématisation secondaire.

[77] desunt K12, Ml2.

[78] Mis pour l'ablatif (cf. Y 45.1b')?

[79] Mis pour **zbaiieṇte*.

[80] F1, Pt1, E1, H3; *auuaŋhe* G, J10. Cf. véd. *ávase HŪ* et *ávase GAM*.

[81] F1, Pt1, E1, H3; *yazaiti* J10. ▫ Le caractère subjonctif de la forme reste douteux puisque *z*, du fait de sa prononciation liturgique médiévale, peut générer *ā* (cf. 17.22.2c *darəyō.bāzāuš* < lo. dargabāzuš ; Y 10.21.1a *zāirīm* < lo. zarim ; voir aussi Pirart, IIJ 46, 2003, 208) et que, pour le sens, l'indic. prés. général est largement suffisant voire préférable au schéma de l'éventuel.

[82] Mis pour l'instrumental.

[83] desunt Pt1, H3; found F1, J10, K12; in Ml2 the conclusion of this Par. is defective.

[84] F1; *yazāiti* J10.

[85] Mis pour l'instrumental.

17.3.1. (= 3.18.1, 5.9.1, etc.)
[86]*ahe*[87] *raiia xᵛarənaŋhaca*
17.3.2.
a. [88]*tąm yazāi*[89] *surunuuata*[90] *yasna* (= 5.9.2a, 9.6.2a, 16.4.2a) [P]
b. *tąm yazāi huiiašta*[91] *yasna* (= 5.9.2b, 9.6.2b, 16.4.2b)
c. *aṣ̌īm vaŋᵛhīm*[92] *zaoθrābiiō*[93] .·. [P]
17.3.3. [P][94]
aṣ̌īm vaŋᵛhīm yazamaide
17.3.4. (= Ny 1.16.4, Yt 3.18.4, etc., 17.45.2) [P]
[95]+*haoma* +*yō*[96] *gauua*[97] *barəsmana* ᵛ *hizuuō*[98] *daŋhaŋha*[99] *mąθraca* ᵛ *vacaca śiiaoθnaca* ᵛ [100]*zaoθrābiiasca aršuxδaēibiiasca* ˣ*vaγžəbiiō*[101] .·.

---

[86] Le Y 57.3.1 possède une coordination de cinq[1] instrumentaux (*ahe raiia xᵛarənaŋhaca* ᵛ *aŋ́he ama vərəθraγnaca* ᵛ *ahe yasna yazatanąm*), mais le groupe y reste tout aussi absolu. Trad. phl. de Y 57.3.1a: pad ān ī ōy rāy ud xvarrah; trad. scr.: *yat tad asmāc* ˣ*chuddhyā*[2] *śriyā ca śrośāt*. Comme le Yt 13 intègre ce type de syntagme à plusieurs de ses phrases (e. g. 13.2 *ā̊ŋhąm raiia xᵛarənaŋhaca* ᵛ *vīδāraēm zaraθuštra* ᵛ *aom asmanəm yō usca* ᵛ ...), il vaut mieux admettre ici une phrase incomplète. **Notes:** [1]. 2 + 2 + 1. ||| [2]. Mss. °*ddhi*.

[87] Emploi erroné du masc. pour le fém. de ce génitif possessif, par inertie depuis les Yašt consacrés à des divinités masculines. Le fém. plur. *ā̊ŋhąm* a, quant à lui, subsisté dans le Yt 13 (voir la note précédente).

[88] Trad. phl. de Y 57.3.2a: ōy yazam pad ān ī niyōxšišnōmand yazišn {pad ˣdahān[1] ī dastvar} «je lui rends un culte avec le sacrifice audible {= avec la langue de l'officiant}»; trad. scr.: *ārādhaye tam ijisniṁ* ˣ*śrūyamāṇām*[2] | *gurumukhena*, mais Ny 1.16.2a *enam ārādhaye śrūyamāṇaïjisnyā* | *guru-mukhena*. **Notes:** [1]. Sur la correction, voir Dehghan (1982 : 58), qui pourtant ne la retient pas. ||| [2]. Mss. °*ṇaḥ*.

[89] Indic. prés. (Pirart, MSS 47, 1986, 172), contre Kellens (1984).

[90] √ *sru* produit un svādi contre le védique.

[91] Sur la racine, Pirart, JA 285, 1997, 363-379.

[92] *vaŋuhīm* G, J10; *vaŋhuim* F1, Pt1, E1.

[93] Mis pour l'instrumental. Trad. phl. selon Y 57.3.2b : pad zōhr; trad. scr. : ˣ*joreṇa* (mss. *joram*).

[94] Le caractère octosyllabique de cette ligne est dû au hasard.

17.3.5. (= Y 27.15.3, Ny 1.16.5, Yt 1.22.5, etc.) [P ?][102]

[103]*yeŋ́hē*[104] *hātąm* †*āat̰*[105] *yesnē*[106] *paitī*[107] ˣ*vaŋ́hō*[108] V *mazdā̊ ahurō vaēθā*[109] *aṣ̌āt̰ hacā* V *yā̊ŋhąmcā tąscā tā̊scā yazamaide*[110] ₒ°°

---

[95] Trad. phl. selon Ny 1.16.4 : pad hōm {zōhr} <ud> gōšt ud barsom ud uzvān dānāgīhā ud mąθr° gōvišn {abestāg} <ud> kunišn {kār andar yazišn} ay zōhr {āšnāg} <ud> ān-iz rāst-gōvišn <...>; trad. scr. : *homavr̥kṣeṇa gavā barasmanena jihvayā dakṣatarayā mānthravacanaiḥ* | *avistāvāṇībhiḥ* | *karmaṇā ca* | *kāryaṁ yad antar ijisnau* | ˣ*joreṇa*[1] | *kila* ˣ*pānenodaka-saṁbhūtena*[2] | *satyoktābhiś ca vāṇībhiḥ*. **Notes :** [1]. Mss. *jyoreṇa*. ||| [2]. Mss. *prāṇen°*: voir Taraf 1981.

[96] Avec Hoffmann (1975-1992 : 401 sq., 475 sqq.), contre G *haomaiiō*. **Pour Yt 3.18.4 :** *haomaiiō* G, Jm4, F1, Pt1, E1, L18.11, K18a, Mb1, M35, O3; *haomiiō* P13. **Pour 9.6.4 :** *haomaiiō* G, P13, O3; *haomaiia* L18; *haoma.ẏō* F1, Pt1. **Pour Ny 1.16.4 :** *haomaiiō* G, J9.15, H2, L9.11.12.18.25, K18a.18c.15.19.12, F1, Pt1, P13, Jm4, O3; *haoma.ẏō* Mf3, F2.

[97] **Pour Ny 1.16.4 :** F2.1, Mf3, J9, H2, L18.9.11.25; *gauuō* L12, Pt1, O3; P13 has *ō* written above *a*.

[98] **Pour Ny 1.16.4 :** all Mss., exc. F1, L9 *hizuua*.

[99] **Pour Ny 1.16.4 :** F2, Pt1, L25, Jm4; *daŋ́haŋha* Mf3; *daiŋ́haŋha* K18a, F1, L18, O3; *daiŋ́haŋhe* L12.

[100] Mis pour l'instrumental.

[101] D'après 10.88.4d (F1), contre G et Taraf (1981) *vāγžibiiō*. La réalité de °*ž*° se défend sur base de la rétroflexe dans véd. *paḍbhiḥ* < **pad-s-bhis*. La longue fautive serait due à l'influence du nominatif sg. *vāxš* (voir Kellens 1974 : 271 sq. et 271 n. 3). **Pour Ny 1.16.4 :** *vāγžibiiō* G, F2, Mf3, L18, J15; *vāγžəbiiō* J9, H2, Pt1, P13, Jm4.

[102] Le caractère métrique de ces lignes n'est guère probable même si elles proviennent de la refonte d'une strophe gâthique (voir la note sur la traduction).

[103] Traduction pehlevie du Y 27.15.3 : kē az hastān ēdōn pad yazišn <ī> abar veh {kū yazišn ān veh ī ohrmazd ī xvadāy rāy kunēd} ohrmazd āgāh az ašay°īh abāgīh cegām-iz-ēv {cegām-iz-ēv kār ud kirbag ud mizd ud pādāšn āgāh bavēd} hanjaman°īgān narān ud mādagān yazam {aməš°spandān} «celui qui, parmi les êtres, est ainsi avec le sacrifice offert au Vahu {= offre le sacrifice au Vahu Ahura Mazdā, le seigneur}, Ahura Mazdā le connaît pour ainsi dire du fait de son accointance avec la piété {= il connaît pour ainsi dire

[111]*dtykl kltk bvn* .˙.
17.4. (= 17.1)
17.5.1. [P]
a̲. [112]*haomaheca nəmō mąθraheca* (cf. Y 8.1.3e)

---

les actes vertueux, la récompense et l'aumône}. Nous offrons le sacrifice aux mâles et femelles du rassemblement {= les Amr̥ta Spanta}»; traduction scr. : *ye vidyamānebhya evam ijisnyā upary uttamasya | mahājñāninaḥ svāminaḥ | kila ijisnīr ahuramajdasyārthe pracurāḥ kurvanti | vettuḥ puṇyaṁ yat kiṁ cit | kila yat kiṁ cit puṇyaprasādam ahuramajdo vetti | samavāyikān | tān tāś cārādhaye | kila narastryākr̥tīn amiśāspintān.*

[104] **Pour Y 27.15.3 :** G. **Pour Y 4.26 :** *ýeŋ́hē* Mf1.3, K4; *yeŋ́he* K5, Pt4, Mf2.

[105] **Pour Y 27.15.3 :** G. **Pour Y 4.26 :** J2, K5.4; *āṯ* C1. ◘ La troisième place insolite de la particule *āaṯ* amène à douter de sa lecture. La traduction pehlevie ē̲d̲ō̲n̲ suggère [x]*iθā* «ainsi, comme il faut, correctement», un adverbe qui complète souvent le verbe √ *yaz*, si bien qu'un composé lo. i̲θ̲ā̲-̲y̲a̲s̲n̲a̲-̲ «sacrifice correctement accompli» ne peut être exclu.

[106] **Pour Y 27.15.3 :** G. **Pour Y 4.26 :** K4, F2; *yesne* J2.

[107] **Pour Y 27.15.3 :** Pt4; *paiti* J2, K5. **Pour Y 4.26 :** Pt4, K4, Mf2; *paiti* K5, J3, F2, C1; J2 defective.

[108] **Pour Y 27.15.3 :** *vaŋhō* G, so all Mss. **Pour Y 4.26 :** *vaŋhō* G, J2, K5.4, Mf2, C1; *vaŋ́hō* F2; deest Pt4.

[109] **Pour Y 27.15.3 :** G. **Pour Y 4.26 :** *vaētā* K4. ◘ Graphie récente correspondant à la v.-av. *vaēdā* (véd. *véda*).

[110] **Pour Y 27.15.3 :** G. **Pour Y 4.26 :** so written in full in J2, K4, Mf2.

[111] d̲u̲d̲ī̲g̲a̲r̲ k̲a̲r̲d̲a̲g̲ b̲u̲n̲ .˙.

[112] Voilà qui a tout l'air d'une rubrique ou d'un titre, dont le premier volet annoncerait 17.5.2, à moins qu'il faille situer une copule et traduire comme suit : «L'hommage appartient à Hauma, à Manθra et au r̥tavan Zaraduštra». Dans cette dernière alternative, les génitifs pourraient être vus comme subjectifs ou même interprétés avec la valeur de l'instrumental : «L'hommage est rendu (aux dieux) avec offrande de Hauma, prononciation du Manθra et observation des enseignements de Zaraduštra».

b. ˣ*aṣ̌aonasca*[113] *zaraθuštrahe* ∴ (= Y 8.1.3f)
17.5.2.
a. *aṯciṯ bā nəmō haomāi* [P]
b. [114]*yaṯ vīspe aniie maδåŋhō* (cf. Y 10.8.1a)
c. *aēšma haciṇte*[115] *xruuidruuō*[116] (= Y 10.8.1b)
d. *āaṯ hō yō haomahe maδō*[117] (= Y 10.8.1c)
e. ˣ*aṣ̌i*[118] *hacaite*[119] <*uruuāsmana*> [ˣ*x*ᵛ*āpaiθe*[120]] ∴ (cf. Y 10.8.1d)

---

[113] *aṣ̌aonaēca* G, H3; *ašaonica* F1, Pt1, E1; *ašaonaheca* J10. ▫ Le fait d'une finale °*aēca* fautive pour °*asca* n'est pas rare: voir V 3.8 *spānaēca/ spānasca* ... *naraēca*.

[114] Trad. phl. du Y 10.8.1: harvisp ān ī any māyišn {abāyēd guftan} ā-š aēšm° abāg xruu°draoš ān ī hōm māyišn ā-š aṣ̌aii°īh abāg uruuāsman° {kirbag kē mard pad rāmišn dārēd}; trad. scr.: *viśvā yato'nyā vidyāḥ krodhenāśliṣṭā hiṁsāśastreṇa* | *tataḥ sā yā hūmasya vidyā puṇyenāśliṣṭā pramodena* | *kāryaṁ puṇyaṁ manuṣyāṇāṁ pramodena dhatte* ||.

[115] F1, Pt1, E1; *hacaṇti* J10. ▫ Le moyen est intransitif (Kellens 1984 : 52, 54).

[116] F1, Pt1, E1; *xruuō.yə̄.druuō* J10. ▫ Cette dernière leçon comme celles du Y 10.8.1b (⁺*xruuī.druuō* avec allongement de la voyelle finale du premier membre du composé; *xruuīm.druuō* avec nasalisation rythmique de la voyelle finale du premier membre du composé) témoignent-elles d'un ictus affectant la deuxième syllabe du mot lo. xravi-drū ? La réponse à la question ne pourra être envisagée tant que le secret de la prosodie ne sera pas percé. Locatif mis pour l'instrumental (Pirart 2004 : 94 n. 242).

[117] E1 (*əm* appended above the line), H3, J10, Ml2; *maδəmō* F1, Pt1.

[118] Avec Pirart (2004 : 95 n. 243 et 138), contre G *aṣ̌a*. Toute la tradition manuscrite est ici fautive quand elle donne *aṣ̌a hacaite* «(son invresse) est accompagnée de Ṛta» au lieu de *aṣ̌i hacaite* «(son ivresse) est accompagnée d'Ārti». C'est le parallèle du Yt 17.5.2 qui permet de le voir : l'épithète ˣ*x*ᵛ*ā.paiθe* peut convenir non à Ṛta, mais à Ārti, au point d'être devenue part intégrante du nom de cette déesse chez les Scythes, *Artímpasa* < Ārti Hu-apašyā (Pirart, JA 287, 1999, 466 n. 5).

[119] Le moyen est intransitif (Kellens 1984 : 52, 54).

[120] *x*ᵛ*aē.paiθe* G, H3; *x*ᵛ*aēpaeθe* F1, Pt1, E1; *x́aipiθe* J10. ▫ Instrumental fém. sg. haplologique (lo. hu-apaθyayā > huapaθyā).

17.6.1.
a. [121]*aṣ̌iš vaŋᵛhi* [P]
b. ˣ*aṣ̌e*[122] *srīre*[123] [ˣ*aṣ̌e*[124]] *bānumaiti*[125]
c. *śāiti*[126] ˣ*vīuuāuuaiti*[127] *bānubiiō*[128]
d. [129]*aṣ̌i dāθre vohū[m]*[130] *xᵛarənō* (cf. 13.24.2a[131])
e. [132]*aēšąm narąm yōi*[133] *hacahi*[134] .·.

---

[121] *aṣ̌iš vaŋuhi* G; *ašiš vaŋhe* F1, Pt1, E1, H3, Ml2; *ašəš vaŋuhe* J10; *ašaiia vaŋhuiia* K12. ▫ Mis pour le vocatif.

[122] G *aṣ̌i*.

[123] *srire* F1, Pt1, E1; *saire* J10.

[124] G *aṣ̌i*. ▫ La métrique et la comparaison avec 13.44.1e *srīrō* ˣ*bānumā̊* ˣ*raoxšnumā̊* (G *bānuuā̊ raoxṣ̌nəmā̊*) recommandent de considérer ce mot comme une interpolation.

[125] F1, Pt1, E1, J10; deest H3.

[126] F1, Pt1, E1; *sāiti* J10; deest H3. ▫ C'est en principe l'instr. sg. du dérivé en *-ti-* de √ *śiiā* (Benveniste 1935 : 28 sq.).

[127] *viiāuuaiti* G, all Mss. ▫ Lo. vibāvati avec B qui se base sur RS 10.6.2ab (Schlerath 1968 : *II*) *yó bhānúbhir vibhā́vā* [*vi*]*bhā́ty agnír* ᵛ <*devó*> *devébhir r̥tā́vā́jasraḥ* (division en pāda contre Bloomfield 1906 et Lubotsky 1997), le dérivé en *+u̯ant-* pouvant parfaitement régir un instrumental interne. La faute généralisée peut être expliquée comme le résultat d'une haplographie à moins que celle-ci ne reproduise un fait d'élocution liturgique médiévale (dans ce cas, la correction ne serait pas à effectuer). Selon Kellens (1984 : 89) qui se rallie à Lommel (1927 : 117 n. 1) et à Hoffmann (1975-1992 : 241 sq.), ce serait le ptcp. prés. de *vī+ā+√ bā*, *viiāuuaṇt-* ici et en 8.2.3c.

[128] Mis pour l'instr. (lo. bānūš). Sur l'instr. plur. en ii. **-(H)s* des thèmes en °*i*- ou en °*u*-, voir Pirart 1995-2000 : *II* 49, 71, 195 n. 21.

[129] Jeu (?) pour ***aṣ̌e dāθri*.

[130] all Mss. *vōhum*. Cf. védique *vásu/vásūni DĀ* (e. g. RS 6.23.3d).

[131] *dāθrīš ahmāi vohu xᵛarənō*.

[132] Mis pour le datif (voir note précédente).

[133] *ýō* F1, Pt1, E1, H3, J10, Ml2; cf. the following Parr. ▫ Mis pour l'accusatif, mais un fait de sandhi ne peut être exclu (yāŋh hacahi > ?).

[134] F1, Pt1, E1; *hacahe* H3, J10. ▫ L'emploi transitif est en principe actif (Kellens 1984 : 54).

17.6.2.
a. *hubaoiδiš*[135] *baoδaite*[136] *nmānəm*
b. *yeŋhe nmāne aṣ̌iš vaŋ^{v}hi*
c. *sūra*[137] *pāδa nidaθaite*[138]
d. $^×$*āgrəmaiṇtiš*[139] *darəyāi haxəδrāi* ∴

---

[135] F1; *hubaoδaite* Pt1, J10 (instead of *hu*° *b*°); *hubuiδiš* H3. ▫ Mis pour le nt.

[136] Moyen passif (Kellens 1984 : 46).

[137] F1 has at the end of the page *su* and as catchword *rahe*, and on the next page *rahe*, but there he is struck out; *sura* Pt1; *surahe* E1, H3, Ml2; *sraopāda* J10. ▫ Je ne puis écarter qu'il faille lire le locatif $^×$*sūire* «le matin».

[138] Mis pour l'actif d'après H 2.15.2c *hūxte* $^×$*pāδa nidaδāt̰* et RS 1.146.2c (Schlerath 1968 : *II*) *urvyā́ḥ padó ní dadhāti sā́nau* malgré Yt 18.4.4a *aēuuō pāδəm nidaθaite* qui signifie «fait un seul pas», la comparaison ne pouvant pas être faite non plus avec RS 1.22.17b *tredhā́ ní dadhe padám* et 8.102.14c *ā́paś cin ní dadhā padám* où figure non *pád-* «pied», mais *padá-* «trace». Contre Kellens (1984 : 60) qui parle de moyen réfléchi. L'emploi de la voix active au lieu de la moyenne lorsque le complément est une partie du corps du sujet est un phénomène que l'on rencontre aussi en français: *elle met les pieds* et non *elle met ses pieds* ni *elle se met les pieds*. La troisième personne du singulier de *aṣ̌iš vaŋ^{v}hi ... nidaθaite* par rapport à *hacahi* que l'on trouve tant en amont qu'en aval nous oblige à considérer 17.6.2 soit comme une interpolation soit comme une incise ou un aparté.

[139] *āgrəmaitiš* G, F1, Pt1, E1, H3; *āgərəmaitiš* J10; *āgairīmaitiša* K12. ▫ Lo. a-gramantī. Pour B qui lui donne le sens de «zustimmenden, entgegenkommenden Sinns», *āgrəmaiti-* serait le composé de **āgra-*, dérivé en °*a-* de *ā*+√ *gar*, et de **maiti-* (véd. *matí-*), mais pareille morphologie me paraît inusuelle (litt. chez Hintze 2000 : 309 n. 175). Je me tourne dès lors vers √ *gram*. Selon Kellens (1984 : 15), √ *gram* «irriter» a exclusivement les désinences actives sans que l'on puisse le considérer comme un actif tantum. En réalité, pour ce verbe dépourvu de garantie comparative (B et Pokorny posent ie. √ **ghremH* : voir Kellens 1984 : 108 n. 2), il convient de distinguer deux thèmes: un divādi actif grāmya- «être furieux», au Y 9.28.1b (Pirart 2004 : 281), et un bhvādi actif grama- «irriter» dans $^×$*āgrəmaiṇtī-* fém. «de qui l'irritant n'existe pas, que rien n'irrite» (bahuvrīhi du type véd. *arundhatī́-* «de qui l'arrêtant n'existe pas, incorruptible») : lo. agramantī. Sigmatisation secondaire de ce nominatif fém. sg.

17.7.1.
a. *tē narō xšaθra*[140] *xšaiieṇte*[141]

---

[140] F1, Pt1, E1, J10; *xšaθre* H3.

[141] F1, Pt1, E1; °*ti* J10; K12 inserts here the words *aspacina* to *aštra* wanting in all other Mss., from Yt 5,130. ◘ La description que Kellens donne (1984 : 79) du comportement diathétique de √ *xšā* en av. réc. relève de la statistique, sans jamais se méfier explicitement des leçons adoptées par Geldner, mais en faisant remarquer (1984 : 79 n.2) que les attestations récentes de *xšaiiaṇt-* et de *xšaiiamna-* en fonction adjective, comme épithètes d'une divinité, ont été négligées, notamment celles du curieux Yt 10.35.2bc *hazaŋra.yaoxštīm*[1] *xšaiiaṇtəm* [V] *xšaiiamnəm vīspō.vīδuuā̊ŋhəm* ∴ «(à Miθra) qui dispose de mille pouvoirs de purification[2], qui détient l'influence rituelle et s'y soumet, l'omniscient». En dehors du Vyt et du N, les seules formes moyennes conjuguées de √ *xšā* :: *xšaiia-* en avestique réc. seraient Yt 5.96.2 (= 5.121.2) [3]*yahmaṯ mē haca frazgaδaite* [V] *arəduuī sūra anāhita* [V] *hazaŋrāi*[4] *barəšna vīranąm* [V] *masō*[5] *xšaiiete*[6] *x*^{v}*arənaŋhō* [V] *yaθa vīspā̊ imā̊ āpō*[7] [V] *yā̊ zəmā*[8] *paiti fratacinṭi* [V] *yā amauuaiti fratacaiti* ∴ «(cime de la montagne) depuis laquelle, au grand galop, s'en va la (déesse) R̥dvī Sūrā Anāhītā, (vers le haut) sur une distance de mille héros, elle qui dispose d'un hvarnah (aussi important) en grandeur que toutes les rivières réunies qui courent ici-bas sur la terre, elle qui court avec impétuosité», 10.29.3 *tūm āxštōiš anāxštōišca* [V] *miθra xšaiiehe*[9] *daxiiunąm* ∴ «Toi Miθra, tu permets aux nations que leurs rites aient ou non de l'influence (sur toi et que leur vienne la concorde ou la discorde)[10]», 19.26.2 (= 19.28.2 = 19.31.2) *xšaiiata paiti* (de *paiti*+√ *xšā* «gouverner, régner sur» avec diathèse confirmée par la 1e sg. indic. prétérit v.-p. patīxšayai[11]), V 5.26.2 *xšaiieite*[12] *hē pascaēta aēša yō ratuš θrišum* [13]*aētahe ciθā̊ apaŋharštəe* ∴ «Alors le Ratu en question (= le juge) est autorisé à / a la faculté de lui remettre un tiers de la peine en question». Le Yt 15.54.2 *vaiiuš auruuō uskāṯ.yāstō* [V] ... [V] *yaθa* [14]*aniiā̊sciṯ xšaθrāṯ xšaiiamnā̊* [V] *hamō.xšaθrō.-xšaiiamnā̊* ∴ «Vāyu, le gérant des réserves d'eau, avec la ceinture haute, comme tout autre (dieu) prend de l'importance sous l'influence du rite, prend de l'importance grâce à l'exercice régulier de l'influence rituelle» est en faveur de la diathèse moyenne de *xšaiieṇte* en 17.7.1a. **Notes :** [1]. Emploi factice de °*xš*° pour °ṣ̌° (Gershevitch 1959), car le second membre de ce dvigubahuvrīhi est le dérivé en *-ti-* de *yaoš*+√ *dā*: ie. **i̯us-dh(H₁)-ti-*. ||| [2]. La yušti (ou yaušti ?) «pouvoir de purification» est ce qui permet d'éliminer les démons et d'arriver à une remise en parfaite condition

b. *aš.baouruua*[142] *niδātō.pitu*[143] *hubaoiδi*[144] (= 5.130.2g)
[H]
c. *yahmiia*[145] *starətasca*[146] *gātuš*
d. [147]*aniiā̊sca bərəxδā̊* ˣ*auuarətā̊*[148]
e. *yōi*[149] *hacahi aṣ̌iš*[150] *vaŋᵛhi*[151] .˙. (= 17.8.1d, etc.; cf. 10.66.1a, 18.4.1a, 19.54.1a)
17.7.2. (= 17.8.2, 17.9.2, 17.10.3, 17.11.2, 17.12.2, 17.13.2, 17.14.2)
a. *ušta bā yim hacahi*[152] [C]
b. *uta mąm*[153] *upaŋhacahi*[154]

---

des êtres qu'ils auraient contaminés. ||| [3]. a = 12.24.2a; bc = 5.102.2bc, 12.24.2bc; d = 5.102.2d; efg = 5.3cde, 5.102.2efg. ||| [4]. Mis pour le génitif. ||| [5]. Agrammatical? ||| [6]. G, F1, Pt1, E1, L18; °*ti* P13, J10. ||| [7]. Mis pour l'acc. ||| [8]. Mis pour le loc. ||| [9]. F1, J10, etc., contre °*ti* Pt1, P13; de {*ā*+}√ *xšā*, en figure étymologique avec *āxštōišca*. ||| [10]. Āxšti «la paix, la concorde» se confond ou s'identifie avec le bon résultat de l'influence que le rite peut exercer sur la divinité; Anāxšti «la discorde», avec les conséquences regrettables de la négligence des rites. ||| [11]. Fruit d'une retouche diascévastique pour *pati-xšayāi ? ||| [12]. G, Jp1, Mf2, Pt2, Ml4, P10; *xšaiieiṇti* K10, L1.2, Dh1; *xšaiti* Ml3, B1, L4a, M3. ||| [13]. Mis pour ***aētaŋhā̊ ciθaiiā̊*. ||| [14]. Mis pour le nominatif masculin pluriel ?

[142] *aš.baora* F1, Pt1, E1, H3, Ml2; *aša.bura* J10. **Pas de var. pour 5.130.2.** ▫ Lo. aš-barvā (voir Mayrhofer 1986-2001 : *II* 253).

[143] Sans var. **Pour 5.130.2 :** F1, Pt1, E1, P13; *piti* L18; *paiti* W2; *paitō* K12.

[144] F1, Pt1, E1, H3; *hu.baoiδe* J10. **Pour 5.130.2 :** F1, Pt1, E1, L18; *hubaoiδe* P13.

[145] Mis pour le pluriel.

[146] F1, Pt1, E1; *stərətasca* H3.

[147] Mis pour le nt.

[148] G *auuarətā*. ▫ Cf. FiO 634 *zurō.bərətā̊ auuarətā̊ zvlbvlt hv'stk*?

[149] all Mss. ▫ Mis pour l'accusatif (voir 17.6.1c).

[150] Mis pour le vocatif.

[151] G *vaŋuhi*; *vaŋhuui* F1, Pt1, E1, H3; *vaŋhuuē* J10.

[152] F1, Pt1, E1; °*he* H3, J10.

[153] Mis pour l'enclitique.

[154] F1, Pt1, E1; °*hai* H3; °*he* J10; *upaŋhaca* K12.

c̲. ˣ*pouru.sarəδa*[155] *amauuaiti*[156] .·. (cf. Y 65.11.2b)
17.8.1.
a̲. *aēšąm* [157]*nmānå huuiδātå*[158]
b̲. *gaosūråŋhō*[159] *hištəṇte*[160] [C]
c̲. *aš.paouruuå*[161] *darəyō.upastāe*[162]
d̲. *yōi hacahi*[163] *aṣ̌iš vaŋᵛhi* .·. (= 17.7.1e)
17.8.2. (= 17.7.2)
17.9.1.
a̲. *aēšąm gātauua*[164] *hištəṇte*[165]

---

155 D'après Y 65.11.2b (phl. purr-sardag) *āpō īštīm vō jaiδiiāmi* ᵛ *pouru.sarəδąm amauuaitīm* ᵛ *frazaiṇtīmca xᵛāparąm* ᵛ ..., contre G *vouru.sarəδa*. Pour le second terme *sarəδa-* (véd. *śárdha-*) «groupe, série», voir la litt. chez Hintze 2000 : 309 n. 177. Mis ou fautif pour le vocatif.

156 F1, Pt1, E1, H3, J10.

157 Mis pour le nominatif nt. plur. (Pirart, JA 288, 2000, 378 sq.).

158 F1, Pt1, E1, H3, Ml2; *huuaē.dātå*. ◘ Voir Kellens 1974 : 120.

159 *gaosur°* F1, Pt1, E1, H3; *gaošråŋhō* J10. ◘ Mis pour le nominatif neutre pluriel? L'autre attestation de *gaosūra-* n'est guère plus limpide: 14.41.2ab [*vərəθraγnō*] *auui*¹ *imaṯ nmānəm gaosurābiiō*² ᵛ *xᵛarənō*³ *paiti.vərənauuaiti*⁴ «à Vr̥θragna qui entoure de hvarnah cette maison où les vaches apportent la prospérité». Et il me paraît exclu de recourir à 19.54.1c *sūra gəušca vāstraheca* : voir § 27. **Notes** : ¹. Mis pour yah. ||| ². Mis pour l'acc. nt. sg.? Selon Humbach & Ichaporia (1998 : 133), *gaosurābiiō* <*zaoθrābiiō*> : «due to the <libations> rich in (milk and flesh of) cattle (offred to him) he veils the house with glory». ||| ³. Mis pour l'instr. ou pour **xᵛarənaŋᵛhå*? ||| ⁴. Mis pour l'indicatif. Kellens (1984 : 170) admet une thématisation de l'indicatif.

160 F1, Pt1, E1, H3; *°ti* J10. ◘ Sur la diathèse, voir Kellens 1984 : 30 sq. et 80.

161 F1, Pt1, E1, H3, J10; *aspō.uruuarå* K12.

162 F1, Pt1, E1, H3; *upasti* J10. ◘ Mis ou fautif pour le nominatif neutre pluriel.

163 What follows written in full in J10, Ml2 only; F1, Pt1, E1, H3, K12 abbreviate.

164 Forme en sandhi devant *h°* du nom. plur.: lo. gātavah hištantai > gātavahištantai.

165 *hištiṇte* F1, Pt1, E1, H3.

b̲. †*hustarəta*[166] *hupō.busta*[167] [C][168]
c̲. *hukərəta barəziš.hauuaṇtō*[169] [C ?][170]
d̲. ˣ*zaraniiapixšta.pāδå̊ŋhō*[171]
e̲. *yōi hacahi aš̌iš vaŋᵛhi* ∴ (= 17.7.1e)
17.9.2. (= 17.7.2)
17.10.1.
a̲. *aēšąm* [172]*vaṇtå̊[ŋhō]*[173] *bā[t̰*[174]]ˣ*mainiuuå̊[ŋhō]*[175]
b̲. ˣ*gātušu*[176] *paiti* ˣ*å̊ŋhəṇte*[177]

---

[166] L'absence de sandhi entre *hu+* et *starəta-* ou la catalexe rendent la forme douteuse: restaurer ˣ*huuištarəta* (lo. hu-viṣtartā) ?

[167] F1, Pt1, E1, H3, Ml2. ◘ Lo. hu-upa-bustā > hūpabustā.

[168] Mais voir les deux notes précédentes.

[169] F1, Pt1, E1; *huuaṇtō* H3; F1, Pt1, E1, H3, Ml2 pass at once from here to *mərəzii*° in Par. 10. ◘ Y voir l'analyse factice de lo. barziš̌vantah mène à la catalexe! Comme il en irait de même en 17.10.1c et que la séquence ˣ*vištarətō.aspiia-* ˣ*niδātō.barəziša-* «(où le sol et les bancs sont) couverts de peaux de chevaux avec des coussins disposés» de 10.30.1b,2b paraît contenir non lo. barziš-, mais lo. barziša-, faudrait-il admettre que c'est plutôt l'analyse factice de barzišavantah.

[170] Voir la note précédente.

[171] G *zaraniiapaxšta.pāδå̊ŋhō*; °*paxašta* K12. ◘ Emploi factice de °*xš*° pour °s̲°° comme dans 14.27.2a *frapixšta-*, qu'il est donc abusif de corriger (voir Pirart, JA 287, 1999, 499 n. 116). Le phénomène est loin d'être limité aux adjectifs verbaux de √ *dis* et √ *pis* (sur lesquels voir Insler, IF 67, 1962, 53 sq.; Schlerath, OLZ 57, 1962, 574; Kellens, MSS 34, 1976, 61 et 63) : d'origine diascévastique, non seulement, il affecte toutes sortes de mots, mais le phénomène inverse est tout aussi bien attesté (Pirart 2004 : 35 sq.). Sur lo. +pāda- comme second terme de bahuvrīhi, voir Wackernagel 1905 : 91; Duchesne-Guillemin 1936 : 35. Emploi metri causa de °*å̊ŋhō*.

[172] Lire vantāḥ bāma-nīvāḥ. Cf. V 19.30 nīvāvatī- ou nīvivatī-, véd. *nīví-*. Le bahuvrīhi *bāmaniuua-* figure aussi en 17.14.1d.

[173] J10; °*å̊ŋ́hō* K12. Sur la masculinisation secondaire de *vaṇtā-*, voir la note concernant 17.34.6a *vaṇta*.

[174] J10; *tā.da* K12.

[175] *mainiiå̊ŋhō* G, J10; °*å̊ŋ́hō* K12.

[176] G *gātuš*.

c. *yōi srīra*[178] *barəziš.hauuaṇtō*[179] [C ?]
d. ˣ*mərəziiamnā̊*[180] ⁺*aṇku*[181] ⁺*paēsəmnā̊*[182]
e. *frā gaošāuuara*[183] ˣ*sispəmnā̊*[184] (cf. 5.127.1b)
f. *caθru.karana*[185] <*zaranaēni*> (5.127.1c) [H][186]
g. [187]*minuca* ˣ*zaraniiō.pisa*[188] ∴
17.10.2.
a. *kaδa*[189] *nō auui ājasāṯ nmānō.paitiš* [H][190]

---

[177] Avec Kellens (1984 : 19, 36, 91), contre *åŋhəṇti* G; *åŋhṇti* J10; *åŋ́haṇti* K12. ■ Mis pour **åŋhāire*. Kellens parle de thématisation secondaire (1984 : 98).

[178] *yō srīra* J10; *yōsarəre* K12.

[179] *bərəziš.hauu*° J10; *barišahauu*° K12.

[180] *mərəziiumnā̊* G, F1, Pt1, E1, K12; *mərəzinim.nā̊* H3; *marəjiiōmnā̊* J10: qu. *mərəziiamnā̊* ? ■ Manquant chez Kellens 1984. Participe présent passif absolu.

[181] Duel mis pour le pluriel?

[182] *aṇku.paēsəmnā̊* G, Ml2; *aṇkupəsəmnā̊* F1, Pt1, E1, H3; *aṇku.-pəsəmnā̊* B (cf. Mayrhofer 1986-2001 : *I* 53); *aṇkupaešə.manā̊* J10. ■ Passif : lo. pisyamnāh. Kellens parle d'un bhvādi moyen (1984 : 111, 324).

[183] **Pour 5.127.1 :** *frā.gaošāuuara* G; *frāgaošāuuara* F1, Pt1, E1, L18, P13, Ml2; *gaošāuuarə* W2, K12. ■ Duel mis pour le pluriel?

[184] °ə° avec Kellens (1984 : 193, 324), contre G *sispimna* G, F1, Pt1, E1; *sē.spē.mana* J10. **Pour 5.127.1 :** *sīspəmna* G, F1, Pt1, E1, L18, P13; *sīspimana* W2; *sīspa.maine* K12; *šiispemana* J10. ■ Le verbe *frā*+√ *spā* moy. «être paré de *acc*.» (?) (aussi Yt 5.7.3a *frā srīra zuša sispata*, sur quoi Pirart, IIJ 46, 2003, 204 sq.) reste d'étymologie incertaine (malgré Pirart 1992 : 90).

[185] F1, Pt1; *ciθru*° E1; *karaca* E1. ■ Duel mis pour le pluriel?

[186] En restaurant <*zaranaēni*> d'après 5.127.1c, acc. fém. duel du dérivé en *-in-* de *zaraniia-* (ii. **źhṛHan(i̯)in-iH-H*) mis pour le nt. plur. (ii. **źhṛHan(i̯)ī*), mais la métrique ne sera régularisée qu'en restituant le nt. plur. : lo. fra gaušabarā sispamnāh caθrukarānā zaranī (?).

[187] Duel mis pour le pluriel? Pt1, E1; *miunuca* H3; F1 has *minuca* corrected to °*ci*; *mainuca* J10; *mainaica* K12.

[188] Avec Kellens (1974 : 50), contre *zaraniiō.pisi* G, F1, Pt1, E1; *pisō* H3; *paēšə* J10. ■ Cependant, Kellens fait du syntagme un instr. sg.

[189] F1, Pt1, E1, H3; *kaṯ* J10; Ml2, K12 have both. ■ Lo. kat u.

[190] 8 + 4 syllabes.

b. *kaδa*[191] *śāiti* ˣ*paitišāma*[192] [M][193]

---

[191] Lo. kat u.

[192] B; *paitišām* G, F1 (divided after *i*), Ml2; *paiti.šām* Pt1, E1; *paiti.sāma* J10. ◘ Subjonctif (voir Kellens 1984 : 252). Selon Kellens (KZ 90, 1976, 89; 1984 : 89 et 89 n. 5; JA 283, 1995, 35), c'est l'adādi (*ś(ii)ā-*) ou le tudādi (*ś(ii)a-*) de √ *śiiā*, mais, ailleurs, ce verbe forme un divādi (*ś(ii)āiia-* : voir Kellens 1984 : 137) ou, peut-être même aussi, un présent thématique à redoublement en *i* (<*ś*>*iś(ii)a-* ?). Devant cette incertitude du thème de présent (voir Kellens, JA 283, 1995, 29 n. 21), il me semble nécessaire de revoir le matériel pour constater d'abord le caractère conjectural ou controversé des formes n'appartenant pas au thème *ś(ii)āiia-*: ainsi, tandis que Y 16.7.1 *xᵛanuuaitīš aṣ̌ahe vərəzō*[1] *yazamaide* ᵛ *yāhu iristanąm uruuąnō* ⁺*śāiieṇte*[2] (B) ᵛ ˣ*yāhu*[3] *aṣ̌āunąm frauuaṣ̌aiiō* ∴ «Nous offrons le sacrifice aux plaisirs ensoleillés que l'harmonie procure aux ruvan et aux fravr̥ti des r̥tavan morts» est parfaitement clair, le statut de *śiiāmā* au Y 58.3 est-il douteux (voir Pirart, AION 52, 1992, 231 n. 23; malgré Kellens, JA 283, 1995, 35). Comme toutes les autres formes invoquées pour le thème de présent de √ *śiiā* sont en *iša-* ou en *paitiša-*, il vaut mieux, me semble-t-il, leur trouver une autre explication (désidératif de *paiti*+√ *i* ?). Sur *paitišāṯ* de Y 44.2 et de Yt 13.129.1, voir Kellens & Pirart 1988-1991 : *III* 174. Sur *paitišata* de Yt 11a.12.3. (= Y 57.13.3), voir Dehghan 1982 : 67. Le V 7.59ab (selon G) est assez agrammatical (voir Kellens, JA 283, 1995, 36 n. 38) : *taēca yā*[4] *kasu.xratuš*[5] *masiiō.xraθβąm*[6] *nōiṯ paitiṣ̌aiti*[7] «Les hommes de petite intelligence qui ne cherchent point l'intelligence supérieure» (trad. Darmesteter 1892-1893 : *II*), *OLEš'n|c MNV kvtk hlt HVEd AYK y'tvk HVEd ms hltyh LA QDM BOYHVNnd AYK 'ylptst'n| LA OBYDVN-BYN* ∴ (avēšān-iz kē kōdak-xrad hēnd {kū jādūg} hēnd meh-xradīh nē abar-xvāhēnd {kū hērbedestān nē kunēnd}) «ceux qui sont de petite intelligence {= les Yātu} ne recherchent pas à être de plus grande intelligence {= n'entreprennent pas d'études}». Quant à *iśaite* de H 2.2.4, il n'est pas aisé de le tirer de √ *śiiā*, aucune explication satisfaisante n'en a été donnée, et Kellens parle (JA 283, 1995, 29 n. 21) d'imprécision. Je suis impressionné par la graphie de la forme que K20 donne la première fois (folio 47v, ligne 1) pour H 2.20.4: *uṣ̌aite*[8]. En effet, cette leçon s'interprète facilement par le védique *UC* :: *ucyati* dont le sens «il a l'habitude, habite, trouve du plaisir» convient à merveille au contexte *auuauuaṯ śātōiš* «autant de plaisir». Je propose donc la correction ˣ*uśaiti*. En 2.20.4, ce verbe est traduit par *BOYHVNyhyt* (xvāhīhēd) «acquiert» et reflété

par AVN 17.6 *zyvst* (zīvist) «(est) vécu». Voici comment je lis et comprends alors H 2.2.4: [9]*upa*[10] *aētąm xšapanəm* V *auuauuaṯ šātōiš*[11] *uruua* ˣ*ušaiti*[12] V *yaθa vīspəm*[13] *imaṯ yaṯ*[14] *juiiō.aŋhuš*[15] .·. «À l'approche de cette nuit-là, le ruvan connaît autant de quiétude que toutes les (quiétudes) réunies qu'il (a connues) de son vivant.». **Notes:** [1]. Kellens (1974 : 363 sq.; JA 283, 1995, 35 n. 36) corrige en ⁺*varəzō* pour estimer que **r̥* doit être représenté par °*arə*°. Derrière *v*°, si la syllabe suivante est en °*ō*°, je crois que c'est plutôt °*ərə*° (JA 291, 2003, 108). ||| [2]. Bartholomae, contre G *ṣ̌āiieṇti*. Incertitude sur la diathèse chez Kellens, JA 283, 1995, 35 n. 36. La possibilité de lire *yāhu* ... ˣ*šiieiṇti* «là où habitent» que j'ai avancée (JA 291, 2003, 108) me paraît excessive aujourd'hui. ||| [3]. G *yā̊* (accepté Kellens, JA 283, 1995, 35). ||| [4]. Mis pour **yōi*. ||| [5]. Mis pour **kasu.xratauuō*. ||| [6]. Mis pour l'abstrait tiré du bahuvrīhi. ||| [7]. Mis pour le pluriel. ||| [8]. Contre De Vaan, IIJ 46, 2003, 45, qui lit *iṣ̌aite*. ||| [9]. Cf. AVN 4.6. Le Vyt 54.4 donne un texte distinct: *paoiriiąm xšapanəm vaŋhaiti hūxte bitiiąm huuaršte θritiiąm paθā̊* (à corriger en ⁺*paθąm*) *paiti cīcarənā̊* (Jm ⁺*vīcarənā̊*; cf. Y 42.1.2c *paθąmca vīcarənā̊ yazamaidē*; Yt 11.4j *paθąm vā paiti vīcarənā̊*; acc. mis pour le loc.?) «la première nuit, il la passe dans le Hūxta, la deuxième dans le Huvr̥šta et la troisième à la croisée des chemins». La croisée des chemins pourrait être l'endroit précis d'où part la Cinvatpr̥tu, mais, curieusement, le Humata (cf. H 2.15.1) n'est pas mentionné. Cette anticipation sur l'épisode des pas du ruvan et des antichambres du paradis existe aussi dans l'AVN 4.4. ||| [10]. Kellens (JA 283, 1995, 38) et Piras (2000) n'accordent aucune valeur significative à la préposition *upa*. À mes yeux, le sens en est «à l'approche de», ce qui, en réponse à l'accusatif de durée générale que l'on trouve dans la question (e. g. H 2.5.2ab *yąm θritiiąm ... aētąmciṯ xšapanəm* «la troisième nuit aussi»), fait système avec H 2.7.1a *θritiiā̊ xšapō* ⁺*θraošta* «au terme de la troisième nuit»: au début et à la fin. ||| [11]. H6 *šātōiš*; K20 *ṣ̌ātōiš*. ||| [12]. H6 *išaite*; K20 *iṣ̌aiti*. ||| [13]. H6 *vispəm*. ||| [14]. K20 saute ce mot. ||| [15]. H6 *zjuiiō.aŋhuš*; TD28 *juiiō.aŋhuš*. ▫ Kellens n'admet pas ce composé (JA 283, 1995, 38). Littéralement, la ligne pourrait se rendre comme suit: «comme (sont les quiétudes) tout le temps ici-bas quand (il était) avec une existence vivante». Le bahuvrīhi *juiiō.aŋhuš* me paraît offrir une meilleure possibilité sémantique que celle à laquelle conduit l'idée de deux mots («tout le temps ici-bas quand (son) existence (était) vivante»). Le premier terme de ce bahuvrīhi est le participe en °*a*- tiré du présent en **-u̯i̯a-* de √*jiiā* «être vivant».

[193] Avec le sandhi à effectuer dans lo. pati-īšāma > patīšāma.

c. [194]*friia*[195] *paiti tanuui*[196] [M][197]
d. *yōi hacahi aṣ̌iš vaŋ^{v}hi* ∴ (= 17.7.1e)
17.10.3. (= 17.7.2)
17.11.1.
a. *aēšąm kaininō*[198] *ā̊ŋhəṇte*[199]
b. *ąγmō.paiδiš*[200] *uruuizō.maiδiiā̊*[201]
c. *sraotanuuō*[202] *darəγō.aṇguštā̊*[203] [H][204]

---

[194] Mis pour le pluriel (lo. friyāhu pati tanūšu)? Cf. RS *priyā́- tanū́-* (Schlerath 1968 : *II*).

[195] Haplographique pour ^{x}*friiaiia* (lo. friyāyā)?

[196] F1, Pt1, E1, H3; *tanuua* K12; *tauua* J10. La tentative que fait Kellens (JA 283, 1995, 35 n. 34) de tenir compte de la leçon *tanuua* me paraît luxueuse, mais il est vrai que la présence de *paiti* dans le syntagme peut surprendre après un verbe préverbé de *paiti*.

[197] En défaisant l'haplographie ou en rétablissant le pluriel.

[198] *kaininō* G, F1, Pt1, E1, J10; *kainiiō* H3.

[199] F1, H3; *šəṇŋhəṇti* J10. Mis pour **ā̊ŋhāire*.

[200] F1, Pt1, E1, H3, Ml2; *ąγmō.paitiš* J10; *ągamō.paiδiša* K12. ◘ L'interprétation que Kellens (1974 : 376) donne de ce bahuvrīhi ne me paraît pas devoir être retenue («avec des crochets aux pieds»): le premier terme *ąγma-*, comme dérivé adjectif en *-ma-* de √ **aṇc* (véd. *AÑC*) «former une courbe», doit signifier «courbe». Sigmatisation secondaire du nom. fém. sg. en °ī : lo. angma-padī.

[201] *uruuizō* F1, Pt1, E1, Ml2; *uruuzō* H3; *uruuaizō* K12; *uruuaējō*; *maδiiā̊* H3; *maiδaiiā̊* K12; *maiδiuuā̊* F1, Pt1, E1, Ml2. ◘ Ce pourrait être le composé (type véd. *kṣayádvīra-* et grec *pheréoikos*) de la forme compositionnelle de √ **uruuiz* «?» et de *maiδiia-* «central». Le sens que B donne à **uruuizaiti* «er schnürt» est basé sur une étymologie boiteuse (ie. √ **u̯renĝh*). Seul le grec *rhíza* (myc. *wi-ri-za*) «racine» < ie. **u̯riĝ-iH$_2$-* pourrait convenir, mais la possibilité bute sur notre ignorance du sens premier de ie. √ **u̯reiĝ*. C'est la raison pour laquelle, faute de mieux, j'ai adopté grosso modo le sens proposé par B «mit geschnürter Taille». Remarquons aussi l'emploi licite de *maiδiia-* au sens de *maiδiiān-* «milieu» puisque la règle, dans les composés, est que le dérivé primaire se substitue au dérivé secondaire.

[202] Le premier terme *srao*° de ce composé (aussi dans *sraogəna-* et dans *sraoraθa-*) représente la forme compositionnelle (dite de Caland) de *srīra-* «beau», mais elle doit avoir subi un réaménagement phonétique difficile

d. *kəhrpa* ˣ*auuauuatō.sraiia*[205] (= H 2.9.3a)

à établir dont la dissimilation ii. **śraiH-i+* > **śrauH-i+* ou **śraï+* constituerait le premier pas. Je fais la même analyse pour *raoraθā-* «au riche char», l'épithète courante de la déesse Parandī (voir § 4 n. 52).

[203] *anuštå̊* F1, Pt1, E1, H3; *aṇŋhuštå̊* J10. ◘ Cf. AVN 4.9.2 <pad>[1] kanīg kirb ī nēk <ī>[2] pad dīdan ī hurust {kū pad frārōnīh rust estād} <ī>[3] frāz-pestān {kū-š pestān abāz nišast} ī[4] ˣdagrand-angust[5] «sous forme de belle jouvencelle, admirable, arrivée à maturité {= qui avait grandi dans la vertu}, avec les seins proéminents {= qui avait les seins fermes}, et de longs doigts». **Notes :** [1]. Contre Gignoux (1984) et Vahman (1986). À restituer sur base de H 2.9.2a. ||| [2]. Contre Gignoux (1984) et Vahman (1986). À restituer puisque la séquence pad dīdan est épithète de kanīg. ||| [3]. Contre Gignoux (1984) et Vahman (1986). À restituer puisque frāz-pestān est épithète de kanīg. ||| [4]. Vahman (1986) ne retient pas ī. ||| [5]. Au lieu de lire, avec Gignoux (1984), *AYKš pyst'n LAVHL YTYBVNst Y dyl V y'n dvst* et de comprendre {kū-š pestān abāz nišast ī dil ud gyān dōst} «{= qui avait les seins fermes, amis du coeur et de l'uštāna}», cette ligne est à corriger avec Vahman (1986) en *AYKš pyst'n LAVHL YTYBVNst Y* ˣ*dglnd 'ngvst*ˣ, mais la finale °and du premier terme du bahuvrīhi ˣdagrand-angust pourrait provenir d'un bégaiement graphique pour *dagr-angust qui se conformerait mieux à l'avestique *darəyō.aṇguštā-*.

[204] Si les formes à reconstituer sont sraï-tanuvah dargānguštāh.

[205] *auuauuatąm sraiia* G, F1, Pt1, E1, H3; *auua.auuatąm* J10; *auuaṇtąm* K12: qu. *auuauuata*? ◘ Lo. kṛpā avāvatah-sriyā. Correction d'après H 2.9.3 [1]*kəhrpa*[2] ⁺*auuauuatō.sraiia*[3] V *yaθa dāmąn sraēštāiš*[4]: Piras (2000) édite *sraiiå̊*, qui serait un insolite génitif singulier irrégulier de *srī-*, mais les manuscrits, tant ici que pour la séquence parallèle du Yt 17.11.1, donnent *sraiia*[5] à l'exception de K20 qui, ici, donne *sraiiå̊*. Dès lors, la seule façon de s'en tirer pour ce qui est de la syntaxe, c'est de considérer *auuauuatō sraiia* comme un bahuvrīhi accordé avec *kəhrpa* : ⁺*auuauuatō.sraiia*. Le premier terme de ce bahuvrīhi est le génitif adverbial de *auuauuaṇt-* (cf. le tour *biš aētauuatō* «bis tanto» du V 13.30): «sous une forme possédant une beauté d'autant». Piras (2000) a cependant raison de signaler que les mots *yaθa dāmąn sraēštāiš* se retrouvent dans le Yt 10.143, mais analyse mal le supplément *hū bāmiia xšaētāi* qui s'y rencontre : *bāmiia*[6] est épithète de *dāmąn*, et *xšaētāi*, génitif à forme dative, s'accorde avec *hū*. La comparaison se fait ainsi avec les très belles instaurations brillantes du splendide Soleil, avec ses rayons : «sous une forme possédant autant de beauté que (tous) les

e. *yaθa* ˣ*daiδiiatąm*[206] *zaošō* [C][207]
f. *yōi hacahi aṣ̌iš vaŋʷhi* ∴ (= 17.7.1e)
17.11.2. (= 17.7.2)
17.12.1.
a. *aēšąm aspåŋhō baiieṇte*[208]
b. *āsauuō rauuō.fraoθəmanō*[209]

---

très beaux dāman (brillants du splendide Soleil) réunis». Il n'est pas exclu que ce supplément que montre le Yt 10.143 doive être restauré dans H 2.9.3. **Notes :** [1]. Trad. phl.: u-š kirb ēdōn nēk ᵛ ciyōn dāmān <ī> dōšagdar {<ī> nigerišn abāyišnīgdar} «Et sa forme est aussi heureuse que (celle des) dāman tout à fait agréables {et tout à fait dignes d'observation}». ||| [2]. TD28 et Vyt *kəhrpa*; H6 *kərhrpa* avec le premier *r* biffé; K20 *kəhrp*. ||| [3]. H6 *auuauuatō.sraira*; K20 *auuauuatō.sraiiå*. Corrigé sur base du Vyt et de Yt 17.11 (voir Kellens 1974 : 378). ||| [4]. Mis pour l'acc. nt. plur. ||| [5]. Ici H6 *sraira*. Kellens (1974 : 378) ne fait pas le composé. ||| [6]. Lo. bāmaya-, adj. tiré du dénominatif de bāma-.

206 Avec Kellens (1984 : 183 sq. n. 9), contre *diδaiiatąm* G, F1, Pt1, E1; *daδaiiatąm* H3; *daiδiiaṇtąm* K12; deest J10. ▫ Restaurer le préverbe <*ā*> pour la métrique et pour le sens («regarder») ?

207 À moins d'y restituer le préverbe <*ā*> (voir la note précédente) : lo. yaθā ādīdyatām zaušah. Car le redoublement annule le caractère seṭ de √ *dī* (cf. Y 44.10d' *daidiiaṯ*: Kellens & Pirart 1988-1991 : *I* 71).

208 F1, Pt1, E1, H3; *baiiaṇti* J10, K12. ▫ Sur les incertitudes concernant le sens («craindre» ou «effrayer») et la diathèse, voir Kellens 1984 : 38; Kellens & Pirart 1988-1991 : *III* 118. En védique, on trouve généralement *bháyate* «il craint» construit avec l'ablatif (cf. P 21), mais il est possible que «effrayer *acc.*» y soit documenté par RS 7.83.2c *yátrā bháyante bhúvanā svardṛ́śaḥ* «là où les hommes qui voient le Soleil effraient les êtres» (?; voir les hésitations de Renou 1955-1969 : *VII* 84).

209 *rauuō.fraoθman-* «au vol léger». Composé de *rauuō+* (< ii. **raghuat+*[1]) et du dérivé en *-θman-*[2] de √ *fru*. Si le composé signifie «mit heftigem Schnauben»[3], le premier terme fait difficulté: que veut-il dire au juste? Si[4] *fraoθman-* est «ébrouement», *rauuō+*, que l'on veuille y reconnaître *rauuah-* nt. «espace libre»[5] ou que l'on en fasse une variante de *rauuaṯ+*[6], le composé est sémantiquement inattendu. La vieille explication[7] de *fraoθman-* par √ *fru* (véd. *PRU* / *PLU*) au lieu de √ *fruθ* (véd. *PRUTH*) me paraît ainsi préférable. **Notes:** [1]. Forme latérale de **raghú-* type v.-av. *bəzuuaṇt-*, attestée

c. *raom*[210] *vāṣ̌əm*[211] *vāṣ̌aiiaṇte*[212]
d. *mrātəm.carəma*[213] *θaŋjaiieṇte*[214]
e. *taxməm* ˣ*stātārəm*[215] *vazəṇti*[216]
f. *āsu.aspəm dərəzi.raθəm*
g. *tiži.arštīm* †*darəγa.ārəštaēm*[217] (= 10.102.2b) [M][218]
h. *xšuuiβi.išūm*[219] *parō.kəuuīδəm*[220] (= 10.102.2c) [M][221]

---

encore comme andronyme gén. *rauuatō* (Yt 13.123). ||| [2]. Pour *-θman-*, cf. v.-av. *hušōiθman-* (Debrunner 1954 : 697). ||| [3]. Mayrhofer 1986-2001 : *II* 192, d'après Dresden 1970 : 134 sq.; Kellens, IA 10, 1973, 134 sq.; Oberlies, SII 15, 1989, 89 n. 77. ||| [4]. Avec Swennen 2004 : 366 : «dont le ronflement (se produit) dans l'espace libre». ||| [5]. Qui est non jamais une désignation spécifique des espaces célestes, mais exactement l'antonyme de *ązah-*. ||| [6]. Cf. *rauuat̰.aspa-* «aux chevaux rapides/légers». ||| [7]. Bartholomae 1904 : 1513.

[210] F1, Pt1, E1, H3, J10.

[211] deest Pt1.

[212] E1, F1, Pt1; *vāšiieṇte* H3; *vāsaiiaṇti* J10; *vāšiia.maiiaēṇti* K12. ◘ Manque chez Kellens 1984 : 131 (voir 1995 : 54 n. 1). Dénominatif moyen tantum (voir Kellens 1984 : 20), mais le causatif réfléchi de √ *vart* ne peut être exclu: «les chevaux se font rouler le char (= les chevaux font rouler le char auquel ils sont attelés)».

[213] Il me paraît plus naturel d'y voir un bahuvrīhi, contre G et B («sie ziehen an dem gegerbten Leder(strang)»); *mrātəm carəma* F1, Pt1, E1, H3; *m*° *carəm* Ml2; *mrātəm.varaema* J10. ◘ Cf. RS *cárman- mlātá-* (Schlerath 1968 : *II*; voir Mayrhofer 1986-2001 : *II* 388). Nominatif masc. plur.?

[214] F1, Pt1, E1, H3; *θan.jaiiaṇti* J10. ◘ Sur la diathèse, voir Kellens 1984 : 26.

[215] G *staotārəm.*

[216] F1, Pt1, E1; °*te* H3. ◘ Sur la diathèse, Kellens 1984 : 49.

[217] F1, Pt1; *ārəštəm* H3, Ml2; *arəštəm* J10. **Pour 10.102.2 :** *darəγa.-arəštaēm* G, Pt1, E1, K15, L18; *arəštīm* P13, J10. ◘ Il est interdit que le second terme d'un bahuvrīhi soit un dérivé secondaire par vr̥ddhi de la syllabe initiale et thématisation en °*a-* (lo. ārštya-), et darga-r̥šti- suffisait. Faut-il donc y reconnaître une intervention diascévastique?

[218] Lo. tiji-r̥štim darga-r̥štim.

[219] **Pour 10.102.2 :** *xṣ̌uuiβi.išūm* G, Ml2; *išum* F1, Pt1, E1, K15, L18, P13. ◘ Le sandhi compositionnel est à effectuer.

i. *vītārəm paskāt̰*[222] *hamərəθəm*
j. *jaṇtārəm parō*[223] *dušmainiiūm*
k. *yōi hacahi aṣ̌iš vaŋᵛhi* ∴ (= 17.7.1e)
17.12.2. (= 17.7.2)
17.13.1.
a. *aēšąm uštrą̊ŋhō baiieṇte*[224]
b. *saēni.kaofa*[225] †*aš.manaŋha*[226] [M][227]

---

[220] G; *kəuuiδəm* F1, Pt1, E1; *kəuuiδəm* H3; *kaeuuaedəm* J10. **Pour 10.102.2 :** *parō.kəuuīδəm*. ▫ Fausse coupe: voir Kellens 1974 : 72.

[221] Lo. xšvibīšum parākavidam.

[222] Pour la combinaison de *paskāt̰* avec √ *vī*, cf. 11a.28.1 (= Y 57.29.1) *yōi vīspə̄* †*tə̄ apaiieiṇti* ᵛ *yą auue paskāt̰ viieiṇti* ᵛ *nōit̰ auue paskāt̰ āfəṇte* «Ceux qui rattrapent tous ceux qu'ils poursuivent ne se laissent jamais rattraper».

[223] F1, Pt1, E1, H3, J10; *pouru* K12. ▫ Le contraste avec *paskāt̰* permet de déterminer que *parō* est ici le correspondant du véd. *puráḥ*.

[224] F1, Pt1, E1, H3, K12; *baiiaṇti* J10.

[225] *saēni.kaofa* G, F1, Pt1, H3; *saēna* E1; *šane* J10. ▫ Cf. V 22.3.3b *hazaŋrəm uštranąm* ˣ*auruuatąm* (G *uruuatō*) *saēni.kaofanąm* «mille chameaux de course aux bosses rebondies». Le premier terme lo. sani+ est la forme compositionnelle (dite de Caland; cf. Yt 14.12g *stuui.kaofa-*) de l'adjectif tiré de √ *san* «grimper». La graphie en °*ē*° de l'épenthèse de °*i*° sur °*a*° à travers °*n*° est fréquente.

[226] F1, Pt1, E1, H3; *ku.frauuaša.man*° J10; *aṣ̌a* M12. ▫ Mis pour lo. aš-āmanahā ? Cf. 14.12 *yō aršnąm* †*fraŋhərəzaṇtąm*[1] ᵛ *mazištəm aojō* ˣ*ābaraite*[2] ᵛ *mazištəmca āmanaŋhəm* ᵛ *yō xšaθrišuua auuāiti*[3] ᵛ *auuą̊ zī xšaθrīš hupātōtəmą̊* ᵛ *yą̊ uštrō pāiti* †*vaδairiš*[4] ᵛ *aš.bāzāuš*[5] *stuui.kaofō* ᵛ †*səmarəšnō.daēma*[6] *jīrō.sārō* ᵛ ˣ*raēuuą̊*[7] *bərəzō amauuą̊* ∴ «(chameau) qui, des mâles capables d'éjaculer (= matures), montre la plus grande autorité[8] et la plus grande fougue[9], pour resplendir au milieu des femelles. Car les femelles sont bien protégées que le chameau en rut protège, avec ses puissantes pattes antérieures, ses bosses bien bombées, son regard de cerf dépourvu de bois, sa tête vive, riche, haut, impétueux». **Notes :** [1]. G *fraŋhərəziṇtąm*. Contre Kellens 1984 : 321 n. 10. ||| [2]. G *ābaraiti*. ||| [3]. De *ā*+ √ *bā* (Kellens 1984 : 89 n. 3). ||| [4]. G *vaδariš*. Réduction de °yu° à °*i*° comme dans *daršiš*. ||| [5]. Derrière °*z*°, °*ā*° est secondaire, dû à l'élocution liturgique médiévale : lo. aš-bāzuš. ||| [6]. G *smarṣ̌nō.daēma*. Lo. samaršna-daiman- :

c. ˣ*aojaiieṇte*[228] [C]
d. *zəmat̰*[229] ˣ*parətəmna*[230] *vaδairiiauuō̆*[231]
e. *yōi hacahi aṣ̌iš vaŋᵛhi* ∴ (= 17.7.1e)
17.13.2. (= 17.7.2)
17.14.1.
a. *aēšąm*[232] *ərəzatəm.zaranim*[233] (cf. 5.129i, Aog 84b)
b. ˣ*nibərəθe*[234] *ābərəta*[235] *baraiti*[236] [H][237]

Pirart, JA 287, 1999, 482; AulaOr 20, 2002, 261. ||| 7. G *raēuua*. ||| 8. aujah «pouvoir, ascendant» (= védique *ójas-*), force magique comme celle qui, se dégageant du rituel, permet à la divinité d'accomplir la prouesse attendue ou d'avoir le dessus sur l'adversaire. ||| 9. āmanaha «obsession, fixation, fougue» (cf. véd. *ā́manas-*).

227 Même s'il faut reconstituer lo. aš-āmanahā puisqu'il est possible d'effectuer le sandhi lo. sani-kaufā aš-āmanahā > sanikaufāžāmanahā. Voir note précédente.

228 Avec Whitney (1879 : 346; voir Kellens 1984 : 133), contre B ˣ*uzaiiaṇtō* (de *us*+√ *zā*) et contre G *aojaiieni* F1, Pt1, E1, H3, Ml2; *uzaiiaṇti* J10; *uzī.amana* K12; qu. *aojaiieṇti* ? ▫ Moyen tantum avec Kellens (1984 : 20: «faire étalage de sa force»).

229 Mis pour le loc. **zəmē* (cf. véd. *jmayā́* < **jmé*+*ā́*), contre B qui faisait de *zəmat̰* le complément de *us*+√ *zā* «aufspringen, sich aufrichten» : «die Kamele..., die vom Boden sich (auf den Hinterbeinen) aufrichtend».

230 Contre *pərətamna* G; ˣ*pərətəmna* Kellens (1984 : 324). ▫ Kellens hésite quant à savoir si c'est un bhvādi ou un tudādi (1984 : 107), mais, de toute façon, derrière labiale, °ṛ° s'écrit souvent °*arə*°.

231 F1, Pt1, E1, H3; *vadaraiiaeuuō* J10; *vaδaraiiō.auua* K12.

232 Mis pour le datif, à moins d'en faire le complément de ˣ*nibərəθe*.

233 *zaranim* F1, Pt1, E1, H3; *zaranəm* J10. ▫ Samāhāravandva secondairement défait.

234 Locatif de *nibərəθa-* avec Bartholomae (suivi par Klingenschmitt 1968 : 279; Pirart, JA 289, 2001, 118 n. 88; Hintze 2000 : 309 n. 178), contre *nibərəθi* G, F1 (in this *i* inserted sec. m. before *θ*), H3; *nibərəiθi* Pt1, E1; *ne.bərəθe* J10, K12. ▫ Pour l'absence d'épenthèse en °*i*° de °*e* sur °*ərə*°, voir la note concernant 17.0.19b *mrūtē*.

235 F1, Pt1, E1, H3, J10. ▫ Nom. masc. sg. de lo. ābartar- (B; voir Pirart, JA 289, 2001, 118 n. 88; Hintze 2000 : 309 n. 179) ? Instr. de *ābərət-*? Loc. de *ābərəiti-* ? Si nous optons pour l'adjectif verbal en *-ta-*, nous devons

c. *aiβitarābiiō*[238] *haca daŋhubiiō* [H][239]
d. [240]*vastrą̊sca kəṣ̌ą̊*[241] *bāmaniuuą̊*[242] (= FiO ˣ279[243])
[H][244]
e. *yōi hacahi*[245] *aṣ̌iš vaŋᵛhi* ∴ (= 17.7.1e)
17.14.2. (= 17.7.2)[246]
17.15.1.
a. ˣ*upa*[247] *mąm*[248] ˣ*upa.daiδiia*[249] [M][250]

---

considérer qu'il est mis pour le nom. nt. sg. puisque le sujet est probablement un samāhāradvandva: lo. aibyah ṛzata-zaranyam nibṛθ(ai)ābṛtam baryatai.

[236] F1, Pt1, E1; *barāiti* H3; deest K12, Ml2. ▫ Dépourvu de préverbe en raison des noms préverbés qui précèdent. Mis pour le passif ? Le nombre singulier est à accepter si le sujet est un samāhāradvandva.

[237] À moins de considérer ˣ*nibərəθe ābərəta* comme un composé défait : lo. nibṛθābṛtam.

[238] Pour moi, *aiβitara-* signifie non exactement «außen gelegen» (B; voir Hintze 2000 : 309 n. 180), mais «situé autour, environnant», *aiβi* étant étymologiquement superposable au grec *amphí*.

[239] À moins de se passer de *haca*.

[240] Mis pour le nom.-acc. nt. plur. (Pirart, JA 288, 2000, 378).

[241] F1, Pt1, E1, H3, Ml2; *kərəšą̊* J10; *kišą̊* K12. Sur *kəṣ̌a-* < lo. kṛta-, voir Pirart, JA 289, 2001, 118.

[242] *bāmaniuuą̊* F1, Pt1, E1, H3; *bāmnaiuuą̊* K12; *āmaineuuą̊* J10. ▫ À mes yeux, le second terme du composé *bāmaniuua-* (sans doute présent aussi en 17.10.1a) est à expliquer non par un rapprochement avec l'ossète (iron) *niv* «Form, Gestalt, Bild» comme le voudrait Gershevitch (1959 : 282; voir Mayrhofer 1956-1980 : *II* 493 sq.) ou avec le v.-p. niba- «beau», mais bien par le védique *nīví-* et l'av. *niuuauuaitī-* (ˣ*niuui*° : voir Wackernagel, KZ 43, 1910, 278 n. 1). +*niuua-* serait la forme compositionnelle de **niuui-* comme véd. +*akṣa-* est celle de *akṣí-* «oeil».

[243] *vstlg ZY krt ZY b'myktl'c* (vastrag ī kard ī bāmīg-tarāz) «gefergtigte (?), mit glänzenden Stickereien versehene Kleider» (Klingenschmitt 1968, avec litt.). Cf. véd. *nīví-* et V 19.30 *niuuauuaitī-* (sur lesquels deux mots voir Mayrhofer 1986-2001 : *II* 52).

[244] Du fait de l'introduction de °*ca*.

[245] F1, Pt1, E1; °*he* H3, J10.

[246] *hacahi* G, F1, Pt1, E1; °*he* H3, J10. *upaŋhacahi* G, F1, Pt1, E1; °*he* H3, J10.

b. *frā mąm*[251] +*aiβi* +*uruuaēsaiiaŋᵛha*[252]
c. *marždikəm*[253] *aṣ̌iš*[254] *bərəzaiti* .·.
17.15.2.
a. *huδāta ahi*[255] *huciθra*[256]
b. *vasaθa*[257] *ahi*[258] *xšaiiamna*
c. *tanuiie*[259] *xᵛarənaŋ́he*[260] +*dāite*[261] .·.

---

[247] B, contre G *apa ... apa.daiδiia*.

[248] Mis pour l'enclitique.

[249] *apa.daiδiia* G, H3; *daeδiia* J10; *daiδaiia* F1, Pt1, E1. ▫ Mis ou fautif pour lo. upa-dīdidi (cf. véd. *dīdihi*, v.-p. haplol. *di-i-di-i-y*: voir Kellens 1984 : 184 n. 10) 2e sg. impér. prés. act. de *upa*+√ *dī* (cf. MBh *upa DHYĀ* :: *upadhyāta*- «remembered, thought of» [MW]) ? Impératif thématisé avec absence de réduction de °*iia* à °*e*, selon Kellens 1984 : 183, 315.

[250] S'il faut reconstituer lo. upadīdidi. Voir note précédente.

[251] Mis pour l'enclitique: le fait d'être régime de *aiβi* ne s'y oppose pas (cf. 17.10.2a *nō auui*).

[252] Sur la graphie de *aiβi*, voir la note concernant 17.25.3a. Vu l'ordre des mots, *aiβi* ne peut être préverbe, contre G *aiβi.uruuaēsaiiaŋuha*. La combinaison *frā*+√ *uruuis* est quant à elle bien attestée par ailleurs. Moyen réfléchi transitif (Kellens 1984 : 62).

[253] F1, Pt1, E1, H3; *marəždakəm* J10.

[254] Mis pour le vocatif.

[255] F1, Pt1, E1, H3; *ahe* J10; it is wanting the second time in K12.

[256] Selon Hintze (1994 : 387; 2000 : 310), «von guter Abstammung», mais *ciθra*-, pour moi (AION 52, 1992, 227), désigne un type de richesse spirituelle consistant en pensée bonne, parole bonne et geste bon. Dire d'Ārti qu'elle est *huciθrā*- rappelle que les gén. des mots désignant les trois niveaux du comportement rituel de l'adorateur complètent plusieurs fois son nom dans les Gāθā.

[257] Cheville métrique pour **vasō*.

[258] F1, Pt1, E1, H3; *ahe* J10; it is wanting the second time in K12.

[259] F1, Pt1, E1, H3; *tanaoiie* J10; *tanuiia* K12.

[260] F1, Pt1, E1, H3, J10, Ml2; *x́arənaŋhi* K12.

[261] Avec G, so or *dāiti* Ml2, contre *dāitīm* B (voir Benveniste 1935 : 25), H3, J10; *dāitim* F1, Pt1, E1; *dāitəm* K12. ▫ Faire de *dāite* un infinitif (non retenu chez Kellens 1984 : 347) dans une construction en triple datif? Cf. 17.22.3a.

17.16.1.
a. *ptā tē[262] yō[263] ahurō mazdå
b. yō mazištō yazatanąm (cf. 10.142.2c)
c. yō vahištō yazatanąm ∴.
d. māta ārmaitiš[264] spəṇta[265]
17.16.2.
a. [266]†brāta tē yō vaŋhuš sraošō aṣ̌iiō[267] (cf. 1.9.2f, 10.100b, 11a.28.2c, Y 57.29.2c[268], Vr 12.1.2a) [H][269]
b. rašnušca bərəzō[270] amauuå (cf. 10.100d, 12.6.1b)
c. miθrasca vouru.gaoiiaoitiš[271]
d. yō baēuuarə.spasanō[272] hazaŋra.gaošō (cf. 10.7cd, 10.141.3b) [P]

---

[262] Avec la métrique, contre les manuscrits : *pita.tē* G, *paiti.tē* J10, K12; *paite* H3; *pitae* (for p^{o} t^{o}) F1, Pt1, E1, Ml2. ▫ La correction n'est pas à effectuer si nous considérons que la diascévase a remplacé lo. ptā par la forme dialectale vieux-perse pitā. Litt. chez Kellens, Kratylos 36, 1991, 15 sq.

[263] Cheville métrique.

[264] Ce tétrasyllabe montre l'allongement régulier de la voyelle de sa syllabe initiale et l'amuïssement complet de la voyelle de sa deuxième syllabe comme dans *frānmāne* (17.25.4). Composé de aram (véd. *áram*) et de mati- (véd. *matí-*) avec sandhi °m-m° > °m°.

[265] Cf. RS *arámatiḥ pánīyasī.*

[266] *brāta tē* est mis pour brātarah.

[267] «accompagné de la part», contiendrait *aṣ̌i-* selon Hoffmann (voir Kellens, JA 283, 1995, 43). Pour moi, c'est l'équivalent du védique *ṛtāyú-/ṛtayánt-* (JA 283, 1995, 60 sq.). Je persiste donc dans ma «désinvolture» (Kellens, JA 284, 1996, 73 n. 28) non seulement en raison du rendu pehlevi *slvš Y 'hl'y* de l'avestique *sraoša- aṣ̌iia-* où le *°(a)°* est clairement reflété par aleph, mais aussi sur base de la grande quantité des attestations de lo. °ăya° > °*iia*°, à commencer par d'autres participes présents en °*a-* de présents en ii. *°*ăi̯a-* tels que *uzgrəmb(a)iia-*, *baēšaz(a)iia-*, *bām(a)iia-*, *bərəj(a)iia-* et *vāstr(a)iia-*.

[268] Trad. phl. : kē veh srōš ī aṣ̌aii°.

[269] 3 + 8 syllabes avec *yō* cheville métrique.

[270] Nominatif masc. sg. de *bərəza-* = *bərəzaṇt-*.

[271] *gaoiiaoitōiš* F1, Pt1, E1, H3, M7.

[272] Pt1, E1, F1 (sec. m.); *spasnō* F1 (pr. m.), H3; *spa.šānō* J10.

e̲. *xᵛaŋha daēna māzdaiiasniš*[273] ∴ (cf. 10.68.1c)
17.17.1.
a̲. *upa.staota*[274] *yazatanąm*
b̲. *amuiiamna*[275] *razištanąm*[276] (cf. 13.35.2c)
c̲. *paiti.staiiata*[277] *raiθiia*[278]
d̲. *aṣ̌iš vaŋᵛhi yā*[279] *bərəzaiti* (= 10.68.1b, 17.21.1b, 17.25.2b, 17.26.1b, 17.54.1b, 17.57.1b, 17.58.1b, 17.59.1b, 18.4.4b; cf. 8.38.3b)
e̲. *uiti vacə̄biš*[280] *aojana* ∴ (= 17.22.1d; cf. 5.76.2b, 19.49.3c)

---

[273] Cet adjectif n'a pas nécessairement le sens patronymique et, de toute façon, ce serait «fille de mazdéen» et non «fille de Mazdā» (pace Kellens, JA 283, 1995, 43 n. 57).

[274] F1, Pt1, E1, H3, J10. ◘ Locatif sg. de *upa.stūiti-* ou nom. fém. sg. de *upa.stuta-*? Selon Hintze (2000 : 310), «Die preisenswerte unter den Verehrungswürdigen». Semblablement Skjærvø (ACL 127, 1996, 599), «Praised among beings worthy of worship». Dans un cas comme dans l'autre, °*u*° est écrit °*ao*° ou bien par corruption ou bien en vertu d'une règle de graphie mal établie.

[275] Selon Kellens (1984 : 126), de √ *mī* / *miiu* (sur la racine et son orthographe, voir Pirart in Kellens 1995 : 88 n. 1). Au lieu d'y supposer une dissimilation pour **amiiuiiamna-*, mieux vaut admettre pour cette racine une forme latérale √ *mū* comme en védique (voir Mayrhofer 1986-2001 : *II* 359).

[276] Selon Skjærvø (ACL 127, 1996, 599), «not to be moved away from the straightest (paths)». Semblablement Hintze (2000 : 310), *amuiiamna razištanąm* {*paθąm*} : «die nicht abzubringende von den geradesten (Pfaden)».

[277] F1, Pt1, E1; *staiieti* K12, J10. Sur la diathèse, Kellens 1984 : 58.

[278] *raθaiia* K12, Ml2, Hintze (2000 : 310 n. 187); *raēiθiia* E1, H3; *raēuθiia* F1, Pt1; *airiθiia* J10. ◘ Locatif sg. de *raθa-* suivi de la postposition *ā*, mais la correction ⁺*raθaiia* ne me paraît pas nécessaire, *raiθiia* pouvant représenter un stade de l'élocution liturgique médiévale de lo. raθai ā : cf. *gaēθiiāi* de *gaēθā-* dans le Y 9.3.3b (que j'ai peut-être corrigé [2004 : 61, 279] trop sévèrement en ⁺*gaēθaiiāi*). Contre Skjærvø (ACL 127, 1996, 599 n. 6), qui veut y voir une forme de *raiθī-* «aurige».

[279] Cheville métrique (cf. 17.15.1c).

17.17.2.

a. *kō ahi*[281] *yō mąm*[282] *zbaiiehi*[283]

b. *yeŋhe azəm frāiiō* ˣ*zbaiiaṇtąm*[284] [M][285]

c. *sraēštəm susruiie*[286] *vācim* .·. [M][287]

17.18.1.

a. *aδāṯ*[288] *uiti frauuaśata*[289] .·. (= 14.54.1a, 17.21.1a; cf. V 19.7.1a[290])

b. *yō*[291] *spitāmō zaraθuštrō* (= 17.20.3d, 17.21.3b, V 19.7.1b)

---

[280] L'une des rares survivances de *+biš* comme marque de l'instr. plur. (Pirart, JA 288, 2000, 386) à moins que, contre la métrique, ce ne soit de l'accusatif.

[281] F1, Pt1; *ahe* E1, H3, J10.

[282] Mis pour l'enclitique.

[283] F1, Pt1, E1; °*he* H3, J10. ▫ Présent primaire en *-aiia-* de √ *zū* (voir Kellens 1984 : 135). Sur la diathèse, voir Kellens 1984 : 71.

[284] *zbaiiəṇtąm* G, H3; *zbaiientąm* F1, Pt1, E1; *zbaiianąm* J10.

[285] Licence métrique: °a a° > °ā° ou °aa°. Ici yahya azam > yahyāzam, mais, en 17.18.2c, yazata ahuram > yazataahuram.

[286] F1, Pt1, E1; *su.sraoiie* J10. ▫ La seule attestation du réfléchi indirect de √ *sru* (Kellens 1984 : 71).

[287] Pour autant que nous reconstituions lo. sraïštam.

[288] L'invariable *aδāṯ* «de là» est formé par l'adjonction artificielle de la finale ablative à l'adverbe de lieu *aδa* «là» comme s'il s'agissait d'un thème nominal en °*a*-. Comme, dans le cas de l'interrogatif, l'artifice aboutit à une finale à voyelle brève: *kuδaṯ*, il reste difficile de se faire une idée de la morphologie exacte du mot, et sa réalité reste incertaine dans la langue originale : les quelques restes d'emploi du suffixe *+tō* (véd. *+taḥ*) suggèrent qu'elle possédait atah.

[289] *frauuašata* G, F1, Pt1, E1; °*šaiti* K12. ▫ Selon Kellens (IIJ 19, 1977, 90; 1984 : 131), c'est le dénominatif de *vac-*. Pour moi, c'est le correspondant du véd. *VAÑC* :: *vacyáte*: cf. RS 1.142.4d *áchā sujihva vacyáte*. Moyen tantum (Kellens 1984 : 20).

[290] passōxīh ō ōy guft kē spitāmān zarduxšt.

[291] Cheville métrique. Cette version du vers est nettement moins répandue que 17.45.1b *yō aṣ̌auua zaraθuštrō*.

17.18.2. [M][292]
a. *yō*[293] *paoiriiō maṣ̌iiākō* (cf. V 18.16.1a)
b. *staota*[294] *aṣ̌əm yat̰ vahištəm* (cf. 13.89.3b, V 18.16.1b)
c. [295]*yazata*[296] *ahurəm mazdąm* (= 11a.1.2c, Y 57.2.2c)
d. *yazata*[297] *aməṣ̌ə spəṇtə* (= 11a.1.2d, Y 57.2.2d)
17.18.3. (= 13.93.1)
a. *yeŋ́he*[298] *ząθaēca vaxšaēca* (= 17.18.3c, 17.19.1a)
b. *uruuāsən*[299] *āpō uruuarā̊sca*
c. *yehe*[300] *ząθaēca vaxšaēca* (= 17.18.3a)

---

[292] Pour autant que nous ne rétablissions pas la première personne du singulier des verbes (voir les notes suivantes).

[293] Fausse relative née du travail de coupé-collé : *uiti* annonçait un discours direct dans lequel cette ligne devait ouvrir une proposition principale, mais il est vrai que, comme réponse à une question portant sur l'identité, il serait possible de recourir au relatif *yō* au sens de «je suis celui qui» pourvu que les verbes de la relative fussent de première personne.

[294] Réfléchi indirect, selon Kellens (1974 : 125; 1984 : 50), mais, dans le V 18.16.1b, c'est un impératif 2e plur. act. (Kellens 1984 : 316)! J'opte pour le nom d'agent en *-tar-*, puisque, de toute façon, nous attendons une forme compatible avec la première personne du sg. Ceci dit, le travail de coupé-collé ne nous permet plus de savoir quelle était l'interprétation à donner de la forme dans le passage source puisque celui-ci ne peut plus être sûrement identifié.

[295] Trad. phl. du Y 57.2.2cd : ā-š yašt ohrmazd ā-š yašt aməš°spandān; trad. scr. : *ārādhaye svāminaṁ mahājñāninam ārādhaye amaraṁ gurutaram.*

[296] Mis pour la première sg. L'anomalie résulte d'un travail peu soigneux de coupé-collé.

[297] Mis pour la première sg.

[298] *ýeŋ́he* F1, Pt1, E1, H3, J10, Ml2. **Pour 13.93.1a et c :** *yehe* G, Mf3, K13.38, H5, F1, Pt1, E1, P13; *yeŋ́he* J10; L18, K14 have both.

[299] J10; *uruuāθən* F1, Pt1, E1, H3. **Pour 13.93.1 :** *uruuāsən* G, Mf3, K13.38.14, H5, Lb5, J10; *uruuāθən* F1, Pt1, E1, L18, P13. ▫ Présent inchoatif en *-sa-* de √ *uruuāz* contre B qui en fait l'inchoatif de √ *uruuād* et contre Kellens (1984 : 112 sq.) qui, à la suite de Hoffmann (1967 : 122 n. 32), opte pour F1 *uruuāθən* expliqué comme le bhvādi de √ *uruuād*. À mes yeux, la graphie en °*θ*° représente un hyperavesticisme pour °*s*°.

d. *uxšin*[301] *āpō uruuarā̊sca* ∴.
17.19.1.
a. *yehe*[302] *ząθaēca vaxšaēca* (= 17.18.3a)
b. *apa.duuarat̰*[303] *aŋrō mainiiuš*
c. *haca zəmat̰ yat̰*[304] [305]*paθanaiiā̊* (cf. 10.95.2d, 10.99.3d, V 19.4.2b)

---

[300] Pt1, E1; *yeŋ́he* F1 (in this *ŋ́* struck out), H3, J10. □ La variation graphique *yeŋ́he* ... *yehe* ... *yehe* que les mss. imposent d'éditer reste inexpliquée.

[301] F1, Pt1, E1, H3; *uxšən* J10. **Pour 13.93.1 :** *uxṣ̌in* G, F1, Pt1, E1; *uxšīn* Mf3, k13.38.h5; *uxšiiən* J10; *ušin* L18; *ušən* P13. □ Divādi (Kellens 1984 : 123).

[302] F1, Pt1, E1; *yeŋ́he* H3, J10.

[303] Sur cette racine, Kellens 1984 : 107. En dehors de *hąm*+√ *duuar* (sur quoi Kellens 1984: 53 n. 1; Kellens & Pirart 1988-1991: *II* 263), √ *duuar* est actif tantum, contre Kellens (1984 : 247) qui trouve un impft. *aduuarəṇta* moy. en V 19.45.1 où je préfère reconnaître le sandhi de *āat̰* et du participe présent actif de √ *duuar* : *aduuarəṇta*[1] [*adāuṇta*[2] *daēuua druuaṇtō duždā̊ŋhō*][3] *uruθəṇta*[4] [*adāuṇta*[2] *daēuua druuaṇtō duždā̊ŋhō*][5] *aγąm daoθrīm*[6] *dāuṇta daēuua druuaṇtō duždā̊ŋhō* ∴. «Alors, en se précipitant et en pleurant, les Daiva drugvant duždāh eurent de vilains[7] mots» (trad. phl.: dvārīd hēnd u-šān davīd dēvān davišn {pad tis ī avēšān vattar būd} dēvān druvandān duš-dānāgān). **Notes :** [1]. Fautif pour le sandhi de *āat̰* et du nominatif masculin plur. du participe présent actif de √ *duuar* : at dvarantah. ||| [2]. Fautif pour **dāuṇta* par persévération depuis *aduuarəṇta*. ||| [3]. Interpolation par anticipation. ||| [4]. Fautif pour le nom. masc. plur. du ptcp. prés. actif de √ *rud*. ||| [5]. Interpolation par anticipation. ||| [6]. Accusatif interne. ||| [7]. Pour rendre le daivisme.

[304] Cheville métrique. Pour les cas obliques (fors l'instr.), l'ežāfe est *yat̰* invariable.

[305] Skjærvø (ACL 127, 1996, 599) : «wide, round, (and) with distant borders». Je rapproche *paθana-* «vaste < où il y a du chemin à faire» de *paθ-* «chemin». Pour moi, si *skarəna-*, adj. verbal en *-na-* de √ *skar* (véd. *SKHAL*) «trébucher», peut signifier non «rond», mais «accidenté», cela permet d'aplanir une divergence entre l'Avesta et le *Véda*, puisque la terre védique est quadrangulaire: RS 10.58.3a *yát te bhū́miṁ cáturbhṛṣṭim*. Cependant, ce sera contre la traduction médiévale pad ēn zamīg ī pahn ī gird ī dūr-vidarag.

d. *skarənaiiā̊ dūraēpāraiiā̊*[306] ∴ (= 10.95.2e, 10.99.3e, V 19.4.2c)

17.19.2. (= V 19.1.2, 19.44.1)

a. [307]*uiti dauuata*[308] [*hō*][309] *yō̄*[310] *duždā̊*[311]

b. *aŋrō mainiiuš pouru.mahrkō*[312] ∴ (= 3.13f, 10.97.1b, 15.56f, V 1.2.2b)

17.19.3.

a. [313]*nōiṯ*[314] *mąm*[315] *vīspe yazatā̊ŋhō̄*[316]

b. *anusəṇtəm* ˣ*fraorənjiṇti*[317]

---

306 Cf. RS 1.185.7a *urvī́ pṛthvī́ bahulé dūréante* «(Terre et Ciel), vastes, larges, abondants, aux confins éloignés».

307 Trad. phl. pour V : u-š ēdōn davīd ōy kē duš-dānāg frēftār gannāg mēnōy ī purr-marg.

308 **Pour V 19.1.2 :** L4.2, K1; *dauuaṯ* Jp1, Mf2. **Pour V 19.44.1 :** L1.2, Br1; *dauuaṯ* Jp1, Mf2. ▫ Sur la racine, Kellens 1984 : 107. Moyen tantum (Kellens 1984 : 21).

309 Injustifiable.

310 Cheville métrique.

311 «Malintentionné» si duždīš est à reconstituer (voir Pirart, JA 284, 1996, 297 n. 33), mais «malfaisant» selon Kellens (1974 : 200), «avare» selon Humbach (MSS 2, 1952, 8 sq.; cf. Kellens & Pirart 1988-1991 : *II* 261; JA 285, 1997, 55). En gardant duždāh, une alternative de traduction serait : «à qui faire des offrandes est mauvais».

312 Le choix de l'épithète accordée à Ahra Manyu dépend de la métrique : *aŋrahe mainiiə̄uš druuatō* au génitif, mais *aŋrō mainiiuš pouru.-mahrkō* au nominatif.

313 N'est-il pas étonnant qu'Ahra Manyu s'exprime en vers?

314 all Mss., exc. K12 *āaṯ*. ▫ Lo. na.

315 Mis pour l'enclitique.

316 L'emploi de la finale °*ā̊ŋhō* (véd. °*āsah*, v.-p. °āhah) constitue une cheville métrique.

317 *fraorəciṇta* G, F1, Pt1, E1, Ml2; *fraorəcinti* H3; *fraraecanti* J10; *fraorenaṇti* K12. ▫ Selon Kellens (1984 : 101, 234), *fraorəciṇta* (lo. fra-vṛcanta?) appartient à √ *varc* «mettre en pièces», mais le type tudādi et plus généralement l'étymologie de ce verbe sont incertains (Kellens 1984 : 70, 101). En outre, la diathèse moyenne et le prétérit sont non avenus. Corriger alors en ˣ*fraorənjiṇti* < lo. fra-vṛnjanti en s'inspirant e. g. de RS 1.101.2c

c. *āat*[318] *mąm*[319] *aēuuō*[320] *zaraθuštrō*
d. *anusəṇtəm*[321] *apaiieiti*[322] ∴
17.20.1.
a. *jaiṇti mąm*[323] *ahuna vairiia* [H]
b. *auuauuata*[324] *snaiθiša*[325] [C]
c. *yaθa asma*[326] *katō.masā̊* ∴
17.20.2. [P]
a. *tāpaiieiti*[327] *mąm*[328] *aṣ̌a vahišta*

índro yáḥ śúṣṇam aśúṣaṁ ny ávṛṇak «Indra qui renversa Śuṣṇa (le démon) dévorant» (trad. Renou 1955-1969 : *XVII* 35)?

318 *āaṯ* souligne l'opposition de cd avec ab et invite à considérer ab comme une subordonnée tonale.

319 Mis pour l'enclitique.

320 F1, Pt1, E1, H3; *auuaē* J10; *aṣ̌auua* K12. ◘ Cf. e. g. RS 3.30.4b *éko vṛtrā́ cárasi jíghnamānaḥ*, où *éka-* se dit d'*Índra*.

321 F1, Pt1, E1, H3; *zasəntəm* J10.

322 Kellens (1984 : 138) parle d'un présent de substitution en *-aiia-* de type causatif, mais l'emploi causatif est attesté aussi (Kellens 1984 : 151). Sur la diathèse, Kellens 1984 : 63.

323 Mis pour l'enclitique.

324 F1, Pt1, E1; *auuata* H3, J10.

325 Zaraduštra est ici comparable à *Índra* (cf. e. g. RS 8.70.10d *ní dāsáṁ śiśnatho háthaiḥ*). Le substantif *snaiθiš-* est appliqué à *ahuna- vairiia-* aussi 11a.21.1 (= Y 57.22.1) *yeŋ́he ahunō vairiiō* V *snaiθiš vīsata vərəθrajā̊* V *yasnasca haptaŋhāitiš* V *fšūšasca mąθrō yō vārəθrayniš* V *vīspā̊sca yasnō.-kərətaiiō* «(à Srauša) à qui l'Ahuna Variya briseur d'obstacles (démoniaques) servit d'arme qui pût briser les obstacles (démoniaques), (à qui servirent d'armes) le Yasna Haptahāti, le Fšuša Manθra (cf. Y 58), qui contient le mot vṛθrajan (= "briseur d'obstacles"), et toutes les Yasnakṛti (= la série des Yašt)» (trad. phl.: kē ōy ahun°vair° ī pad-snehīh padīrift ēstēd ī pērōzgar ud yasn°-iz ī haft-hād ud fšūš°mąθr°-iz ī pērōzgar {u-š padīrift ēstēd} ud harvisp-iz yazišn-kardārīh ∴; trad. scr. : *yad anenāhunavaraśastreṇa pratikṣaṇam āste vijaya-kārī | hūmaḥ | ïastasaptahādāt | saptasargāt | praśno'vistāvāṇyā vijayakārī | pratikṛtam āste | sarveṣām ijisnikartukāmānām*).

326 F1, Pt1, E1, H3; *aešmē* J10; *samata* K12 (instead of *as*° *k*°).

327 Le védique se contente du bhvādi (e. g. RS 2.23.14a, 6.22.8c). Zaraduštra dans le rôle du feu.

b. [329]*mąnaiiən ahe yaθa*[330] ˣ*aiiō* ˣ*xšustəm*[331] ∴.
17.20.3.
a. *raēkō*[332] *mē haca aŋhå*[333] *zəmaṯ*
b. *vaŋhō*[334] *kərənaoiti*[335] [C][336]
c. *yō mąm*[337] *aēuuō jāmaiieiti*[338]
d. *yō spitāmō zaraθuštrō* ∴. (= 17.18.1b)
17.21.1.
a. *aδāṯ uiti frauuaśata*[339] (= 17.18.1a)
b. *aṣ̌iš vaŋᵛhi yā bərəzaiti* ∴. (= 17.17.1d)
17.21.2.
a. *nazdiiō*[340] *mąm*[341] *upa.hišta*[342] [M][343]

---

[328] Mis pour l'enclitique.

[329] Cf. RS 6.3.5b *śíśīta téjó'yaso ná dhā́rām.*

[330] Sur cette locution conjonctive de subordination, voir Kellens 1984: 131, 132 n. 9, 153, 155 n. 10, 320, 332.

[331] *aiiaoxšustəm* G, F1, Pt1, E1, H3; *aiiaoxšaštəm* J10.

[332] F1, Pt1, E1, H3, J10, ML2; *raeδō* K12.

[333] F1, Pt1, E1, H3; *aŋhå* J10. ▫ La forme artificielle en °*ṯ* pour l'ablatif féminin du sarvanāman n'a pas été employée alors que c'est le cas dans *zəmaṯ*.

[334] F1, Pt1, E1, H3; *vaŋhō* J10. ▫ Selon Skjærvø (ACL 127, 1996, 600), ˣ*vaŋhuiiå* : «He makes me flee from this good earth». Pour moi, c'est littéralement «Il fait être mieux pour moi le fait de quitter cette terre».

[335] F1, Pt1, E1; *dirin°* K12.

[336] Indice d'une lacune ?

[337] Mis pour l'enclitique.

[338] F1, Pt1, E1, H3; *zāmaiieti* J10, Ml2. ▫ Sur *jāmaiieiti* causatif irrégulier de √ *gam*, Kellens 1984 : 142 et 145 n. 3.

[339] *frauuašata* G; *frauuašaiti* J10, K12.

[340] Cet accusatif neutre sg. n'est pas mis pour le nominatif masculin : l'emploi adverbial est confirmé par RS 8.53.5a *índra nédīya éd ihi.*

[341] Mis pour l'enclitique.

[342] Contre le védique *úpa STHĀ* qui est conjugué surtout à la voix moyenne (e. g. RS 3.22.3d), l'avestique *upa*+√ *stā* est exclusivement actif, mais c'est en admettant alors la catalexe ici et 17.21.3a.

[343] Si nous rétablissons la voix moyenne du verbe (voir note précédente) : nazdyah mā upa-tištahva.

b. *ərəzuuō aṣ̌āum spitama* (= 5.88.2c, 5.95.1c, 12.2.2b)
c. *upa mē*[344] *sraiiaŋᵛha*[345] ˣ*vāṣ̌e*[346] ∴.
17.21.3.
a. *nazdiiō*[347] *tąm upa.hištaṯ*[348] [M][349]
b. *yō spitāmō zaraθuštrō* (= 17.18.1b)
c. *upa hē sraiiata*[350] ˣ*vāṣ̌e*[351] ∴.
17.22.1.
a. *ā*[352] *dim usca pairi.marəzaṯ*[353]
b. [354]*hāuuōiia*[355] *bāzuuō*[356] *dašinaca* (= V 3.25.1c, etc.)
c. *dašina bāzuuō*[357] *hāuuaiiaca*[358] (= V 3.25.1d, etc.)
d. *uiti vacəbiš aojana*[359] ∴. (= 17.17.1e; cf. 5.76.2b, 19.49.3c)
17.22.2.
a. *srīrō ahi*[360] *zaraθuštra*

---

[344] deest K12.

[345] G °*aŋuha*. ▫ Sur ce verbe, Kellens 1984 : 105.

[346] *vāṣ̌ahe* G, F1, Pt1, E1; H3, J10, Ml2; *vāsahe* and *vāsi* K12. ▫ Pour la rection locative de *upa*+√ *sri* (= véd. *úpaŚRI*), cf. RS 7.56.13ab.

[347] F1, Pt1, E1; *nazdaiiō* H3, J10, K12. ▫ Mis pour le nominatif masc.

[348] J10; *hiš.taṯ* F1, Pt1; *hištāṯ* H3. ▫ D'après le védique *úpa STHĀ*, la voix moyenne est souhaitable: lo. upa-tištata. Les cas d'erreur manuscrite °*aṯ* pour °*ata* ne sont pas rares: dans notre texte même, il y a celui, non généralisé, de *dauuaṯ* fautif pour *dauuata* (17.19.2a).

[349] Voir la note précédente.

[350] Sur ce verbe, Kellens 1984 : 105.

[351] *vāṣ̌ahe* G, F1, Pt1, E1, H3, J10, Ml2; *vāsahe* and *vāsi* K12.

[352] Forme de *āaṯ* en sandhi devant *dim*.

[353] √ *marz* :: *marəzaiti* bhvādi ou tudādi face à l'adādi védique *MṚJ* :: *mā́rṣṭi* (voir Kellens 1984 : 111).

[354] Cf. RS 2.27.11a.

[355] Lo. havyā.

[356] Mis pour l'instrumental.

[357] Mis pour l'instrumental.

[358] F1, Pt1, E1, J10; *hāuuōiiaca* H3. ▫ Lo. havyā ca.

[359] Moyen tantum (voir Kellens 1984 : 19). Sur la graphie du suffixe, Kellens 1984 : 323.

[360] F1, Pt1, E1; *ahe* H3, J10.

b. *hukərətō ahi*[361] *spitama*
c. *huuascuuō*[362] *darəγō.bāzāuš*[363]
17.22.3.
a. *dātəm tē tanuiie x^varənō* (cf. FiO 219a, Vn 21a)
b. *urunaēca darəγəm* ˣ*hauuaŋ^vhəm*[364] (= FiO 219b, Vn 21b; cf. A 1.11.3c) [H][365]
d. *yaθa imaṯ yaṯ tē frāuuaocim*[366] ∴ [H]
17.22.4-8. (= 17.3)

[367] *3vm kltk bvn* ∴
17.23. (= 17.1)[368]
17.24.1.
a. *tąm yazata* (= 5.21.1a, 9.3.1a, etc.) [P]
b. *haošiiaŋhō*[369] *paraδātō*[370] (= 5.21.1b, 9.3.1b, 15.7.1b, 17.26.2b)

---

[361] F1, Pt1, E1; *ahe* H3, J10.

[362] F1, Pt1, E1; *huuascauuō* H3; *huuaštuuō* J10. ▫ Lo. huascīvah. Lubotsky (JAOS 122, 2002, 318-324) a élucidé le thème de *ascūm* (V 8.63-65, 9.23), qui est *ascuua-* (lo. ascīva-), déterminé l'étymologie de ce mot et précisé son sens.

[363] F1, Pt1, E1, J10, Ml2; *bāzå̄š* H3. ▫ La présence de °*ā*° derrière °*z*° est secondaire, due à la prononciation liturgique médiévale de °*z*° (voir la note concernant 17.2.4a *yazāite*): lo. darga-bāzuš.

[364] *hauuaŋhəm* G, F1, Pt1, E1, J10; *huuaŋhəm* H3; *auuaŋ́həm* K12. ▫ Lo. hāu-ahavam.

[365] Du fait de l'introduction de °*ca*.

[366] F1, Pt1, E1, H3; *frāuuaocəm* J10. ▫ Si ce n'est pas le plus-que-parfait, ce sera un thème d'aoriste intégré au système de présent (Kellens 1984: 374, 375, 376, 376 n. 1), mais le présent emploi ne permet de rien affirmer : quelle est donc l'allusion ?

[367] seyom kardag bun ∴.

[368] *pərəθuuīrąm* G ; *pərəθu.vīrąm* F1, Pt1, E1.

[369] *haośiiaŋhō* G ; *haošiiaŋhō* F1, Pt1, E1. **Pour 9.3.1 :** Jm4; *hao-šiiaŋhō* F1, E1; *haošiiå̄ŋhō* Pt1, P13; *haoṣaiiå̄ŋhō* L18, O3. **Pour 5.21.1 :** *haośiiaŋhō* G; *haošiiaŋhō* F1, Pt1, P13, K19, L18; *huśiiå̄ŋ́hō* K12.

[370] **Pour 9.3.1 :** all Mss. exc. O3 *aparaδātō*.

c. [upa][371] ˣ*upa.bde*[372] *haraiiā̊*[373] *bərəzō̄*[374] (= 9.3.1c; cf. 5.21.1c) [M][375]

d. *srīraiiā̊*[376] *mazdaδātaiiā̊*[377] ∴

17.24.2. (= 9.3.2, etc.) [P]

a. [378]<*satəm*[379] *aspanąm*> (= 5.21.2a, 5.25.2a, etc.)

b. <*hazaŋrəm*[380] *gauuąm*[381]> (= 5.21.2b, 5.25.2b, etc.)

---

[371] Bégaiement ?

[372] Avec Kellens (1974 : 375: loc. sg.; cf. Mayrhofer 1986-2001 : *II* 78), contre *upabdi* G, F1, Pt1; *upa.bdi* E1, Ml2; *upapabda* (instead of *u*° *up*°) H3; *upa.baδa* J10. **Pour 9.3.1 :** *upa.bdi* F1, E1, Ml2; *upa.bda* Pt1; *upa.βdi upa* Jm4; *upa.baṯ* J10; *upa.vahi* K12; *upavakaharaiiā̊* L18, O3; *upa.bakahar*° (the first *upa* is wanting in these four); K38 defective. **Pour 5.21.1 :** *upa.bdi* G; *upa.badi* F1, Pt1, E1; *baδi* (without *upa*) P13, K19, L18, W2; *baδa* K12; *upa.bade* J10.

[373] **Pour 9.3.1 :** F1 (in this *θ* appended sec. m.), Pt1; *harətiiā̊* J10, Ml2; deest Jm4. **Pour 5.21.1 :** F1, Pt1, E1, P13, L18, K12; *harətiiā̊* J10, Ml2; Ml2 adds after it also *bərəzō* which in the rest is wanting.

[374] J10, *barəzō* F1, Pt1, E1, H3. **Pour 9.3.1 :** F1, Pt1, E1, P13; *barəzō* Jm4, L18, O3. ◘ Génitif du nom-racine (Kellens 1974 : 353 sqq.).

[375] Pour autant qu'il ne faille pas conserver *upa*.

[376] **Pour 9.3.1 :** *sriraiiā̊* F1, Pt1, E1; *srīrakaiiā̊* Jm4, L18, P13; *sūraiiā̊* K38.

[377] K12 append here the words *satə̄e* to *frabarōiṯ* (cf. Yt. 9.3).

[378] Les mss. ne permettent pas sûrement de dire s'il faut ou non restituer cette partie du texte.

[379] **Pour 9.3.2 :** *satəm* G d'après 5.21; *satə̄* L18, O3; *satē* P13; *satə̄e* F1, Pt1, E1, Jm4; *sti* J10. **Pour 5.21.2 :** *satəm* G; *satə̄e* F1, Pt1, E1, P13, K19, L18, Ml2; *satə̄* K12; *sti* J10. **Pour 5.25.2 :** *satəm* Pt1, P13, K19; *satə̄e* F1, E1, Ml2. ◘ Si G a préféré une leçon aussi discrète que *satəm* ... *hazaŋrəm* à *satə̄e* ... *hazaŋrə̄e* largement majoritaire, c'est sans doute en raison du troisième nombre, *baēuuarə*, pour lequel les mss. ne montrent aucune hésitation. Il reste que la déformation de *satəm* ... *hazaŋrəm* en *satə̄e* ... *hazaŋrə̄e* laisse pantois. Opter pour *satə̄e* ... *hazaŋrə̄e* ou pour *sate* ... *hazaŋre* ne mène à rien puisque l'analyse que nous voudrions en avancer ne pourrait aussi rendre compte de *baēuuarə* à moins que ce dernier ne fût le fruit d'une corruption généralisée.

[380] **Pour 9.3.2 :** *hazaŋrəm* G; *hazaŋhrə̄e* F1, Pt1, E1, P13, K38; *hazaŋhare* L18. **Pour 5.21.2 :** *hazaŋrəm* G, P13, K19, L18, W2 (in this also

c. <baēuuarə anumaiianąm> (= 5.21.2c, 5.25.2c, etc.)
d. <uta zaoθrąm[382] frabarō[383] .·.>
17.25.1. (= 5.18.1, 5.34.1, etc.)
āaṯ hīm jaiδiiaṯ < ... >[384] .·. [P][385]
17.25.2.
a. †*auuaṯ*[386] *āiiaptəm dazdi mē* (= 5.18.2a, 5.34.2a, etc., 15.3.2a)
b. *aṣ̌iš vaŋᵛhi yā bərəzaiti* .·. (= 17.17.1d)
17.25.3. (= 9.4.2)
a. *yaṯ*[387] *bauuāni aiβi*[388] *vaniiå* (= 5.38.3a, 5.54.3a, 5.82.3a, 5.109.3a, 17.34.3a) [H][389]

---

in the next Kardes); °*ŋhrə* J10; °*ŋrāe* F1, Pt1; °*ŋrəē* E1. **Pour 5.25.2 :** *hazaŋrəm* L18; *hazaŋrəe* F1, Pt1, E1, P13, K19.

[381] **Pour 9.3.2 :** G, all Mss., exc. Jm4 *gāuuąm*. **Pas de var. pour 5.21.2.**

[382] **Pour 9.3.2 :** G, F1, Pt1, P13, Jm4, O3, Ml2; *zaoθranąm* L18.

[383] **Pour 9.3.2 :** G, Pt1, L18, Jm4, O3; *frabarōi* F1, E1, P13. ▫ Nom. masc. sg. du participe présent en °*a*-.

[384] Restituer <*imaṯ yānəm*> (cf. Y 9.19.1ab imat θvā parviyam yānam ᵛ hauma jadyāmi durauša) derrière *jaiδiiaṯ* pour obtenir un octosyllabe et résorber un sous-entendu mal justifiable? Ou, mieux, <*auuaṯ yānəm*>? Cependant, contre le mètre, 9.17-18 = 9.25-9.26 (...ᵛ *āaṯ hīm jaiδiiaṯ auuaṯ āiiaptəm .·. dazdi mē vaŋᵛhi səuuište* ᵛ *druuāspe taṯ āiiaptəm* ᵛ *yaθa* ...) suggèrent plutôt <*auuaṯ āiiaptəm*>. Sur la rection et la diathèse de √ *jad*, Kellens 1984 : 43. Divādi (Kellens 1984 : 121) comme en grec (*théssomai*) et en gaulois (Chamalières *uediiumi*).

[385] Pour autant qu'il ne faille pas restaurer lo. at hīm jadyat avat yānam.

[386] Ce vers est le fruit d'un cafouillage : la 2e personne de l'impératif se serait mieux accommodée d'un complément marqué par *taṯ* ou *imaṯ* que par *auuaṯ* : voir les deux notes précédentes.

[387] Mis pour *yaθa* ?

[388] *bauuāni aiβi* : véd. *abhí BHŪ* (Pirart 1992 : 42; voir Kellens, StIr 28, 1999, 294 n. 3), contre G qui fait de *aiβi.vaniiå* un composé. La graphie *aiβi* de ce postverbe, de type vieil-avestique avec négligence articulatoire (voir la note concernant 17.0.7d *aibigairiiā*), est à souligner.

b. *vīspe daēuua māzainiia* (cf. V 17.9i)
17.25.4. (= 9.4.3)
a. [390]*yaθa azəm nōiṯ tarštō frānmāne*[391] (cf. 11.13.1a, 11a.17.1a, Y 57.18.1a[392]) [H][393]
b. [394]*θβaēšāṯ parō daēuuaēibiiō* (= 11.13.1b, 11a.17.1b, Y 57.18.1b) [C][395]

---

[389] Pour autant qu'il faille restaurer lo. yaθā bavāni abi vanyāh. Les lignes en *yaθa* + subj. sont plusieurs fois hypercatalectiques (voir 17.25.4a).

[390] Trad. phl. du Y 57.18.1 : ān ī nē pad tars frāz ānāmēd {kū stō nē bavēd} az bīm ī be dēvān [V] frāz az ān {ī be ciyōn ān stō nē bavēd} harvisp dēv ahunsandīhā pad tars ānāmēnd [V] †kū pad tars ō tom dvārēnd «Celui qui de peur ne déguerpit pas {= n'est pas troublé} du fait de la terreur qu'inspirent les Daiva, grandement de ce fait {qu'il n'est pas troublé}, l'ensemble des Daiva, dans leur déception, de peur, déguerpissent et, de peur, se fourvoient dans les ténèbres»; trad. scr. : *yat tan na bhayaṁ prakṛṣṭam anāśā | sthūlatayā na bhavet | bhayād devānām | prakṛṣṭaṁ yat | yathā sthūlatayā na bhavet | sarve devā'saṁtuṣṭā'nāśātareṇa | andhakāre ghore durgacchanti.*

[391] *frānmāne* G, F1, E1, H3, J10 ; *frā.nmāne* Pt1. ◘ Moy. tantum (Kellens 1984 : 23). Sur les graphies de ce bhvādi, Kellens 1984 : 115, 118 n. 4. Il n'est pas nécessaire d'améliorer la graphie en ˣ*frā.nəmāne* (voir Kellens 1984 : 104): la chute de °*ə*° est comparable à celle que l'on constate dans *ārmaiti-* (lo. aramati-). L'allongement de la voyelle de la syllabe initiale du tétrasyllabe affaiblit *ə* de la seconde syllabe au point de l'amuïr complètement devant *m*.

[392] *hō nōiṯ tarštō frānāmāite.*

[393] À moins de considérer *tarštō* comme une interpolation, mais, de toute façon, c'est pourvu que nous acceptions ou bien d'effectuer le sandhi entre yaθā et azam ou bien de restaurer la désinence courte de la première personne (fra-namāi), mais, en réalité, mieux vaut penser à la destruction de l'octosyllabisme du fait de l'adaptation de Y 57.18.1a (voir note précédente) à une nouvelle situation.

[394] *daēuuaēibiiō* est en principe un ablatif (voir Pirart, JA 288, 2000, 404), mais je traduis comme si la ligne était ***θβaēšaŋhaṯ pairi daēuuanąm* et en voyant dans √ *θβiš* «effrayer» une variante causative de √ *θβi* «craindre» comme dans √ *sruš* «faire écouter, déclamer» celle de √ *sru* «écouter».

[395] Mais voir la note précédente.

c. *frā*[396] *ahmāṯ*[397] *parō vīspe*[398] *daēuua* (cf. 11.13.1c, 11a.17.1c, Y 57.18.1c) [M][399]
d. *anusō*[400] *taršta nəmā̊nte*[401] (cf. 11.13.1d, 11a.17.1d, Y 57.18.1d)
e. *taršta*[402] *təmaŋhō*[403] *duuārā̊nti*[404] ∴ (cf. 11.13.1e, 11a.17.1e, Y 57.18.1e)
17.26.1. (= 17.31.1, etc.)
a. *pairi.tacaṯ*[405] *pairi.jasaṯ*[406]
b. *aṣ̌iš vaŋᵛhi yā bərəzaiti* ∴ (= 17.17.1d)

---

[396] **Pour Y 57.18.1 :** all Mss., exc. Jp1 *parā.*

[397] *ahmāṯ* G, F1, Pt1, H3, J10, K12, Ml2 ; *frā.hmāṯ* E1 (*a* appended sec. m.). **Pour Y 57.18.1 :** *ahmāṯ* G. ▫ Mis pour mat abl. du pronom de la première personne du singulier. La faute remonte à l'original si celui-ci est un travail de coupé-collé peu soucieux de cohérence grammaticale.

[398] **Pour Y 57.18.1 :** J2.6.7, Pt4, Mf1, K4, H1, L13.1.2, B2, S2; *vīspa* K5.11, J4.15, P11, Dh1.

[399] Lo. frāhmāt / fra mat parah vispai daivā.

[400] Selon Bartholomae, c'est le nom. masc. sg. (du ptcp. prés. en °*a*-négatif de √ *vas*) employé comme adverbe. Mieux vaut considérer que l'anomalie vient de la mauvaise adaptation d'un passage source dans lequel le sujet des verbes était Ahra Manyu (cf. 17.19.3bd).

[401] **Pour Y 57.18.1 :** *nəmaṇte* G, Pt4, Mf1, K36, J7; *nəmənte* K5.4, Jm1, F1; *nəmṇte* H1; *nəmənti* Jp1, J15, L13.11.1.2; *nəmaṇti* J2.6, L18, S2. ▫ Du bhvādi de *frā*+√ *nam* (voir Kellens 1984 : 104). Il est contradictoire que l'auteur ait été capable de transformer en subjonctifs ici les indicatifs du Y 57.18.1 à côté de l'incapacité qu'il a montré d'adapter *ahmāṯ*.

[402] La répétition de *taršta*, emphatique, coordonne les deux verbes sous *anusō*.

[403] F1, Pt1, E1, H3 ; *timā̊ŋhō* J10. ▫ Mis pour le locatif?

[404] F1, Pt1 ; °*ta* E1, H3 ; *dauuarənti* J10. **Pour Y 57.18.1 :** *duuarənti* G, J2.6.7.15, Jp1, H1, Jm1, F1, Pt1, E1, L11.18.1.2, S2; *duuarənte* K5.4, Pt4, Mf1; *dūrənti* L13. ▫ Sur la graphie en °*ā*°, Kellens 1984 : 114. Sur la diathèse, voir la note concernant 17.19.1b.

[405] F1, Pt1, H3 ; *taciṯ* E1. ▫ √ *tac* est actif tantum si *taxše* (Y 10.17.5b) est un infinitif (Pirart 2004 : 104 n. 314, contre Kellens 1984 : 77).

[406] Sur la diathèse de *pairi*+√ *gam*, Kellens 1984 : 24, 64.

17.26.2.
a. ˣ*viṇdātəm*[407] *yānəm* (= 17.31.2a, etc.) [P]
b. *haošiiaŋhō paraδātō* ∴ (= 17.24b)
17.26.3-7. (= 17.3)

[408]*4vm kltk bvn* ∴
17.27. (= 17.1)
17.28.1. (= 5.25.1, 9.8.1)
a. *tąm yazata* (= 17.24.1a) [P]
b. *yō*[409] *yimō xšaētō huuąθβō*[410] (= 15.15.1b)
c. [411]*hukairiiāt̰* ˣ*paiti*[412] *barəzaŋhat̰*[413] (= 15.15.1c)

---

[407] *viṇdāt̰ təm* G; emended : *vaṇdātəm* F1, Pt1, H3, J10, K12, Ml2. ◘ Sandhi vindắtam < vindat tam (cf. 17.38.5a ⁺*janātəm*), avec tam mis pour tat puisque *yāna-* est un mot de genre neutre. La forme verbale est une 3e sg. inj. moyen en -at (véd. *-at* dans *áduhat*), contre Kellens qui, corrigeant la forme en ˣ*viṇdat̰*, parle de thématisation secondaire (1984 : 168, 230). En effet, comme en védique, le sens de «trouver» exige le moyen, l'actif menant à «fournir». Pour °at, cf. V 19.6.4 *apa.stauuaŋᵛha*[1] *vaŋᵛhīm daēnąm māzda-iiasnīm* †*viṇdāi*[2] *yānəm yaθa viṇdat̰ vaδayanō daŋ́hupaitiš* ∴ «Renie la Vahvī Dainā Māzdayasni et tu trouveras exaucé ton souhait comme le roi Vadagāna[3] trouva le sien» (abāz stāy veh dēn ī māzdayasn vindē ān nēkīh ciyōn-iš vindād vaδayan° ī deh-bed °ₒ°). **Notes :** [1]. Thématisation secondaire: Kellens 1984 : 98. Diathèse : Kellens 1984 : 31. ||| [2]. J'attends **vinadahe* 2e sg. subj. prés. moy., contre Kellens 1984 : 253, 342, mais voir 1984 : 168. ||| [3]. La lecture du nom de famille de Dāhaka (cf. MX 57.25) reste incertaine.

[408] cahārom kardag bun ∴.

[409] Cheville métrique.

[410] F1, Pt1, E1, H3 abbreviate at this point, F1, E1 referring to the Drvâsp Yasht; and so in the following Kardes. J10 repeats Par. 25 in error here and in Karde 5-8.

[411] Mis pour le locatif?

[412] *haca* G. **Pour 5.25.1 :** *paiti* G, F1, Pt1, P13, K19, L18; *haca* J10, K12, Ml2. **Pour 9.8.1 :** *haca* G. **Pour 15.15.1 :** *haca* G. ◘ Il est impossible de choisir, mais, pour le sens, *paiti* + loc. est préférable. Remarquons toutefois que, de toute façon, *haca* et *paiti*, pour leur ductus, sont fort proches l'un de l'autre. Kellens croit à l'abl. + *haca* (Annuaire 1999-2000, 738).

17.28.2. (= 9.8.2, 17.24.2) [P]
a. <*satəm*[414] *aspanąm*>
b. <*hazaŋrəm*[415] *gauuąm*>
c. <*baēuuarə anumaiianąm*>
d. <*uta zaoθrąm*[416] *frabarō* .·.>
17.29.1. (= 17.25.1)
17.29.2. (= 17.25.2)
17.29.3. (= 9.9.2) [P]
a. *yaθa azəm fšaoni.vąθβa*[417] *auua.barāni*[418]
b. *auui*[419] *mazdā̊ dāmabiiō*[420] (= 17.29.4b)
17.29.4. (= 9.9.3) [P]
a. *yaθa*[421] *azəm amərəxtīm*[422] *auua.barāni*[423]
b. *auui*[424] *mazdā̊ dāmabiiō* .·. (= 17.29.3b)

---

[413] **Pour 5.25.1 :** F1, Pt1, E1, P13, K19, L18, Ml2; *barəzaŋhāt̰* J10, K12. **Pour 9.8.1 :** F1, Pt1, P13; *bərəzaŋhat̰* E1, L18, Jm4, O3. **Pour 15.15.1 :** F1, Pt1, E1, Ml2; *bərəjaŋhāt̰* J10. ▫ À l'abl. des thèmes consonantiques, °*at̰* est artificiel pour °*ō*.

[414] **Pour 9.8.2 :** *satə̄* L18, O3; *satə̄e* F1, Pt1, E1, P13; *sātə̄e* Jm4.

[415] **Pour 9.8.2 :** *hazaŋrə̄* P13, *hazaŋrə̄e* E1; *hazaŋə̄re* Pt1, F1 (in this ə̄ above the line).

[416] **Pour 9.8.2 :** F1, Pt1, P13; *zaoθranąm* Jm4.

[417] **Pour 9.9.2 :** G *fšaoni vąθβa* en deux mots; *fšaoni* F1, Pt1, P13; *fšaone* L18, Jm4, O3; *vąθβa* all Mss., exc. J10 *vąθβe*. ▫ Dvandva masc. (Humbach & Ichaporia 1998 : 108), à moins de corriger en ⁺*fšaoni.vąθβe* dvandva fém. (voir Kellens, StIr 3, 1974, 193).

[418] **Pour 9.9.2 :** *auua.barāni* O3; *barāne* L18, Jm4, O3, J10; *barāna* F1, Pt1, E1, P13.

[419] **Pour 9.9.2 :** F1, Pt1, P13; *auue* Jm4; *auuae* L18, O3; *auua* E1.

[420] Mis pour l'acc. par anticipation sur 17.30c.

[421] **Pour 9.9.3 :** F1, P13; *aθa* Pt1, L18 (in the repetition); P13, L18 repeat the clause by mistake.

[422] **Pour 9.9.3 :** E1, L18, Jm4; *amarəxtīm* Pt1, P13; F1 has °*təm* corrected sec. m. to °*tīm*.

[423] **Pour 9.9.3 :** Pt1, E1, P13, Jm4; °*ne* L18, O3; F1 has *barāmi* corrected pr. m. to °*ni*.

[424] **Pour 9.9.3 :** Pt1, E1; *auua* P13; *auuai* L18; F1 has *auua* corrected to *auui*; Jm4, O3 as n. 419.

17.30. (= 9.10)

a. *uta azəm apa.barāni*[425] (= 17.30d, 17.30g) [M][426]

b. *uua*[427] *šuδəmca*[428] *taršnəmca* (= 19.96.2b; cf. 19.69.1b, V 7.70.2e)

c. *haca mazdå̊ dāmabiiō* (= 17.30f, 17.30i) [C][429]

d. *uta azəm apa.barāni*[430] (= 17.30a) [M]

e. *uua*[431] *zaouruuąmca*[432] *mərəiθiiūmca*[433] (cf. 15.16.5c, 19.33.1c, Y 9.5.1c[434])

f. *haca mazdå̊ dāmabiiō* (= 17.30c) [C]

g. *uta azəm apa.barāni*[435] (= 17.30a) [M]

---

[425] **Pour 9.10 :** F1, Pt1; °*ne* Jm4; *upa* L18, P13, O3, K12.

[426] Pour autant qu'il faille effectuer le sandhi lo. utāzam ou restaurer un subjonctif en °ā.

[427] **Pour 9.10 :** F1, Pt1, E1, Jm4; *auua* P13; *auui* L18; *auuae* O3. ◘ Mis pour **uiie* (véd. *ubhé*) acc. fém.-nt. duel par anticipation sur 17.30h.

[428] **Pour 9.10 :** *ṣ̌uδəmca* G, F1, Pt1, P13; *šaoδəmca* L18, O3; Pt1, E1, L18, P13, O3 insert the four words following after *dāmabiiō* of the next sentence; F1 has the words in the right place, but struck out sec. m.

[429] Placer l'ežāfe *yat̰* entre *haca* et *mazdå̊* eût-il suffi à faire de cette ligne un vers? L'emploi de *mazdå̊* en l'absence de *ahurahe*, signe d'archaïsme, peut nous inciter à donner à ce théonyme la valeur de trois syllabes soit en vertu de l'étymologie du génitif (v.-av. mazda'ah) soit en tablant sur la possibilité d'une récitation lente de type emphatique telle que nous la connaissons notamment pour le védique *índra-* (voir Pirart 1995-2000: *I* 16).

[430] **Pour 9.10 :** F1, Pt1; °*ne* Jm4; *upa* L18, P13, O3, K12.

[431] **Pour 9.10 :** Pt1, E1; *auua* P13, L18 and F1 sec. m. (pr. m. not now clear). ◘ Mis pour **uiie* par anticipation sur 17.30h.

[432] **Pour 9.10 :** F1, Pt1, E1, Jm4; *zaorūmca* L18, O3.

[433] **Pour 9.10 :** Jm4; *mərəθiiumca* F1, Pt1, E1; *mərəθīmca* L18; *mərə-θrīmca* O3; L18 makes a leap from here to Par. 14, and has the omitted portion sec. m. in marg.

[434] Trad. phl. du Y 9.5.1bc: nē sarmāg būd <ud> nē garmāg <ud> nē zarmān būd ud nē margīh; trad. scr.: *na śītam āsīc ca na dāghaḥ | na jarāsīc ca na mṛtyuḥ*.

[435] **Pour 9.10 :** Jm4; *aspa.barāni* F1, Pt1, E1, P13.

h. *uua*[436] *garəməmca*[437] [*vātəm*][438] *aotəmca* (cf. 10.50f, 12.23.1e, 15.16.5b, 19.33.1b, V 2.5.3b, Y 9.5.1b) [M][439]

i. *haca mazdā̊ dāmabiiō* (= 17.30c) [C]

j. *hazaŋrəm aiβi.gāmanąm* ∴ [M][440]

17.31.1. (= 17.26.1)

17.31.2.

a. ˣ*viṇdātəm yānəm* (= 17.26.2a) [P]

b. *yō yimō xšaētō huuąθβō* ∴ (= 15.15.1b, V 2.20.2d, 2.21.2b, Y 9.4.3d[441])

17.31.3-7. (= 17.3)

[442]*pncvm kltk bvn* ∴

17.32. (= 17.1)

17.33.1 (= 5.33.1, 9.13.1)

a. *tąm yazata* (= 17.24.1a) [P]

b. *vīsō.puθrō*[443] *āθβiiānōiš*[444] (= 15.23.1b, 17.35.2b, 19.36.2b)

c. *vīsō*[445] *sūraiiā̊ θraētaonō*[446] (= 15.23.1c, 17.35.2c, 19.36.2c, Y 9.7.3d[447])

---

436 **Pour 9.10 :** F1 (pr. m.), Pt1, E1; *auui* P13.

437 **Pour 9.10 :** all Mss., exc. Jm4 *garməmciṯ*.

438 Pour la métrique.

439 Pour autant que *vātəm*, sur base des passages parallèles, soit à considérer comme une interpolation.

440 Pour autant que nous lisions abigāmanām et non abigāmnām.

441 Trad. phl. du Y 9.4.3d: kē jam ī šēd ī huramag; trad. scr. *yo yamaśedo dīptimān susaṁcayī*.

442 panjom kardag bun ∴.

443 La seule façon de rendre compte de *vīsō* ... *vīsō* est de considérer le premier comme premier terme d'un composé (cf. sogdien *vyšpšy* : Humbach & Ichaporia 1998 : 113 n. 24), contre G qui donne *vīsō puθrō* en deux mots.

444 **Pour 5.33.1 :** Pt1, P13, K19, F1 (sec. m.), J10; *āθβiiąnōiš* F1 (pr. m.), E1, K12; *āθβaiianōiš* L18.

445 **Pour 5.33.1 :** P13; *visō.sur°* F1, Pt1, E1.

446 **Pour 5.33.1 :** F1, Pt1, E1; *θraetanō* L18.

447 Trad. phl. du Y 9.7.3d : kē abzār-vis frēdōn {kū-š abzār-visīh ēd būd kū <pad> xānag ī az abarmānd ī pidarān vas būd ud ān az ī dahāg ī pad

d. *upa*[448] [449]*varənəm*[450] *caθru.gaošəm*[451] (= 15.23.1d; cf. V 1.17.1d[452])

17.33.2. (= 9.13.2, 17.24.2) [P]
a. <*satəm*[453] *aspanąm*> (= 5.33.2a)
b. <*hazaŋrəm*[454] *gauuąm*[455]> (= 5.33.2b)
c. <*baēuuarə anumaiianąm*> (= 5.33.2c)
d. <*uta zaoθrąm frabarō̄*[456] .·.>
17.34.1. (= 17.25.1)
17.34.2. (= 17.25.2)
17.34.3. (= 5.34.3, 9.14.2, 15.24.3)
a. *yaṯ*[457] *bauuāni aiβi vaniiā̊*[458] (= 17.25.3a) [H]
b. [459]*ažīm dahākəm*[460] (cf. 14.40.2b, 19.37.1b, Y 9.8.1b) [C]

---

stahmagīh abāz grift} «Θrāitauna au clan puissant. {Cette épithète se justifie par le fait que, dans la maison qu'il avait héritée de ses ancêtres, il y avait beaucoup et que l'oppressant Aji Dāhaka en fut écarté}»; trad. scr. : *veśmaśastraḥ phredūnaḥ | veśmaśastratvam asyedam abhūd yad veśmany anvayāt pitṝṇāṁ bahūny āsan tac ca yad dahākasya haṭhena jagrāha |.*

[448] **Pour 5.33.1 :** Pt1, E1, P13, L18; F1 has *uta* corrected sec. m. to *upa*.

[449] Mis ou fautif pour le locatif.

[450] **Pour 5.33.1 :** J10, Ml2; *varənaēšu* F1, Pt1, E1, P13, L18, K12.

[451] **Pour 5.33.1 :** Ml2; °*aēšu* F1, Pt1, E1, P13, L18; *gōsə.šū* J10.

[452] Voir la note de la traduction.

[453] **Pour 9.13.2 :** *satə̄* Pt1, O3; *satə̄e* F1, P13. **Pour 5.33.1 :** *satə̄e* F1, Pt1, E1, L18; *satē* P13, K19.

[454] **Pour 9.13.2 :** *hazaŋə̄re* F1; *hazaŋrəe* Jm4, E1. **Pour 5.33.1 :** *hazaŋra* F1, Pt1, E1, P13.

[455] **Pour 9.13.2 :** all Mss., exc. Jm4 *gāuuanąm*.

[456] **Pour 9.13.2 :** F1, Jm4; *frabarōi* E1; the rest abbreviate.

[457] Mis pour *yaθa* ?

[458] **Pour 9.14.2 :** G fait de *aiβi.vaniiā̊* un composé.

[459] Trad. phl. du Y 9.8.1 : ... az ī dahāg ī se-zafar ī se-kamāl ī šaš-aš ī hazār-vizōstār {adādag pad gōhrag}; trad. scr. : ... *ahiṁ dahākaṁ trilapanaṁ trimastakam | ṣaḍlocanaṁ sahasrapraṇidhim |.*

[460] **Pour 9.14.2 :** F1, E1, P13; *dāhākəm* Pt1, L18. **Pour Y 9.8.1 :** J2.3.7, Mf1.2; I2.3; *dāhākəm* J6, H1, P6, C1, Lb2; *dāhkəm* L1.

c. *θrizafanəm*[461] *θrikamərəδəm*[462] (= 14.40.2c, 19.37.1c, Y 9.8.1c)

d. *xšuuaš.ašīm*[463] ˣ*hazaŋrā.yaoxštiš*[464] (= 14.40.2d, 19.37.1d, Y 9.8.1d)

17.34.4. (= 5.34.4, 9.14.3, 14.40.3, 15.24.4, 19.37.2, Y 9.8.2)

[465]+*aš.aojaŋhəm*[466] +*daēiuuīm*[467] *drujəm*[468]

17.34.5. (= 5.34.5, 9.14.4, 14.40.4, 15.24.5, 19.37.3, Y 9.8.3)

a. [469]*ayəm* +*gaēθāuuaiiō̄*[470] *druuantəm*[471]

---

[461] **Pour Y 9.8.1:** J2, K5.11, H1; *θrizafnəm* B2, L13; *θrijafnəm* J3.

[462] **Pour Y 9.8.1 :** *kamrəδəm* J2, K4.

[463] **Pour Y 9.8.1 :** *xšuuaš.aṣ̌īm* G, J2, K5; *xšauuaš* Mf1, K4. ◘ Consonantisme factice pour lo. hvaš-axša- > hvažaxša- (véd. *ṣaḻakṣá-*). En outre, la diascévase a remplacé la forme compositionnelle du nom de l'œil (védique +*akṣa-*) par sa forme isolée *aši-* (véd. *akṣí-*).

[464] Contre Pirart 2004 : 66. **Pour Y 9.8.1 :** *hazaŋrā.yaoxštīm* G, J2, Pt4, K5.11, Mf1, P6, C1, L1.2.3; *hazaŋhrā* J7, L13; *hazaŋhrāi* H1; *hazaŋharāi* J3; *hazaŋra* Mf2, K4. ◘ *yaoxšti-* (v.-av. *yaošti-*) est le dérivé en *-ti-* de *yaoš*+√ *dā* (contre Kellens, MSS 34, 1976, 61, et contre Humbach & Ichaporia 1998 : 83 et 114). Emploi factice de °*xš*° pour °*ṣ̌*°.

[465] Trad. phl. du Y 9.8.2 : ī vas-ōz dēv druz ; trad. scr. : *mahābalaṁ devaṁ drūjam* |.

[466] **Pour Y 9.8.2 :** *ašaojaŋhəm* G; *aš.aojaŋhəm* J3; *aṣ̌aojaŋhəm* J2.6, K4, O1.

[467] **Pour Y 9.8.2 :** *daēuuīm* G, J2.3.7, H1; *daēuuəm* K4; *daēīuuim* Mf2; *daēīuuəm* Mf1.

[468] **Pour Y 9.8.2 :** J2.3, Pt4, Mf1, K4, Lb2; *drūjəm* L13; *drujim* K5, Mf2, L3, Hintze (1994); *drūjim* J6.7, H1.

[469] Trad. phl. du Y 9.8.3 : ī vattar ō gēhān {<kū-š>ān zyāngār} ī druvand kē-š vas-ōzdom druz frāz kirrēnīd gannāg mainiiu° abar ō astōmandān gēhān pad margīh ī ān ī ašaii°īh gēhān {kū-š az druz ī gaēiθii°īg ēk ān stahmagdar dād} «qui est mauvais pour les êtres vivants {= leur est dommageable} et qui est drugvant, chez qui Druj était de la plus grande puissance pour avoir été salement produite par Ahra Manyu à destination des êtres osseux avec la destruction des êtres de Ṛta {= à elle seule, elle est bien plus oppressante que Druj Gaiθiyā}»; trad. scr.: | *duṣṭaṁ lokeṣu* | *hānikaram*

b. *yąm* ×*aš.aojastəmąm*[472] *drujəm*[473]
c. *fraca.kərəṇtaṯ*[474] *aŋrō*[475] *mainiiuš*[476]
d. ×*auui*[477] *yąm*[478] *astuuaitīm gaēθąm*[479] (= 11a.23.1b, Y 57.24.1b[480]; cf. Yt 19.94.2d)

---

ity arthaḥ | durgatinam | yaṁ mahābalatamaṁ drūjaṁ prākarod aṅgromainioś | āharmanaḥ | upary etasmin sṛṣṭimati jagati mṛtyave puṇyalokasya | kila drūjebhyo jagatyā ekaḥ sa baliṣṭhataro dattaḥ ||.

470 **Pour Y 9.8.3 :** *gaēθāuuiiō* G, J6.7, H1, K11, C1, P6, Mf2, O1, L2.3; *gaēθāuuaiiō* J2, Pt4, K5.4, Mf1; *gaēθāuuiō* J3, L13. ◘ Graphie récente de ce datif, la graphie vieil-avestique étant *gaēθābiiō* (voir Pirart, JA 288, 2000, 404).

471 **Pour Y 9.8.3 :** Mf1, K5.4; *druuaiṇtəm* J2; *drauuaṇtəm* Pt4, J3; *daruuaṇtəm* L13.

472 Avec Hintze (1994). **Pour Y 9.8.3 :** *ašaojastəmąm* G.

473 **Pour Y 9.8.3 :** J2.3.6, Mf1, K4.11, Lb2, C1, L13.1.3; *drujim* K5, Pt4, J7, H1, L2, Hintze (1994).

474 G et Hintze (1994), en deux mots. ◘ La coordination elliptique °*ca*, dont les traductions médiévales ne rendent pas compte, pourrait refléter le redoublement du parfait : lo. fra-cakarta ? Pour B, *fraca* est l'instr. adv. de *frą̊ṇc-*, mais c'en serait la seule attestation sans compter que l'instr. fém. sg. *fraśa* (lo. frāśyā) est bien attesté dans cet emploi adverbial. Nous serions ici en présence d'une déformation probablement due à l'influence du V 7.12.4cd *aētaδa hē aēte mazdaiiasna* [1]*aētą̊ vastrą̊ fraca* ×*kərəntaiiən*[2] *nica kanaiiən*[3] ∴ «les mazdéens alors lui déchireront et enfouiront de tels vêtements». C'est l'une des rares fois que la désinence °*aṯ*, fruit d'une spéculation diascévastique, soit attestée à la 3e personne du sg. act. de l'indicatif parfait (voir Pirart 2004: 35). **Notes :** [1]. Mis pour le nt. ||| [2]. Kellens 1984 : 282. Emploi factice de °*iiən* pour °*iiārəš*. ||| [3]. Emploi factice de °*iiən* pour °*iiārəš*.

475 **Pour Y 9.8.3:** *aŋhrō* O1, C1, originally also in J3, but *h* struck out.

476 **Pour Y 9.8.3 :** *mainiiuš* G; *maińiiəuš* K4.

477 *aoi* G. **Pour Y 9.8.3:** *aoi* G, J2.3, Pt4, Hintze (1994), Pirart (2004); *aoui* K5; *aōui* Mf1.2, K4; *aouui* J7, H1, P6, K11, L13, Bb1; *aouue* J6; *aouuiąm* J5.

478 Cheville métrique.

479 **Pour Y 9.8.3 :** *gāθąm* J5.7, H1, P6, L13, K11, C1, Bb1; *aouue* J6; *aouuiąm* J5.

e. *mahrkāi*[481] *aṣahe gaēθanąm*[482] ∴ (= 19.50.2g)
17.34.6. (= 5.34.6, 9.14.5, 15.24.6)
a. *uta hē*[483] ×*vaṇte*[484] *azāni*[485]
b. ⁺*saŋhauuāca.arənauuāca*⁺[486]
c. *yōi*[487] *hən*[488] *kəhrpa sraēšta* ⁺*zazāite*[489]

---

[480] Trad. phl. du Y 57.24.1b : abar ō astōmandān gēhān ; trad. scr. : *upari sṛṣṭimatyāṁ jagatyām.*

[481] **Pour Y 9.8.3 :** *maharkāi* J3.

[482] **Pour Y 9.8.3 :** The translation in J2.3, Pt4, K5 has here the gloss: *kō θβąm yim ahurəm mazdąm*, which in L13.20, O1, J6(sec. m.).7 has found its way into the text.

[483] **Pour 9.14.5 :** *uta.hē* G; *utahē* Jm4, Pt1, L18, P13, J10; *hē* F1, E1, Ml2. **Pour 5.34.6 :** *uta.hē* G; *utahe* K19, J10; *uti* F1, Pt1, E1, L18, P13; *hē* deest K12, Ml2. **Pour 15.24.6 :** *uta.hē* G; *utahe* Pt1, J10, Ml2; *hē* deest K40; in F1 above the line.

[484] *vaṇta* G. **Pour 9.14.5 :** *vaṇta* G, all Mss., exc. J10 *vaṇti*. **Pour 5.34.6 :** *vaṇta* G, F1, Pt1, P13, K19.12, L18; *vaṇti* E1, J10. **Pour 15.24.6 :** *vanta* G, all Mss, exc. J10 *vaṇti*. ◘ Lo. vantai, acc. fém. duel de vantā- (scr. *vanitā-*: voir § 14), a été masculinisé en vantā comme, au 17.10.1a, vantāh l'a été en vantāhah. Et le V 3.25 livre un dat. sg. vantavai ! Que s'est-il donc passé dans l'esprit des diascévastes?

[485] **Pour 9.14.5 :** *azāni* G; *anāne* Jm4, L18, P13, O3. **Pour 5.34.6 :** *azāni* G, F1, Pt1, E1, L18; *azāne* P13, K19.12, J10.

[486] Contre G *saŋhauuāci arənauuāci* et contre Kellens (1974 : 274) qui admet °*i* pour l'acc. fém. duel des noms-racines. **Pour 9.14.5 :** *saŋhauuāci arənauuāci* G, E1; *s...a arənavāca* Jm4; *saŋhavāca* Pt1, L18, O3; *saŋha.vāca* P13; *saŋhavācarənauuāci* F1 (sec. m. an *i* added after the first *c*); *saŋhāca* J10, Ml2 (Ml2); *arəna.vāca* Pt1, P13, O3; *arənevāca* L18; *arənuuāca* J10. **Pour 5.34.6 :** *saŋhauuāci* G, F1; *saŋhauuāca* E1, Pt1, J10; *sauuaŋhauuācai* P13, K19, L18; *saŋhāca* W2, Ml2; *sauua.ŋ́huua.āca* K12; *arənauuāci* G, F1, Pt1; *arənauuāca* E1, L18; *arənauua.āca* K12; *arənuuāci* P13, K19; *arənauuāca* J10. **Pour 15.24.6 :** *saŋhauuāci* G, F1, Pt1; *saŋhauuāca* E1, J10; *sauuŋhāca* K40; *saŋhāca* Ml2; K16 abbreviates. *arənauuāci* G; *arənauuāca* F1, Pt1, E1, J10; *arənuuāca* K40; *arənāca* Ml2. ◘ Dvandva.

[487] **Pour 9.14.5 :** Pt1, P13, Jm4, Ml2; *ýō* F1, E1. **Pour 5.34.6 :** all Mss., exc. K12 and once J10 *yō*. ◘ Féminin duel.

d. $^{\times}$*gaēθaiiaēte*[490] *yōi*[491] $^{\times}$*abdō.təme*[492] ∴.
17.35.1. (= 17.26.1)
17.35.2.
a. $^{\times}$*viṇdātəm*[493] *yānəm* (= 17.26.2a) [P]
b. *vīsō.puθrō āθβiiānōiš* (= 17.33b)
c. *vīsō sūraiią̊ θraētaonō* ∴. (= 17.33c)
17.35.3-7. (= 17.3)

[494]*ššvm kltk bvn* ∴.
17.36. (= 17.1)
17.37.1. (= 9.17.1)
a. *tąm yazata* (= 17.24.1a) [P]
b. [495]*haomō frāšmiš*[496] *baēšaziiō* (= 10.88.2b, 11a.18.2b, 17.39.2b, Y 57.19.2b; cf. Yt 8.33.2c)

---

488 **Pour 9.14.5 :** F1, E1, Ml2; *həm* Pt1, L18, P13, O3; *mahən* Jm4. **Pour 5.34.6 :** pas de var. ◘ Fautif pour $^{\times}$*hąm* (préverbe de *hąm*+√ *zā*)?

489 Avec Kellens (1984 : 183, 186; 1995 : 83 n. 6), 3e duel indic. prés. moy., contre G *zazāitə̄e*. **Pour 9.14.5:** *zazātə̄e* G, Jm4; *zazāitə̄e* E1; *zazāite* F1; *zatātə̄e* Pt1, P13, L18. **Pour 5.34.6 :** *zazāitə̄e* G. **Pour 15.24.6 :** *zazāitə̄e* G, F1 (sec. m.), Pt1, E1; *zazāite* F1 (pr. m.); *zazāiti* K40.

490 3e duel indic. prés. moy. du dénominatif tiré de *gaēθā-*, contre G *gaēθiiāi.tē*. **Pour 9.14.5 :** *gaēθiiāi.tē* G, Ml2 (Ml2); *gaēθiiāitē* F1, E1; *gaeθiiāitə* Jm4; *gaiθiiāiti* Pt1, L18; *gaiθiiāita* P13. **Pour 5.34.6 :** G *gaēθiiāi.tē*, corrected: *gaēθiiāitē* F1, Pt1, E1, P13, K19; *gaeθāitē* L18; *gaeθiiāiti* W2, J10; *gaeθiiāica* K12. **Pour 15.24.6 :** *gaēθiiāi.tē* G. ◘ La correction que j'édite est trop sévère si la leçon $^{\times}$*gaēθiiāite* que suggèrent les mss. reproduit un stade admissible de l'élocution liturgique médiévale correspondant à lo. gaiθāyaitai.

491 Féminin duel.

492 *abdōtəme* G, F1, Pt1 ; *abdōtəm* E1 ; *abdō.təməe* H3 ; *aiβe.dōiti.mi* J10. **Pour 9.14.5 :** E1, F1 (in this *e* corrected sec. m. to *əm*); *aβdōtəmē* Jm4; *aiβi.dōitəmē* Pt1, P13, O3; *aiβi.dōitimē* L18; *abadō.timəm* J10, Ml2. **Pour 5.34.6 :** *abdōtəme* G: all Mss. **Pour 15.24.6 :** *abdōtəme* G, all Mss., exc. Ml2 *abdōtəməm*.

493 *viṇdāt̰ təm* G; *vindātəm* F1, Pt1, E1, H3.

494 šašom kardag bun ∴.

c. *srīrō xšaθriiō*[497] *zairi.dōiθrō*[498] (= 10.88.2c, 11a.18.2c, 17.39.2c, Y 57.19.2c) [H]

d. *barəzište*[499] *paiti barəzahi*[500] (= 10.88.2d, 11a.18.2d, 11a.20.2c, Y 57.19.2d, 57.21.2c)

e. *haraiθiiō*[501] *paiti barəzaiiā̊*[502] (= 10.88.2e, 11a.18.2e, 11a.20.2d, Y 57.19.2e, 57.21.2d)

---

[495] Trad. phl. du Y 57.19.2: kē-š yašt hōm ī frašm[1] ī bēšāzēnīdār ī nēk ī xvadāy ī zarrēn-dōiθr° {kū-š cašm tanug} pad bālist abar {buland} pad harborz abar «à qui H° F° offrit le sacrifice, (H°) qui est guérisseur, beau, souverain, qui a les yeux d'or {= qui a les yeux bridés (?) }, sur le sommet {= le haut} le plus haut, sur le sommet de Harā Bṛz»; trad. scr. : *yad ārādhaye hūmaṁ prakṛṣṭābhidhānaṁ*[2] *prabhūtajīvadātāraṁ śubhaṁ svāminaṁ suvarṇamayam | pavitrataram | yasya locanadvayam | ya uccaistara upari* ˣ*viśālatare*[3] *yan meror upari* «à qui H° (dit :) J'offre le sacrifice, (H°) qui a nom éminent, qui est ravigorant, beau, souverain, qui a les yeux d'or {= très clairs}, se trouvant au plus haut {= à l'endroit le plus élevé} du mont Meru». **Notes :** [1]. Dehghan (1982) frāšm. ||| [2]. Le traducteur sanscrit a cru reconnaître l'araméogramme *ŠM* «nom» dans la transcription pehlevie de l'avestique *frāšmiš*, d'où aussi la trad. persane bozorg-nām. ||| [3]. Mss. °*taro*.

[496] *frāmiš* F1, Pt1, E1, H3. **Pour 9.17.1 :** Jm4, F1, E1; *frāsmiš* Pt1, L18, P13, O3. Emploi factice de °*š*° pour °x̱š° (voir la note de la traduction). Pehlevi *plšm*.

[497] **Pour 9.17.1 :** F1, J10; *xšaθrō* Jm4; *xšaθrahiiō* P13; *xšaθrō.hiiō* Pt1, O3, L18. **Pour Y 57.19.2 :** J2, K5.4, Mf1; *xšaθraiiā̊* Jp1. ◘ Participe présent en °*a*- du dénominatif de *xšaθra*-: lo. xšaθrayah. Ce n'est pas le correspondant du védique *kṣatríya*-.

[498] **Pour Y 57.19.2 :** J2, Pt4, H1; *zaire* K5; *zairid*° J6, Lb2, L13.

[499] **Pour Y 57.19.2 :** Pt4.1, Mf1, F1 ; *barəzišta* K5, J15.7, H1, L13.11.1.2, O2; *barzišta* J2; *barəzišti* Jp1, K4.11.

[500] F1, Pt1, E1 ; *barəzahe* H3, J10. **Pour 9.17.1 :** F1; *bərəzahi* E1; *barəzahe* Pt1, P13, Jm4, O3. **Pour Y 57.19.2 :** Pt4.1, J7, L13.2, F1; *barəzahe* J2.4.15.6, K5.4.36.11, Mf1, Jp1, H1, Jm1, L11.18.1, S2, O2, E1, M4.

[501] **Pour 9.17.1 :** F1; *haraθiiō* L18, Jm4; *harəθiiō* Pt1, P13, O3. **Pour Y 57.19.2 :** J2, K5.4, Pt4, Mf1, H1; *harəθiiō* J7; *harəiθiiō* L13.1.2; *haraiθiiā̊* Jp1. ◘ Jeu pour ***haraiiā̊ ... bərəzaiθiiā̊/ō*. Mis pour le locatif.

[502] **Pour Y 57.19.2 :** J2.6.7, K5.4, Pt4, Jp1, H1, L1.2; *barəziiā̊* Mf1, J15; *bərəziiā̊* L13.

17.37.2.
[503]<... >
<... >
<... >
<... > .·.
17.38.1. (= 17.25.1)
17.38.2. (= 17.25.2)
17.38.3. (= 9.18.2)
a. *yaθa azəm baṇdaiieni*[504] [M][505]
b. *mairīm tūirīm*[506] *fraŋrasiiānəm*[507] (= 17.42.3b, 19.77.4c; cf. Y 11.7de[508]) [M][509]
17.38.4. (= 9.18.3)
a. [510]*uta bastəm*[511] *vāδaiieni*[512]

---

[503] Au vu du Yt 10, il faudrait éventuellement restaurer ici le même texte que pour 17.45.2, mais il est à souligner que le Yt 9 reste silencieux.

[504] Considérer un causatif se concilie mieux avec 17.38.4c *bastəm kauuōiš* ˣ*haosrauuaŋhō*, même si cela ne ressort pas clairement du Šn (Mohl 1838-1878 : *IV* 197-207). Jeu de racines avec √ ²*baṇd* :: *baṇdaiia-* «rendre malade» (sur cette racine, Sims-Williams, BSOAS 52, 1989, 256)? Kellens (1984 : 138) parle de présent de substitution en °*aiia-*, mais ne reconnaît pas que le kryādi est attesté e. g. 5.130.2c *niuuānāni* < lo. nibannāni < ii. **ní badhnāni*.

[505] Pour autant que nous n'effectuions pas le sandhi entre yaθā et azam.

[506] Mis ou fautif pour **turəm* ? De fait, *tura-* et *tūiriia-* alternent comme épithètes de Frahrasyān (Humbach & Ichaporia 1998 : 135).

[507] **Pour 9.18.2 :** Jm4; °*harsiiānəm* F1; °*harašiiānəm* Pt1, L18; *fraŋuharašiiānəm* P13.

[508] *yaθa mairīm baṇdaiiat̰ yim tūirīm fraŋrasiiānəm* (trad. phl.: ciyōn-iš mar bast ī tūr frangrasyān).

[509] Pour autant que nous restaurions lo. maryam turam frahrasyānam.

[510] **Pour 9.18.3 :** desunt Jm4.

[511] *bastəm ... upanaiieni* : cf. V 5.8.4c *vaiiō dim bastəm naiieiti*, DB 1.82 hāu bastah anīyata abi mām, RS 10.34.4d ... *náyatā baddhám etám* (Gotō 1987 : 197 n. 376).

[512] Sur la racine de ce verbe, Kellens 1984 : 140, 141 n. 15. Dénominatif ?

b. *uta [bas]təm*[513] *upanaiieni*[514]
c. *bastəm kauuōiš* ˣ*haosrauuaŋhō*[515]
17.38.5. (= 9.18.4)
a. ⁺*janātəm*[516] *kauua* ˣ*haosrauuā̊*[517]
b. ⁺*pašne*[518] *varōiš caēcistahe*[519] (= 5.49.1d, 9.21.1d, 17.41.1d, 17.42.3c)
c. *jafrahe uruiiāpahe*[520] (= 5.49.1e, 9.21.1e, 17.41.1e, 17.42.3d) [M][521]

---

[513] Faute due à la persévération.

[514] Cf. MBh et BhP *upa+ā+NĪ.*

[515] D'après le Yt 13.132, contre *haosrauuaŋhahe* G. **Pour 9.18.3 :** *haosrauuaŋhahe* G, F1, E1, Jm4; *haosrauuaŋhe* P13; *haošrauuaŋhe* Pt1, L18, O3. ◘ Cf. Yt 15.32.4 *yaθa azəm uzaiieni*[1] V *haca kauuōiš* ˣ*haosrauuaŋhō*[2] .·. «de pouvoir m'échapper des prisons de Kavi Husravah!». **Notes :** [1]. Subj. de *us+√ i* ou de *us+ā+√ i* ? ||| [2]. *haosrauuaŋhahe* G, F1, Pt1, E1; *husrauuaŋha* K16; *hūsrauuaŋhe* J10.

[516] Sandhi de *janaṯ* et de *təm*, contre G *janāṯ təm*. **Pour 9.18.4 :** *janāṯ təm* G, F1, Pt1, E1, L18, P13; *janātəm* Jm4. ◘ Vu le contexte, l'injonctif **janaṯ* est le fruit d'un travail peu soigneux de coupé-collé puisque nous attendons une conséquence par rapport à 17.38.4 : «(Si je parviens à le lui livrer), Kavi Husravah le frappera».

[517] *haosrauua* G. **Pour 9.18.4 :** *haosrauua* G, F1, Pt1, P13, Jm4, O3; E1 has *husrauuŋhahe* corrected sec. m. to *husrauua*. ◘ La faute est à expliquer comme une persévération depuis *kauua* (Pirart, JA 291, 2003, 98 n. 7).

[518] Avec B (cf. Hintze 2000 : 314 n. 202), contre G *pasne*. **Pour 9.18.4 :** *pasne* G, Jm4; *pasni* Pt1, L18, P13, O3; *pašne* F1, E1, Ml2, (Ml2). ◘ Selon B (suivi par Hintze «im Anblick»), ce serait le dérivé en *-na-* de √ *pas* (véd. *PAŚ*), mais je préfère y voir un mot apparenté au véd. *pakṣá-* «côté».

[519] **Pour 9.18.4 :** *cae.castahe* Jm4; *caicastahe* Pt1, L18, P13; *cicašt°* O3; *naēcastahe* F1 (*n* corrected sec. m. to *c*); *cicastahe* J10. ◘ La diphtongue °*aē*° du redoublement est en faveur de *caēcista-* contre B *caēcasta-* s'il faut y reconnaître l'adjectif verbal en *-ta-* de l'intensif de √ *cit*, «souvent remarqué». La transcription pehlevie *cycst* n'est pas probante.

[520] **Pour 9.18.4 :** *uruiiāpahe* G, F1, E1, Jm4; *uruuāp°* J10; *auruuiiāp°* L18, O3; *uruuāspahe* P13; *auruuiiāspahe* Pt1. ◘ Composé du thème de présent dénominatif tiré de *aurua-* (cf. véd. *ūrvá-*) et d'une forme thématisée de *ap-* : lo. ūrvayāpa-. Kellens (1974 : 373) donne une autre explication de ce

d. *puθrō kaēna*[522] *siiāuuaršānāi*[523] (= 17.42.3e, 19.77.3e) [M][524]

e. *zūrō.jatahe*[525] *narahe*[526] (= 17.42.3f, 19.77.3f)

f. *aγraēraθaheca*[527] *narauuahe*[528] ∴ (= 17.42.3g, 19.77.3g) [H][529]

---

composé. Les traductions pehlevies que VZ 3.24.1 caēcist° <ī> var ī zofr ī garmōg a-tag ī jud-dad «le réservoir Caicista qui est profond, chaud, sans courant et sans animaux» et ZVY 6.10.2 var ī caēcist° ī zofr ī garmōg-āb ī jud-dēv «le réservoir Caicista qui est profond, a les eaux chaudes et est exempt de Daiva» nous offrent de cette ligne donnent une interprétation curieuse et complexe de ce mot.

521 Pour autant que nous restaurions lo. jafrahya ūrvayāpahya.

522 Pour **9.18.4** : F1, E1; *kaē.nasa.varṣanāi* Jm4; *kainašiia.varsnāi* Pt1, L18, P13, O3; *kainōi* J10, Ml2.

523 Pour **9.18.4** : F1, E1 (Ml2); *śiiāuua.rasānāi* J10; *siiāuuaršnō* Ml2.

524 Pour autant que nous restaurions lo. syāva-ṛšnah.

525 Pour **9.18.4** : F1, E1, J10; *zurō* Pt1, L18, O3; *zaoθrō.zastahe* P13. ◘ Sur *zūrō* (v.-p. zurah, véd. *hurā́ḥ*), voir Mayrhofer 1986-2001 : *II* 817 et 825.

526 Pour **9.18.4** : Pt1, Jm4, L18, P13, (Ml2); in F1 *uua* appended sec. m.; *narauuahe* Ml2; *narauuiiahe* J10. ◘ Voir la note concernant la traduction.

527 Pour **9.18.4** : F1 (in this *β* appended sec. m.), E1; *aγraeraē.-raθβaheca* Jm4; *aγrahe.raθβaeca* Pt1, L18, P13, O3.

528 Pour **9.18.4** : Pt1, E1, P13, Jm4, O3, Ml2; *naruuahe* L18; °*θrahe.zanarauuahe* J10; F1 as n. 526. ◘ Lo. narauš (voir note suivante).

529 L'hypercatalexe invite à douter de *narauuahe* : serait-ce la restauration diascévastique du dérivé patronymique (voir Mayrhofer 1979 : n° 230) par vṛddhi de la syllabe initiale et thématisation en °a- de naru- en lieu et place de ce dernier ? Car il est toujours possible de donner au nom du père la valeur de l'adj. qui en dérive tout comme, en indien, il est possible de dire *kuru-* pour *kaurava-*. Si cette hypothèse devait être la bonne, la ligne originale serait octosyllabique : agrai-raθahya ca narauš. Cependant, comme le père d'Agrairaθa (Šn *'gryrθ*) et de Frahrasyān porte ailleurs un autre nom (Šn *pšng*, < av. *pəšō.ciṇga-* [Yt 5.113] ?), nous ne pouvons écarter que *narauuahe* ne soit jamais qu'une simple épithète dont la déclinaison aurait alors fait l'objet d'une retouche (type *aršānahe* mis pour *aršnō*). La métrique permet de

17.39.1. (= 17.26.1)
17.39.2.
a. ˣ*vindātəm*[530] *yānəm* (= 17.26.2a) [P]
b. *haomō frāšmiš baēšaziiō* (= 17.37.1b)
c. *srīrō xšaθriiō zairi.dōiθrō* .·. (= 17.37.1c) [H]
17.39.3-7. (= 17.3)

[531]*hptvm kltk bvn* .·.
17.40. (= 17.1)
17.41.1. (= 5.49.1, 9.21.1)
a. [532]*tąm yazata* (= 17.24.1a) [P]
b. *arša airiianąm daxiiunąm*[533] (= 15.32.3b, 17.43.2b)
c. ˣ*xšaθrå.handarəmō*[534] ˣ*haosrauuå*[535] (= 15.32.3c, 17.43.2c)

---

rejeter l'hypothèse de Humbach & Ichaporia (1998 : 153) selon qui *narauua-* < lo. nara-gva- «belonging to a troop or family of heroes, co-hero, heroic».

[530] *vindāt təm* G; as Par. 26 n. 407.

[531] haftom kardag bun .·.. Karde 7 is wanting in Ml2.

[532] F1, Pt1, E1, H3.

[533] **Pour 9.21.1 :** all Mss., exc. Jm4 *daxᵛiiūnąm*.

[534] Lo. xšaθrā-ham-darmah, contre G *xšaθrāi hankərəmō* et contre Pirart (MSS 59, 1999, 56 sqq.) ˣ*xšaθrahe* ⁺*handarəmō*. **Pour 5.49.1 :** *xšaθrāi* G; *hankərəmō* G, P13, K19.12; *hankrəmō* F1, Pt1, E1, L18. **Pour 9.21.1 :** *xšaθrāi* all Mss., exc. L18 *xšnaoθrāi*; *hankərəmō* F1, E1, Jm4; *handarəmō* Pt1, L18, O3; °*drəmō* P13. **Pour 15.32.3 :** *xšaθrāi hankərəmō* sans var. ▫ Kellens (Annuaire 1999-2000, 748) justifie le choix de G en expliquant *xšaθrāi hankərəmō* par un syntagme «munir (les nations iraniennes) du xšaθra» reconstruit à l'aide de RS 3.2.10b *sáṁ sīm akr̥ṇvan ... téjase* qui attesterait *sáṁ+KR̥* «pourvoir *acc.* de *dat.*». Je ne puis accepter cette proposition parce que, dans le passage védique invoqué, le datif est en réalité un infinitif de but[1] (ˣ*tejáse*[2]): RS 3.2.10ab *viśā́ṁ kavíṁ viśpátim mā́nuṣīr íṣaḥ* ᵛ *sáṁ sīm akr̥ṇvan svádhitiṁ ná téjase* «C'est bien de lui, le Kavi (Agni), que les (dieux)[3] firent le maître de clan des clans (qui pût apporter) les vigueurs (aux) descendants de Manu, comme (on aiguise) la hache pour qu'elle soit acérée». **Notes :** [1]. Cf. RS 4.13.3a *yáṁ sīm ákrnvan támase vipŕ̥ce*. ||| [2]. Cf. RS 3.8.11c *svádhitis téjamānaḥ*. ||| [3]. Cf. RS 1.31.11ab *tvā́m agne ... devā́ akr̥ṇvan náhuṣasya viśpátim*.

d. [536]<+*pašne*[537] *varōiš caēcistahe*[538]> (= 9.18.4b, 17.38.5b)

e. <*jafrahe* ×*uruiiāpahe*[539]> (= 9.18.4c, 17.38.5c)

17.41.2. (= 9.21.2, 17.24.2) [P]

a. <*satəm*[540] *aspanąm*>

b. <*hazaŋrəm*[541] *gauuąm*[542]>

c. <*baēuuarə anumaiianąm*>

d. <*uta zaoθrąm frabarō*[543] .·.>

17.42.1. (= 17.25.1)

17.42.2. (= 17.25.2)

17.42.3. (= 9.22.2)

a. *yaθa* [544]*azəm nijanāni* (= 5.22.4a, 15.8.3a; cf. 17.51.1a)

b. *mairīm tūirīm fraŋrasiiānəm* (= 17.38.3b)

c. +*pašne*[545] *varōiš caēcistahe*[546] (= 17.38.5b)

---

[535] G *haosrauua*. **Pour 5.49.1 :** *haosrauua* G, F1, Pt1, E1, P13, K19; *hūsr°* J10; *husarauuahe* K12; *srauua* L18. **Pour 9.21.1 :** *haosrauua* G, F1, Pt1, E1, L18, P13, Jm4, O3. **Pour 15.32.3 :** *haosrauua* G, F1, Pt1, E1, K16; *hū.srauua* J10.

[536] The words *pasne* etc. (cf. Yt. 9.21) are wanting in F1, Pt1, E1, H3, J10 without abbreviate.

[537] **Pour 5.49.1 :** *pasne* G; *pašne* F1, Pt1, E1, L18, Ml2; *pasni* K12; *pašni* P13, K19; *pišne* J10. **Pour 9.21.1 :** *pasne* G; *pasni* Pt1, L18, P13, O3; *pašne* F1, E1, Jm4.

[538] **Pour 5.49.1 :** *caēcastahe* F1, Pt1, E1, P13, K19, L18; K12 has *cacasta*, but with the second *a* corrected to *i*. **Pour 9.21.1 :** *caecastahe* F1, Pt1, L18, Jm4; *caicistahe* P13; *caicašt°* Pt1, O3.

[539] **Pour 5.49.1 :** *uruuāpahe* G, F1, Pt1, E1, P13, K19, L18, J10; *uruuiiāpahe* K12, Ml2. **Pour 9.21.1 :** *uruuiiāpahe* G, F1, E1, Jm4; *auruuiiāp°* L18, O3; *auuiiāpahe* Pt1; *auuaiiāp°* P13.

[540] **Pour 5.49.2 :** *satəm* G; *satə̄e* F1, E1, Pt1, L18; *satē* P13, K19; *stə̄* K12. **Pour 9.21.2 :** *satē* Pt1, L18, P13, O3; *satə̄e* F1, E1; *stə̄e* Jm4.

[541] **Pour 5.49.2 :** *hazaŋrəm* G; *hazaŋrə̄e* F1, E1, Pt1, P13, K19, L18. **Pour 9.21.2 :** *°rə̄e* F1, E1, Jm4.

[542] **Pour 9.21.2 :** all Mss., exc. Jm4 *gāuuanąm*.

[543] **Pour 9.21.2 :** *°barōi* Jm4.

[544] **Pour 9.22.2 :** desunt Pt1.

d. *jafrahe* ˣ*uruiiāpahe*[547] (= 17.38.5c)
e. *puθrō kaēna*[548] *siiāuuaršānāi*[549] (= 17.38.5d)
f. *zūrō.jatahe*[550] *narahe* (= 17.38.5e)
g. *aγraēraθaheca*[551] *narauuahe*[552] ∴ (= 17.38.5f) [H]
17.43.1. (= 17.26.1)
17.43.2.
a. ˣ*viṇdātəm*[553] *yānəm* (= 17.26.2a) [P]
b. *arša airiianąm daxiiunąm* (= 17.41.1b)
c. ˣ*xšaθrå.haṇdarəmō* ˣ*haosrauuå* ∴ (= 17.41.1c)
17.43.3-7. (= 17.3)

[554]*hštvm kltk bvn* ∴
17.44. (= 17.1)
17.45.1. (= 5.104.1, 9.25.1)
a. *tąm yazata* (= 17.24.1a) [P]
b. *yō*[555] *aṣ̌auua zaraθuštrō*[556] (= Y 12.6.2e[557], Yt 13.41d, 14.28.3b, 17.47.2b, V 19.46.1b, Vr 11.19e, Vyt 10)

---

[545] G *pasne*. **Pour 9.22.2 :** *pasne* G; *pašne* F1, E1, Ml2; *pasnahe* Pt1, L18, P13, O3.

[546] **Pour 9.22.2 :** *caicištahe* P13; the rest as Par. 18 n. 519.

[547] G *uruuiiāpahe*. **Pour 9.22.2 :** *uruuiiāpahe* G, F1, E1; *auruuiiāpahe* Pt1, L18, O3; *uruuī.āspahe* P13; *uruiiāptahe* Jm4; J10 as Par. 18 n. 520.

[548] **Pour 9.22.2 :** *daena* Jm4; F1 has *piθrōišaēna* corrected sec. m. to *puθrō.kaēna.nōi*; E1 has *puθrōišaēna* and sec. m. in marg. *kaēna*; *kainō.nōi* J10; *kainōi* Ml2; *kainašiia* Pt1, L18, P13, O3; *varsānāi* Pt1; *varšnāi* P13; *varsnāi* O3; L18 has *varsāni* corrected to *varsnāi*.

[549] **Pour 9.22.2 :** F1, E1; *siiāvarṣ̌nāi* Jm4 ; *śiiāuuarašānāi* J10 ; *siiāuuaršānō* Ml2.

[550] **Pour 9.22.2 :** F1, E1; *jurō.zatahe* Pt1, L18, P13, O3.

[551] **Pour 9.22.2 :** F1, E1, Jm4; Pt1, L18, P13, O3 as Par. 18 n. 527.

[552] **Pour 9.22.2 :** F1, Pt1, E1, Jm4; *naruuahe* L18, P13, J10.

[553] *viṇdāṯ təm* G; as Par. 35 n. 493.

[554] haštom kardag bun ∴

[555] Cheville métrique. La version *yō spitāmō zaraθuštrō* (17.18.1b) de ce vers n'apparaît jamais dans les Catalogues de sacrifiants. La concurrence des deux versions dans l'Ārd Yašt est un argument en faveur de son hétérogénéité.

c. *airiiene*[558] *vaējahi*[559] (= 5.17.1c, 15.2.1c, V 2.20.1d, Y 9.14a[560], etc.) [C]

d. *vaŋhuiiā̊ dāitiiaiiā̊*[561] (= 5.17.1d, 15.2.1d, V 2.20.1e[562], Y 9.14a') [C]

17.45.2. (= 3.18.4, 5.9.4, 9.25.2, etc., 17.3.4, <17.37.2 ?>)

a. [563]<*⁺haoma ⁺yō*[564] *gauua barəsmana*>

b. <*hizuuō daŋhaŋha mąθraca*>

c. <*vacaca šiiaoθnaca*> [C]

d. <*zaoθrābiiasca aršuxδaēibiiasca ˣvaγžəbiiō*[565]> ∴ [H]

17.46.1. (= 17.25.1)

17.46.2. (= 17.25.2)

17.46.3. (= 5.105.3)

a. *yaθa azəm hācaiiene*[566] (= 5.18.3a, 9.26.2a)

---

[556] The most Mss. abbreviate here.

[557] *yā ašauuā zaraθuštrō.*

[558] **Pour 9.25.1 :** *airiiene* G. **Pour 5.17.1 :** *airiiene* G. **Pour 15.2.1 :** *airiiene* G. **Pour V 2.20.1 :** *airiiene* G. **Pour Y 9.14 :** *airiiene* G, J3, Pt4; *aeriiene* J6; *airiiane* J2.7, Mf1, H1, L13, K11; *airiiae* Mf2.

[559] **Pour 9.25.1 :** *vaējahi* G; *vaejahe* F1, E1, Jm4; *vazahe* Pt1, L18, P13, O3, J10. **Pour 5.17.1 :** *vaējahi* G; *vajahi* F1, Pt1, E1; *vajahe* P13, K19, L18. **Pour 15.2.1 :** *vaējahi* G, F1, Pt1; *°he* E1, K16, J10. **Pour V 2.20.1 :** *vaējahi* G, B1, Ml3, P2; all the rest *vaējahe*. **Pour Y 9.14 :** *vaējahe* G, J2.3.7, K5, L13, Mf2, B2; *vaezahe* J6; *vījahe* Mf1, K4; *vaejahie* H1; *vajahe* J5, K11, C1.

[560] Trad. phl. : andar ... ērān-vēz; trad. scr. : *erāṅgvejadeśe.*

[561] **Pour 9.25.1 :** J10; *dāitaiiā̊* Pt1, L18, P13; *dāitiiā̊* F1, E1, Jm4. **Pour 5.17.1 :** G. **Pour 15.2.1 :** F1, J10; *dāitaiiaiiā̊* E1, K16, J10. **Pour V 2.20.1 :** G.

[562] Trad. phl.: kū veh dāitii°.

[563] Seulement Ml2 et K12.

[564] **Pour 9.25.2 :** *haomaiiō* G, Pt1, L18, P13, Jm4, O3; *haoma.ẏō* F1.

[565] **Pour 9.25.2 :** *vāγžibiiō* G, E1; *vāγžəibiiō* F1; *vāxṣ̌ibiiō* Jm4; *vāxšaibiiō* Pt1, P13, O3; *vāxšaebiiō* L18.

[566] **Pour 5.18.3 :** F1, Pt1, E1, K12; *°iieni* W2; *hācaiiəne* J10; *hacaiiene* L18, P13, K19. **Pour 9.26.1 :** *hācaiiene* G; *hāciiəne* J10; *hacaiiene*

b. *puθrəm yaṯ*[567] *auruuaṯ.aspahe*
c. *taxməm kauuaēm vīštāspəm* [M][568]
17.46.4. (= 5.18.4, 5.105.4, 9.26.3, 16.15.2, 19.79.2, 19.84.2)
a. *anumatə̄e daēnaiiāi*[569]
b. *anuxtə̄e*[570] *daēnaiiāi*
c. *anu.varštə̄e*[571] *daēnaiiāi* ∴
17.47.1. (= 17.26.1)
17.47.2.
a. ˣ*vindātəm*[572] *yānəm* (= 17.26.2a) [P]
b. *yō ašauua zaraθuštrō* ∴ (= 17.45.1b)
17.47.3-7. (=17.3)

[573]*nhvm kltk bvn* ∴

F1, E1, Pt1, O3, L18; °*iiaeni* P13; *haciieni* Jm4. **Pour 5.105.3 :** *hācaiiene* G, F1, Pt1; *hācaiiəne* E1, L18, P13, Ml2. ▫ Causatif moyen «faire *acc.* se dévouer à *dat.*» (Kellens 1984 : 72). Graphie: Kellens 1984 : 252. L'abrégement de la voyelle radicale que montre la forme dans plusieurs mss. peut se justifier par son ouverture et par le tétrasyllabisme du mot : opter pour ⁺*hacaiiene* ne serait donc pas déraisonnable.

567 Mis pour **yim*. Cheville métrique.

568 Pour autant que nous lisions taxmam kavāyam vištāspam. La comparaison avec 17.49.1b br̥zi-dīš kavā vištāspah est instructive : le choix de l'épithète est dicté par la métrique.

569 **Pour 9.26.3 :** all Mss. **Pour 5.105.4 :** F1, Pt1, E1, P13, J10; L18 has °*iiāi* and °*iiå*. **Pour 5.18.4 :** F1, Pt1, E1, P13, L18. ▫ Fautif ou mis pour le génitif (Humbach & Ichaporia 1998 : 156): cf. Y 8.7 *haxšaiia azəmciṯ yō zaraθuštrō* ᵛ *fratəmą nmānanąmca vīsąmca* ᵛ *zaṇtunąmca daxiiunąmca* ᵛ *aŋhå daēnaiiå* ᵛ *anumataiiaēca anuxtaiiaēca anuuarštaiiaēca* ᵛ *yā āhūiriš zaraθuštriš* ∴ «Puissé-je moi aussi qui suis Zaraduštra amener les chefs des maisons, des clans, des tribus et des nations à se conformer en pensée, en parole et en acte à cette religion mazdéenne zoroastrienne».

570 **Pour 9.26.3 :** Pt1, L18; *anu.xtə̄ē* F1, E1; in Jm4 these two words are wanting. **Pour 5.105.3 :** G. **Pour 5.18.4 :** G.

571 **Pour 9.26.3 :** F1, E1; *anūarəstə̄ē* Pt1, L18. **Pour 5.105.3 :** P13, L18; *anu.varšte* F1, Pt1, E1. **Pour 5.18.4 :** F1, Pt1, E1, P13, L18.

572 *vindāṯ təm* G; *vindātəm* F1, Pt1 ; *vindāitəm* E1 ; *vandātəm* H3.

17.48. (= 17.1)
17.49.1. (= 9.29.1)
a. *tąm yazata* (= 17.24.1a) [P]
b. *bərəzaiδiš*[574] *kauua vīštāspō* (= 5.108.1b, 17.52.2b)
c. ⁺*pašne*[575] *āpō*[576] *dāitiiaiiā̊*[577] (= 5.112.1c, 17.61.1d)
17.49.2. (= 9.29.2, 17.24.2) [P]
a. <*satəm*[578] *aspanąm*>
b. <*hazaŋrəm gauuąm*>
c. <*baēuuarə anumaiianąm*>
d. <*uta zaoθrąm frabarō* .·.>
17.50.1. (= 17.25.1)
17.50.2. (= 17.25.2)
17.50.3. (= 9.30.2)
a. *yaθa azāni*[579] *pəṣ̌ana*[580] (= 17.50.4a, 17.50.5a)

---

573 nohom kardag bun .·..

574 F1, Pt1, H3 ; *bərəziδiš* E1 ; *bərəze.diš* J10. ◘ Kellens (1974 : 92) : bərəzi-dī- «à la pensée élevée», mais ce sens est hypallagique pour «qui a l'idée que (Mazdā) est haut».

575 *pasne* G; *pašne* F1, Pt1 E1, H3, Ml2; *pisne* J10. Pour 9.29.1: *pasne* G; *pašne* F1, E1, Ml2; *pəsni* Pt1, L18, P13; *pəsnəm* O3.

576 Mis pour le gén. sg.

577 F1 (in this the first *ii* above the line), Pt1, J10 ; *dāitaiiaiiā̊* E1, H3. **Pour 9.29.1 :** E1, J10; *dāitaiiaiiā̊* F1; *dāitaiiā̊* Pt1, L18, P13, O3. ◘ D'après les chapitres XXV-XXVI du Yt 5, c'est non Vištāspa qui offre le sacrifice au bord de la Dātiyā — il le fait au bord de la Fradānu —, mais son frère Zarivari (Šn *zryr*). Dès lors, il n'est pas à écarter que notre texte soit le fruit d'un inquiétant télescopage.

578 **Pour 9.29.2 :** *satə̄e* F1, E1, P13; *satē* Pt1, L18.

579 G, F1, Pt1, E1 ; °*ne* H3, J10. **Pour 9.30.2 :** °*rə̄e* F1, E1.

580 F1, Pt1, E1 ; *paešana* H3 ; *pisne* J10. In K12 the text is in confusion. **Pour 9.30.2 :** F1, E1, Ml2; *pasni* Pt1, L18, P13, O3; *pišne* J10. ◘ Acc. plur. de genre incertain (Pirart, JA 288, 2000, 378 n. 27) ou loc. sg. ˣ*pəṣ̌ane* (cf. Pirart, JA 289, 2001, 136 n. 143)? L'antiquité du syntagme qui réunit *pəṣ̌ana-* et √ *az* est démontrée par l'existence des composés védiques *pṛtanā́j-* et *pṛtanā́jya-*. Le cas avec lequel se construit ce syntagme «mener le combat contre» reste incertain: ici l'inacceptable nominatif, mais le gén. en 17.50,4, l'acc. en 17.50.5 et l'abl.-dat. (mis pour l'instr.? Cf. Pirart, JA 289,

b. *ašta*[581] *auruuaṇtō*[582] *vīspa.θauruuō*[583] [M][584]
c. *aštōiš*[585] *puθrō*[586] *vīspa.θauruuō*[587]
d. *uruui.xaoδō*[588] *uruui.vərəθrō*[589]
e. *stuuī.manaoθriš*[590] [C][591]
d. *yeŋhe hapta sata*[592] ˣ*uštrinąm*[593] [H][594]
e. ˣ*jainiš* ˣ*xᵛarat̰*[595] *pasca* ˣ*xᵛīδəm*[596] .·.

2001, 135) en 13.37.2. Je ne crois plus qu'il faille faire une distinction de sens entre √ *az* + acc. plur. de *pəṣ̌ana-* nt. + gén. de l'adversaire et Yt 13.37 √ *az* + acc. plur. de *pəṣ̌anā-* fém. + instr. de l'adversaire (JA 289, 2001, 135 sq.).

581 **Pour 9.30.2 :** F1, E1, Ml2, K37, (Ml2); *asta* Pt1, L18, P13, O3, J10, (J10); *asti* K12.

582 *ašta.auruuaṇtō* B. **Pour 9.30.2 :** F1, E1; *uruuaṇtō* Pt1, L18, P13, J10, O3.

583 **Pour 9.30.2 :** *θauruuō* F1, E1, Pt1, L18, P13; *tauruuō* O3. ▫ Le graphème *θ* pourrait constituer un hyperavesticisme. De surcroît, °*uuō* est mis pour lo. °v̲ā̲.

584 Lo. y̲a̲θ̲ā̲ a̲z̲ā̲n̲i̲ p̲r̥̲t̲a̲n̲a̲i̲/°̲ā̲ V a̲š̲t̲ā̲r̲v̲a̲t̲a̲h̲ v̲i̲s̲p̲a̲-̲t̲u̲r̲v̲ā̲ V a̲š̲t̲a̲i̲š̲ p̲u̲θ̲r̲a̲m̲ v̲i̲s̲p̲a̲-̲t̲u̲r̲v̲ā̲ V r̲a̲v̲i̲-̲x̲a̲u̲d̲a̲m̲ r̲a̲v̲i̲-̲v̲a̲r̲θ̲r̲a̲m̲ V ... ? Le Yt 13.37 suggère-t-il que *pəṣ̌ana* est un accusatif et que l'ennemi devrait plutôt figurer à l'instr.?

585 *vīspa.θauruuō.aštōiš* B. **Pour 9.30.2 :** F1, Ml2, (J10, Ml2); *astōiš* E1, Pt1, L18, J10; *stōiš* P13, O3; the next three words are wanting in Ml2, K37, (Ml2).

586 Mis pour l'accusatif ?

587 **Pour 9.30.2 :** *θauruuō* F1, E1, Pt1, L18, P13; *tauruuō* O3.

588 Mis pour l'accusatif ? *uruui+* (= véd. **ravi+*, cf. scr. *ravi-* masc. «Soleil») est la forme compositionnelle (dite de Caland) de **rūra-* (= véd. *rūrá-* «hitzig», sur quoi voir Mayrhofer 1986-2001 : *II* 456).

589 Mis pour l'accusatif. Le second terme est v̲a̲r̲θ̲r̲a̲-̲ (= v.-p. *vᵃ-ç-*).

590 **Pour 9.30.2 :** *stuuī* F1, E1; *stūi* Pt1, L18, P13, O3; (*stūī* J10;) *stauuaē* J10; *manaōθriš* F1; *manōθriš* E1, J10, (J10); *manō.θrīš* L18, P13, O3, (Ml2); *manō.θr...š* Pt1. ▫ *stuui+* (lo. s̲t̲a̲v̲i̲-) est la forme compositionnelle (dite de Caland) de **stūra-* (= véd. *sthūrá-*): voir Mayrhofer 1986-2001 : *II* 768. Mis pour l'accusatif.

591 À moins de considérer une lacune.

592 Acc. nt. plur. (Pirart, JA 288, 2000, 377).

593 *uštranąm* G. Pour autant que nous attendions «chamelles».

594 À moins de restaurer u̲š̲t̲r̲ī̲š̲ acc. fém. plur. ?

17.50.4. (= 9.30.3)
a. *yaθa azāni pəṣ̌ana*[597] (= 17.50.3a)
b. [598]*mairiiehe x̌iiaonahe*[599] *arəjaṯ.aspahe* ∴ [H][600]
17.50.5. (= 9.30.4)
a. *yaθa azāni pəṣ̌ana*[601] (= 17.50.3a)
b. [602]×*daršinike*[603] ×*daēuuaiiasne*[604] ∴
17.51.1. (= 9.31.1)
a. *uta azəm nijanāni* (= 17.51.2a, 17.51.4a; cf. 17.42.3a)
b. *tąθriiāuuaṇtəm*[605] *duždaēnəm*[606] (= 5.109.3b) [M][607]

---

[595] *jainiiāuuaraṯ* G. **Pour 9.30.2 :** *jainiiāuuaraṯ* G, Pt1, L18, O3; *jainiiå̊uuaraṯ* P13; *zainiiāuuaraṯ* B, F1, E1, Ml2, K12 (J10, Ml2); *ziziiāuuaraṯ* J10. ▫ Bartholomae (1904 : 1662): «⁺*zainiiāuuara-* m., mit GS. *x*ᵛ*īδahe* eine Ortsbezeichnung: *yaθa azāni pəṣ̌ana* ⁺*ašta.auruuaṇtō* ... °*raṯ pasca x*ᵛ*īδahe* "dass ich dem A. eine (siegreiche) Schlacht liefere ... hinter Z.Xᵛ."». Je fais l'hypothèse d'une corruption profonde et préfère reconnaître dans le dernier mot le même que dans FiO 209 *x*ᵛ*aēδəm hv'yd* / ×*hvyd* xvēy (= véd. *svéda-*), lequel serait le nom daivique du lait : lo. janiš hvarat pascā hvaidam.

[596] *x*ᵛ*īδahe* G. **Pour 9.30.2 :** *x*ᵛ*īδahe* G, doubtful: *x*ᵛ*īṯahe* F1, E1; *x̌īdahe.zitahe* J10; (*cīṯ.x̌īdahe* J10; *x*ᵛ*īda* Ml2;) *cīṯ.ahe* Pt1, P13, O3, (K12); *pascacīṯ.ahe* L18; *citahe* Ml2; *jitahe* K37; *zīdahe* K12. ▫ Voir note précédente.

[597] **Pour 9.30.3 :** F1, E1; *pišne* J10; in Pt1, L18, P13, O3, (K12,) the passage from *pəṣ̌*° to *daršin*° incl. is wanting.

[598] Mis pour l'accusatif ?

[599] **Pour 9.30.3 :** F1, E1, J10, Ml2; *hiiaonahe* Jm4.

[600] À moins de restaurer l'accusatif ?

[601] **Pour 9.30.4 :** F1, E1; *pišne* J10.

[602] Acc. fém. duel ?

[603] **Pour 9.30.4 :** *darṣ̌inikahe* G; *daršinikahe* F1 (in this *š* struck out sec. m. and corrected to *im*), E1; *darəšna.kahe* J10; *darəṣ̌ina.dahe* Jm4; (*daršne.kahe* J10). ▫ Cf. scr. *dharṣiṇī-*?

[604] *daēuuaiiasnahe* G.

[605] **Pour 9.31.1 :** F1, E1, J10, K12; *tąθrauuaṇtəm* L18; *tąm.θrauuaṇtəm* Pt1, O3; (*tąm.θrīauu*° J10;) in P13, Ml2, K37, (Ml2,) the first five words of the Par. are wanting.

[606] **Pour 9.31.1 :** F1, E1; *duš.daenąm* L18, Jm4; *dūš.daenąm* Pt1, O3.

17.51.2. (= 9.31.2)
a. *uta azəm nijanāni* (= 17.51.1a)
b. ˣ*spinjauruškəm*[608] *daēuuaiiasnəm* ∴.
17.51.3. (= 9.31.3)
a. *uta azəm fraouruuaēsaiieni*[609]
b. ˣ*humaiie*[610] †*varəδakanąmca*[611]
c. *x́iiaoniia*[612] *haca*[613] *daŋ́hāuuō*[614] ∴. [C]
17.51.4. (= 9.31.4)
a. *uta azəm nijanāni* (= 17.51.1a)
b. < ... > *x́iiaonīnąm*[615] *dax́iiunąm* [C]

---

[607] Lo. tanθriyāvantam duždainam.

[608] *spinjauruśəm* avec *n* non pointé G; *spinjauruškəm* B. **Pour 9.31.2 :** F1, E1, K12; *spiŋ́jōiriṣ̌əm* Pt1, L18; *spiŋ́jō.iriṣ̌əm* Jm4; *spaiŋ́jōiriṣ̌əm* P13; *spi.ajōiriṣ̌əm* O3; *spəṇzurōšakəm* J10.

[609] **Pour 9.31.3 :** *fraouruuaēsaiieni* G, F1, E1; *frā̊.uruuaesiiaeni* Jm4; *frō.uruuaesiiasne* Pt1, P13, O3; *frō.uruuaesnəm* L18. ◘ Sur la diathèse, Kellens 1984 : 71.

[610] *humaiia* G. **Pour 9.31.3 :** *humaiia* G, F1, Pt1, E1, L18, P13, Jm4, O3; *hōmiia* J10. ◘ L'une des deux filles de Vištāspa (Šn *hm'y*): Humāyā (Dk 9.21.2.1b humāy° ī āzād-tōhmag ī vištāspān). Dans le KSS (Balbir 1997 : 485), *Sumāyā* est la fille d'un roi des *Asura*. Au lieu de l'instr. sg. que propose B, je corrige la forme en ˣ*humaiie* pour y voir l'acc. duel elliptique suivi de son explicitation au moyen de la coordination elliptique.

[611] B ˣ*vāriδkanąm* sans °*ca*. **Pour 9.31.3 :** Pt1, L18, O3; *varəda-kanąmca* P13; *varəiδakanąmca* F1, E1; *vārəiδkanąm* Jm4 (without *ca*). ◘ Le nom de cette seconde fille de Vištāspa fait difficulté: le Šn donne *bh ''fryd*, ce qui, bizarrement, renvoie au nom de la Vahvī Āfrīti, et le Yt 13.139 contient le génitif *zairiciiā̊*, qui doit être le fruit d'une corruption puisque *zairicī-* «la jaunâtre» serait un nom daivique (cf. *zairica* V 10.10, 19.43) et que le génitif attendu en serait **zairiś(ii)ā̊*.

[612] Mis pour l'ablatif.

[613] **Pour 9.31.3 :** F1, E1, J10; (*x́iiaonaiia.haca* J10;) *ahiiōniiaheca* Jm4; *ahiiō.niia.haca* Pt1, L18, P13, O3; *x́iiōniiā.haca* Ml2; (*x́iiōnahe.haca* Ml2;) *x́iiaoniieheca* K12; *ahuniieheca* K12;) qu. *x́iiaonaheca*?

[614] **Pour 9.31.3 :** *daiŋ́hāuuō* G, F1, Pt1, E1, O3; *daŋ́hāuuō* P13, Jm4; *daŋhāuuō* L18. ◘ Mis pour l'ablatif.

17.51.5. (= 5.54.5, 5.58.5, 5.117.5, 8.61.2, 9.31.5, 10.43.2, 13.48.2, 14.53.2, V 7.53.3[616], 7.54.4, Dk 9.20.23.5)
a. *paṇcasaγnāi*[617] *sataγnāišca*[618]
b. *sataγnāi hazaŋraγnāišca*
c. *hazaŋraγnāi baēuuarəγnāišca*
d. *baēuuarəγnāi ahąxštaγnāišca* .·.
17.52.1. (= 17.26.1)[619]
17.52.2.
a. ˣ*viṇdātəm*[620] *yānəm* (= 17.26.2a) [P]
b. *bərəzaiδiš kauua vīštāspō* .·. (= 17.49.1b)
17.52.3-7. (= 17.3)

[621]ˣ*d'hvm*[622] *kltk bvn* .·.
17.53. (= 17.1)
17.54.1.
a. *āaṯ aoxta* [P]
b. *aṣ̌iš vaŋᵛhi yā bərəzaiti* .·. (= 17.17.1d)
17.54.2.
a. *mā ciš*[623] *mē* [624]*ą̊ŋhąm zaoθranąm*[625] *viṇdita*[626] [H][627]

---

[615] **Pour 9.31.4 :** *x́iiaonīnąm* G, F1, E1, J10; *hiiaonanąm* Jm4; (*x́iiaonaiianąm* J10;) *haiiō.nanąm* L18, O3; *haiiō* Pt1, P13 (*hiiō* K12).

[616] Trad. phl. : pad panjāh-kōšnīh ud sad-kōšnīh sad-kōšnīh ud hazār-kōšnīh hazār-kōšnīh ud bēvar-kōšnīh bēvar-kōšnīh ud a-mar-kōšnīh.

[617] Datif de temps futur (cf. Benveniste 1935 : 41). Sandhi de pancāsat-gnāi.

[618] Instrumental (mis pour l'accusatif ?) interne. Voir Pirart, JA 288, 2000, 380 n. 36.

[619] *pairi.tacaṯ* G ; *taciṯ* F1, Pt1, E1, H3.

[620] *viṇdāṯ təm* G.

[621] dahom kardag bun .·.

[622] F1 *dhvm.*

[623] Si l'énumération de quatre types d'humains stériles en cdef est à ordonner avec *ciš*, il faut y restaurer le génitif pluriel, mais il est possible que cette énumération, en plus de compléter *ciš* pour le sens, ait pu servir de sujet grammatical au verbe *nipāraiieiṇti.*

[624] Ce génitif pluriel doit être complément de l'antécédent sous-entendu de *yā.m*°.

b. +*yā.māuuōiia*[628] *nipāraiieiṇti*[629] [H][630]
c. [*mā*][631] *narō*[632] *pairištā.xšuδrō*[633] [M][634]

[625] K12 inserts here the words *āaṯ hīm* to *bərəzaiti* (cf. Par. 25).

[626] F1, Pt1, E1, H3 ; *viṇdīta* Ml2 ; *viṇdaiti* J10 ; *vaṇdātəm* K12. ◘ Optatif de √ ²*vid* (voir Kellens 1984 : 295) à sens prescriptif derrière *mā* (Kellens 1984 : 301). Sur la diathèse moyenne et le sens de «s'approprier», voir Kellens 1984 : 70.

[627] 3 + 8 ou 8 + 3 ?

[628] Mis pour **yąm āuuōiia**, contre *yā māuuōiia* G : all Mss. ◘ La forme tonique *māuuōiia* (lo. mabya) du pronom personnel est inacceptable derrière le pronom relatif: nous attendions l'enclitique. L'emploi védique de *ní PR̥* (e. g. ŚBM 14.4.2.29 [= BĀUK 1.4.16] *átha yát pitŕ̥bhyo niprṇā́ti*) pour les offrandes faites aux mânes suggère de reconnaître ici une nouvelle occurrence de *āuuōiia* «hélas!», interjection d'origine locative connue surtout par H 2.34.4 *kaθa tē*[1] *darəγəm āuuōiia*[2] *aŋhaṯ*[3] .·. «Comment étais-tu pour connaître le long 'hélas!'?». **Notes :** [1]. K20 et TD28 *tē*; H6 *te*. ||| [2]. Univerbation de l'exclamation *auuōi* «hélas!» avec le préverbe *ā*. Cf. Vyt 62.4 +*auue abauuaṯ*. ||| [3]. Forme d'indicatif parfait secondairement augmentée de °*ṯ* (type Y 10.10.1b *tatašaṯ*), utilisée à titre d'injonctif présent, éventuellement par une hypercorrection basée sur quelque passage gâthique tel que Y 45.3ee' *aēibiiō aŋhə̄uš auuōi aŋhaṯ apə̄məm* «pour ceux-là, 'hélas!' sera le dernier mot de leur existence».

[629] Le causatif tiré de *nī*+√ ³*par* signifie «transmettre, offrir» (voir Kellens 1984 : 152, 215). Dans cette relative en dépendance d'une principale à l'optatif, le subjonctif (graphiquement invisible) sera le bienvenu.

[630] Pourvu que nous acceptions l'analyse défendue ci-dessus de +*yā.māuuōiia*.

[631] Logiquement.

[632] Habituellement, *jahikā-* forme couple non avec *nar-*, mais avec *mairiia-*. Si le mot est à ordonner grammaticalement avec *ciš*, il faut restaurer le génitif pluriel narąm parišta-xšudrānąm.

[633] *pairštā* J10 ; *pirištā* F1, Pt1, E1 ; *pištā* H3 ; *xšuδrō* F1, t1, E1, H3, J10 ; *xašaθrō* K12. ◘ Mis pour le pluriel. L'allongement de la voyelle finale du premier terme doit être dû à un fait de rythme ou être secondaire, le produit d'une corruption de ductus sous l'influence de celui de *x*° immédiatement consécutif.

d. *mā* [635]*jahika para.daxšta*[636] [H][637]
e. *mā apərənāiiu*[638] *tauruna*[639] [H][640]
f. *mā kainina*[641] *anupaēta*[642] [*maṣ̌iiānąm*][643] ∴ (cf. 15.39.1b, 17.55h, V 14.15.1ab[644]) [H][645]

---

[634] Si le génitif pluriel est attendu — il y a catalexe avec le nominatif sg. ou plur. — et que *mā* soit, en principe, une répétition diascévastique : lo. narām pariṣ̌taxšudrānām.

[635] Mis pour le génitif pluriel ?

[636] Fautif pour ˣ*para.dixšta-* (lo. parā-dišta-) «exclu, désautorisé», adj. verbal en *-ta-* de **para*+√ *dis* (véd. *párā DIŚ* «to order off, remove» [MW])? Antonyme de *daxštauuaṇt-* (ˣ*dixštiuuaṇt-*?) «pourvu d'indication»? Emploi factice de °*xš*° pour °*ṣ̌*° comme dans *zaraniiapixšta-* (17.9.1d).

[637] Si le génitif pluriel est attendu. La ligne, telle qu'elle est, c.-à-d. avec le nom. fém. sg., est octosyllabique.

[638] F1, Pt1, E1, H3, J10 ; °*iiō* K12. ▫ Nom.-acc. masc. duel en dvandva avec *kainina* ? Mis pour le génitif pluriel ? Selon Hintze (1994 : 231; 2000 : 313 n. 196), *tauruna* «Knaben» est un nom. masc. plur. tandis que *apərənāiiu* serait un instr. sg. «mit nicht-vollem Alter», ce qui est syntaxiquement inusuel.

[639] Cf. RS 1.186.7b, 10.115.1a.

[640] Si le génitif pluriel est attendu. Pour retrouver une ligne octosyllabique, il faudrait la réécrire au nom. sg.: mā aparnāyuš tarunah (où le sandhi entre mā et ap° devra être évité pour des raisons évidentes).

[641] F1, Pt1 E1, H3, J10; *kainainō* K12. ▫ Pour *kainina*, Hintze (2000 : 313 n. 197) parle d'une forme de nom. masc. plur. mise pour **kaininō* et renvoie au Yt 9.23 *yā̊* ... *kaininō*. Mis pour le génitif pluriel ?

[642] Fautif pour le nom.-acc. fém. duel (lo. an-upa-itai) et mis pour le génitif pluriel ?

[643] Le parallélisme avec *apərənāiiu tauruna* exige que *anupaēta-* soit interprété comme un adjectif verbal d'obligation et que le génitif complément d'agent soit substitut du datif. La métrique dénoncerait *maṣ̌iiānąm* comme une interpolation due au diascévaste scolaire.

[644] *kańiiąm askəndąm anupaiiatąm narəbiiō aṣ̌auuabiiō* ... (trad. phl. : kanīg <ī> a-škend {kū drust} [ud] <ī> an-abar-raft {kū nē gād ēstēd} ō mardān ašauu°ān).

[645] Si le génitif pluriel est attendu. Pour retrouver une ligne octosyllabique, il faudrait la réécrire au nom. fém. sg. : mā kanyā anupaïtā.

17.55.

a. [646]*yaṯ mąm*[647] *tura pazdaiiaṇta*[648]
b. *āsu.aspa*[649] *naotaraca* (= 17.56b)
c. *āaṯ azəm tanūm aguze*[650] [M][651]
d. *aδairi pāδəm*[652] [C]
e. *gə̄uš aršnō barəmāiiaonahe*[653] (cf. Dk 9.20.23.1b[654])

---

[646] Cf. Pirart, JA 287, 1999, 494.

[647] Mis pour l'enclitique.

[648] F1, Pt1, E1, H3, J10 ; °*ti* K12. ▫ Injonctif (Kellens 1984 : 235). Selon Kellens (1984 : 68; Annuaire 1999-2000, 723), le moyen a le sens de «poursuivre (pour obtenir), traquer» par opposition avec l'actif de V 15.5, mais l'actif *pazdaiieiti* signifie plutôt «faire fuir»[1] que «poursuivre» : *θritīm aētaēšąm śiiaoθnanąm yōi vərəziṇti maṣ̌iiāka yō gaδβąm yąm apuθrąm janaiti*[2] *vā vaiieiti vā xraosiieiti*[3] *vā pazdaiieiti vā* ∴ «Le troisième parmi les actes (criminels) que commettent les mortels est de frapper ou de pourchasser ou de huer ou de chasser une chienne gravide» (... kē sag ī ābus ... pazdēnēd kū-š dast az pas škāfēd «chasser une chienne gravide, c.-à-d. battre des mains derrière elle»). **Notes :** [1]. Causatif en *-daiia-* de √ *pad*? Kellens (1984 : 140) ne se prononce pas sur l'étymologie de ce thème. ||| [2]. Les quatre formes verbales de la relative en *yō* sont subjonctives, contre Kellens (1984 : 98) qui analyse *janaiti* et *vaiieiti* comme des indicatifs à thématisation secondaire et ne repère pas que, du fait de l'infection par encerclement palatale, la graphie de la 3e sg. prés. act. du subjonctif à désinence primaire est identique à celle de l'indicatif pour les verbes en °*iia-*. ||| [3]. Sur le thème de *xraosiieiti*, voir Kellens 1984 : 124.

[649] F1, Pt1, E1, H3, J10; *aspe* K12.

[650] Diathèse moyenne (voir Kellens 1984 : 21 sq. n. 2) confirmée par les parallèles Yt 4.4.3d *haom tanūm guzaēta* et RS 7.104.17b *ápa druhā́ tanvàṁ gū́hamānā*. Selon Kellens (1984 : 21 sq. n. 2, 245, 247 sq.), *aguze* est un imparfait. De toute façon, °*e* est artificiel pour °āi < ie. *°*o-H_2i*.

[651] Pour autant qu'il faille rejeter la voyelle initiale de *aguze* (voir la note précédente) : lo. at azam tanuvam gūzāi.

[652] Mis pour le duel.

[653] F1, Pt1, E1, H3, Ml2; *barəsmaiiō.ahe* J10; *barəmāōnahe* K12. ▫ Composé de sens incertain, mais Geldner (1884 : 118) ne doit pas être loin de la solution: «in brünstiger Jugendkraft (stehend)».

[654] az pāy ī gāv ī gušn ī *blm'yvn*.

f. *āat̰ mąm*[655] *fraguzaiiaṇta*[656] [C]
g. *yōi*[657] [658]*apərənāiiu*[659] *tauruna* (= 17.56g) [H][660]
h. [661]*yōi*[662] *kainina*[663] *anupaēta* [*mašiiānąm*] ∴. (= 17.56h; cf. 17.54f) [H][664]

17.56.

a. [665]*yat̰cit̰*[666] *mąm*[667] *tura pazdaiiaṇta*[668] (= 17.56i) [H]
b. *āsu.aspa*[669] *naotaraca* (= 17.55b)
c. *at̰cit̰*[670] *azəm tanūm aguze* [H]
d. *aδairi*[671] *maēšahe garō*[672]
e. *yat̰*[673] *varšnōiš satō.karahe*[674]
f. *at̰cit̰*[675] *mąm*[676] *fraguzaiiaṇta*

---

[655] Mis pour l'enclitique.

[656] F1, Pt1, E1, H3; °*ti* J10, K12. ▫ Optatif (prétérital, selon Kellens 1984 : 21 sq. n. 2, 310) à finale factice pour °zairam. Mis pour le duel?

[657] F1, Pt1, H3, Ml2; *yō* J10, K12; E1 has both. ▫ *apərənāiiu* et *kainina* forment-ils un dvandva?

[658] Mis pour le nom. masc. plur.? Le dvandva duel avec *kainina* n'est pas exclu.

[659] cf. Par. 54 n. 638.

[660] Si le nom. masc. plur. est à restaurer.

[661] Mis pour le nom. fém. plur. ? Le dvandva duel avec *apərənāiiu* n'est pas exclu.

[662] F1, Pt1, H3, Ml2; *yō* J10, K12; E1 has both.

[663] *kainina* G; *kainana* F1, Pt1, E1, H3; *kainaina* J10.

[664] Si le nom. fém. plur. est à restaurer.

[665] Cf. Pirart, JA 287, 1999, 494.

[666] F1; *ýaδcit̰* Pt1, E1.

[667] Mis pour l'enclitique.

[668] cf. Par. 55 n. 648.

[669] *aspi* K12.

[670] *aδcit̰* F1, Pt1, E1, H3; *iδa.cit̰* J10.

[671] F1, Pt1, E1, H3 ; *aδaire* J10 ; *aδara* K12.

[672] Acc. de *gar-* pluriel tantum (Kellens 1974 : 29 sq.).

[673] Cheville métrique.

[674] F1, Pt1, E1, H3 ; *staok*° J10 ; *stō* K12.

[675] *ada.cit̰* J10 ; *iδacit̰* H3 ; F1, Pt1, E1 as n. 670 ; in K12 the clause wanting up to *mašiiānąm*.

g. *yōi apərənāiiu tauruna* (= 17.55g) [H]

h. *yōi*[677] *kainina*[678] *anupaēta*[679] [*maṣ̌iiānąm*] (= 17.55h) [H]

i. *yaṯciṯ mąm*[680] *tura pazdaiiaṇta* (= 17.56a) [H]

j. *āsu.aspaēm*[681] *naotaraca* ∴

17.57.1. [P]

a. *paoiriiąm*[682] *gərəząm gərəzaēta*[683]

---

[676] Mis pour l'enclitique.

[677] cf. Par. 55 n. 662.

[678] F1, Pt1, E1, H3 ; *kainena* J10.

[679] F1, H3 ; °*ti* Pt1, E1, J10.

[680] Mis pour l'enclitique.

[681] H3, Ml2 ; *ā*° *aspaeim* F1, Pt1, E1 ; *aspi* K12 ; *asō.aspa* J10. ▫ Selon Bartholomae, c'est l'acc. sg. du fém. en °*ī*- (emprunté à la déclinaison du type *vr̥kī́*-) du bahuvrīhi. Pour moi, il y a emploi du correspondant abstrait nt. en -iya- au nom.-acc. sg. par erreur, en lieu et place de l'adjectif **āsu.aspa* nom. masc. plur., mais J10 est favorable à la correction.

[682] F1, Pt1, E1, H3, J10 ; *paoiriianąm* K12.

[683] F1, Pt1, E1, H3; *gərəzaiti* J10. ▫ Ce thème, employé intransitivement ou avec un acc. interne, se conjugue à la voix moyenne à la différence du thème de présent à redoublement *jīgərəza*- qui est transitif et actif (Kellens 1984 : 76, 77 n. 3). Kellens (1984 : 306) justifie l'optatif en lui donnant la valeur évocative: les trois plaintes que puisse formuler la déesse sont typiques, caractéristiques ou symptomatiques pour être des exemples du genre. Hintze (2000 : 313 n. 198), avec Hoffmann (1975-1992 : 609), interprète *gərəzaēta* comme un potentiel du passé. Comme *γərəzaite* (G) de 10.53.2b serait la seule autre forme de tudādi que √ *garz* produisît (B et, à sa suite, Kellens [1984 : 98 et 295] parlent de thématisation secondaire), que par ailleurs on trouve l'adādi comme en v.-av. (Kellens & Pirart 1988-1991 : *II* 238) ou en védique (Gotō 1987 : 128) et que l'exception RS 8.21.16b *gr̥hāmahi* peut être résorbée si l'on y voit l'injonctif aoriste thématique (Lubotsky 1997, contre Hoffmann 1967 : 89; 1975-1992 : 439 sq.), il vaut sans doute mieux considérer que *gərəzaēta* de 17.57.1a, graphiquement ambigu, représente gr̥zīta et que *γərəzaite* est à corriger en ˣ*garəzaite* pour en faire un subjonctif présent. Ce subjonctif serait certes mal justifiable, mais, de toute façon, il faut penser, comme pour l'optatif de 10.73.2b, à des réutilisations que la diascévase a dû faire de formes en dépit de toute logique syntaxique. Car, ne l'oublions pas :

b. *aṣ̌iš vaŋᵛhi yā bərəzaiti* (= 17.17.1d)
c. *haca* [684]*apuθrō.zaniiāi*[685] *jahikaiiāi* ∴
17.57.2.
a. *mā*[686] *hē* +*auua*[687] *pāδəm*[688] [*auua.*]*hišta*[689]
b. *mā* <*hē*> *gātūm nipaiδiiaŋᵛha*[690] ∴
17.57.3. [P]
a. *kuθa*[691] *hīš*[692] *azəm kərənauuāni*[693] (= V 19.12.1a)

---

en 10.53.2b comme en 10.73.2b, nous attendons l'injonctif présent. Si les trois plaintes d'Ārti appartiennent au mythe étiologique du sacrifice qui lui est offert, nous attendons non l'optatif, mais bien plutôt l'injonctif présent dans son emploi d'indicatif prétérit : lo. gr̥žda.

[684] Mis ou fautif pour l'ablatif.

[685] *apuθrō.zaniiāi* F1, Pt1, E1, Ml2; *zanaiiāi* H3; *puθrō.janiiāi* J10; *jainiiå* K12. Lo. apuθrazanayā-?

[686] *mā* + impératif est enregistré chez Kellens (1984 : 318).

[687] Avec J10 et K12, contre *auui* G, F1, Pt1, E1.

[688] De *pāδa*- nt. «Standort, Heimstätte» (B) = véd. *padá*-.

[689] À corriger en injonctif?

[690] H3 ; *nipaiδaiiaŋuha* F1, E1 ; *nipāiδa*° Pt1. ▫ Divādi moyen tantum (Kellens 1984 : 21, 35, 120). Mis pour l'injonctif? Cf. V 5.27.2abc ˣ*yōi narō* †*hāmō* †*gātuuō* ˣ*nipaiδiieṇte hąm vā paiti stairiš hąm vā paiti barəziš* «les hommes qui abordent ensemble de mêmes socles, de mêmes lits ou de mêmes coussins» (lo. yai narah ham gātūnš nipadyantai ham vā pati starīš ham vā pati barzīš).

[691] Forme factice pour lo. kaθā ?

[692] Le thème *hī*- du pronom enclitique (aussi 17.2.3ac, 17.25.1), d'origine vieil-avestique, mais encore bien vivant en av. réc., est réservé au fém. tandis que *di*-, qui existe aussi en vieux perse, mais est absent du vieil avestique, vaut pour tous les genres. L'avestique récent n'utilise plus le thème *i*-, lequel était, en vieil avestique, réservé au masc. et au nt. L'explication qui consiste à tirer *di*- de *i*- par sandhi avec un mot précédent terminé par une dentale ne convainc pas (Pirart 2004 : 285 n. 46) non seulement en raison de la non-coïncidence des emplois de *i*- et de *di*-, mais aussi parce qu'elle ignore le trop grand nombre de passages traditionnels dans lesquels *di*- n'est pas précédé de °t. Il ne faut pas se laisser abuser par la coïncidence que le résultat du sandhi est identique pour lo. at dim et at im. ▫ Le pluriel se justifie par anticipation sur le nombre total des personnages féminins qui chagrinent la

b̲. *asmanəm auui*[694] *frašusāni*
c̲. *ząm auui* ˣ*niuruuisiieni*[695] .·.
17.58.1.
a̲. *bitiiąm gərəząm gərəzaēta*[696] [P][697]
b̲. *aṣ̌iš vaŋᵛhi yā bərəzaiti* (= 17.17.1d)
c̲. *haca* [698+]*auuaŋ́hāi*[699] *jahikaiiāi*[700] [M][701]
d̲. *yā aom puθrəm baraiti*[702] [M][703]
e̲. <*yim*>[704] [705]*aniiahmāi aršānāi*[706] *varštəm* [M][707]
f̲. ˣ*paiθiie*[708] *upa.baraiti* .·. [C][709]
17.58.2. (= 17.57.3)[710]

---

déesse: la jahikā qui ne veut pas avoir d'enfants, la jahikā qui a un enfant d'une union extraconjugale, les jeunes filles forcées au célibat.

693 *kərənauuāni* F1, Pt1, E1 ; °*ne* H3, J10. ◘ Sur l'emploi du subj., voir Kellens 1984 : 271.

694 F1, Pt1, E1 ; *auua.frašušāne* H3.

695 *niuruuisiiāni* G, F1, Pt1, E1 ; *uruuasaiiāne* H3 ; *uruuašiiāne* J10, K12. ◘ Comme nous ne pouvons voir pourquoi l'infection par encerclement palatal n'aurait pas eu lieu (Kellens 1984 : 251 n. 1), je me résous à faire la correction. La ligne 17.60.2c garantit que le divādi de *nī*+√ *uruuis* (Kellens 1984 : 122) se conjugue à la voix active (voir Kellens 1984 : 36).

696 E1, H3 ; *gərəzaēti* F1, Pt1 ; *gərəzaiti* J10.

697 S'il faut restaurer l'injonctif de l'adādi.

698 Mis ou fautif pour l'ablatif.

699 F1, Pt1, E1, H3 ; °*å* K12; *auuaŋhāi* G, J10.

700 F1, Pt1, E1, H3, J10 ; °*å* K12; deest Ml2.

701 Pour autant que nous effectuions le sandhi lo. hacāvahyāh.

702 Mis ou fautif pour le nominatif fém. sg. du participe présent actif (barantī)?

703 Pour autant que nous n'effectuions pas le sandhi entre yā et avam.

704 En raison de *aom*.

705 Mis pour le génitif.

706 F1, Pt1, E1, H3, J10 ; *arašnāi* K12.

707 Pour autant que nous restaurions lo. yam anyahya r̥šnah vr̥štam.

708 D'après le védique *pátye*, contre *paiθe* G, F1, Pt1, E1, H3, J10 ; *paθa* K12.

709 Catalexe troublante.

710 *fraṣ̌usāni* G, F1, Pt1, E1 ; *auua.frašušāne* H3.

17.59.1.
a. *θritiiąm gərəząm gərəzaēta*[711] [P][712]
b. *aṣ̌iš vaŋʷhi yā bərəzaiti* ∴ (= 17.17.1d)
17.59.2.
a. *imaṯ mē stāuuištəm*[713] *ṣ́iiaoθnəm*
b. *maṣ̌iia vərəzinti*[714] *sāsta*[715] [H][716]
c. *yaṯ kainiiō*[717] *uzuuāδaiieinti*[718] [H][719]
d. *darəγəm aγruuō*[720] *nijāmaiieinti*[721] ∴ (cf. Y 9.23.1b[722])
[H]
17.59.3. (= 17.57.3)
17.60.1. (= Y 19.3.1, Yt 1.3.1, etc.) [P]
āaṯ mraoṯ ahurō mazdå ∴
17.60.2.
a. *aṣ̌i*[723] *srīre*[724] *dāmiδāite*[725] (= 17.61.2c)
b. *mā auui asmanəm fraśusa*[726] [M][727]

---

711 *gərəzaetai* H3 ; *gərəzaēti* F1, Pt1, E1 ; *gərəzaiti* J10.

712 S'il faut restaurer l'injonctif de l'adādi.

713 F1, Pt1, E1, H3 ; *mištāuuaṇtəm* J10 ; *stāuuaiiastəm* K12.

714 F1, Pt1, E1 ; *vərəzaiṇti* H3, J10.

715 Mis pour le pluriel **sāstārō* ?

716 Si nous devons restaurer martiyā vṛzyanti sāstārah.

717 Fautif pour ˣ*kaininō* ?

718 Avec Kellens (1984 : 141, 141 n. 15, 145), «emmener en mariage».

719 Si nous devons restaurer yat kanīnah us-vādayanti.

720 F1, Pt1, E1, H3 ; *uγrū.rō* J10. ▫ Sur *aγrū-*, voir Pirart 2004 : 251.

721 F1, Pt1, E1; *ni.jāmaiieiṇta* H3; *ne.jāmāiṇti* J10; *nəzāmaiiaeṇti* K12. ▫ Causatif de *nī*+√ *gam* (voir Kellens 1984 : 142). Kellens (1984 : 145) traduit comme suit: «lorsqu'ils emmènent les filles en mariage (et les) laissent aller longtemps bréhaignes».

722 Trad. phl. : kē kanīg hēnd ud nišīnēnd dagr a-grift {kū nē gād ēstēnd} «qui sont des jeunes filles et restent non prises pendant longtemps {= ne sont pas mariées}»; trad. scr.: *yāḥ kumārye* | *avivāhasthityām* | *niṣīdanti dīrgham agṛhītāḥ* | *apariṇītā ity arthaḥ* | *kila ne patisevitā bhavanti* |.

723 F1, Pt1, E1 ; *aša* J10 ; *ašiš* K12.

724 J10 ; *srire* F1, Pt1, E1.

725 F1, Pt1 ; *dāta* J10, K12.

726 F1 has *frašusa* corrected to °*se* ; *frašuse* Pt1, E1, H3 ; *frašušə* J10.

c̲. *mā auui ząm* ˣ*niuruuise*[728] [C][729]
17.60.3.
a̲. *iθa mē tūm hąm.caraŋᵛha*[730] [H][731]
b̲. ˣ*aṇtarəm*[732] *arəδəm nmānahe* (= 18.3.2b, V 6.43.5b, 9.33.1b[733], 9.43.4b)
c̲. *srīrahe xšaθrō.kərətahe*[734] ∴ (= 18.3.2c)
17.61.1.
a̲. *ana θβā yasna yazāne*[735] (= 17.61.2a, cf. 5.90.2b, 15.54.1a)
b̲. *ana yasna*[736] *frāiiazāne* (= 17.61.2b, cf. 5.90.2c, 15.54.1b)
c̲. *yasə θβā yazata vīštāspō*
d̲. ⁺*pašne*[737] *āpō dāitiiaiią̊* ∴ (= 17.49.1c)

---

[727] Pour autant que nous effectuions le sandhi m̲ā̲b̲i̲ a̲s̲m̲ā̲n̲a̲m̲ f̲r̲a̲-ś̲y̲u̲s̲s̲a̲h̲.

[728] *ni.uruuise* G, F1, Pt1, E1, H3 ; *uruuaišiθe* (for *ur°* *i°*), J10 ; *niuruuaiše* K12.

[729] À moins d'introduire **u* derrière *mā*.

[730] Sur la diathèse, Kellens 1984 : 80 n. 2.

[731] Puisque nous devons reconstruire lo. i̲θ̲ā̲ m̲a̲i̲ t̲u̲v̲a̲m̲ h̲a̲m̲-̲c̲a̲r̲a̲h̲v̲a̲.

[732] Avec la grande majorité des mss. du V 6.43.5b (Oettinger, MSS 45, 1985, 185 sqq.; Kellens, Kratylos 36, 1991, 26), contre G *aṇtarə*. ▫ Avec *aṇtarə* nous attendrions le locatif. Hintze (2000 : 314 n. 201) préfère le composé ⁺*aṇtarə.arəδəm* (B) «im Innern meines Hauses». Sur la chute de °*m* derrière °*arə*°, cf. 10.117.1a *pitarə* < ˣ*patarəm*. Pour *aṇtara-*, cf. *aṇtarāṯ naēmāṯ*. Qu'il y ait ou non mouvement vers le lieu, peu importe: le vers est figé à l'accusatif. Sa version locative a̲n̲t̲a̲r̲a̲i̲ a̲r̲d̲a̲i̲ d̲m̲ā̲n̲a̲h̲y̲a̲ n'a pas survécu. Le composé a̲n̲t̲a̲r̲ā̲r̲d̲a̲- (*aṇtarə.arəδa-*) existe-t-il au Yt 5.90 (voir Pirart, IIJ 46, 2003, 215 sq.) ?

[733] Trad. phl.: a̲n̲d̲a̲r̲ ī̲ ā̲l̲a̲g̲ ī̲ m̲ā̲n̲.

[734] Je rejette l'étymologie avancée (JA 289, 2001, 100, selon laquelle *xšaθrī-* «femme» se cachait sous le premier terme du composé *xšaθrō.kərəta-*) pour en faire le tṛtīyātatpuruṣa de *xšaθra-* et de l'adjectif verbal en *-ta-* de √ *kar*.

[735] K12 inserts here the words : *yeši θβā yasni yazāne*.

[736] *ẏaθna* F1, Pt1, E1, H3, Ml2 ; *ẏaθa.na* J10, K12.

[737] *pasne* G; *pašne* F1, Pt1, E1, H3, Ml2 ; *pisne* J10.

e. *bərəzəm*[738] *barāt zaota vācim* (cf. 10.89.2cd)
f. *hištəmnō pasca.barəsma*[739] .·. (cf. 10.138f) [C][740]

---

[738] F1, Pt1, E1, J10 ; *bərəzīm* K12 ; *barə.zəm* H3. ■ Forme en °*a*- de *bərəzaṇt*- (metri causa). Cf. RS 3.10.5ab (Schlerath 1968 : *II*) *prá hótre pūrvyáṁ váco 'gnáye bharatā bṛhát*.

[739] G en deux mots. Admettre le composé ou restaurer lo. pasca barsmānam (voir note suivante). Cf. 10.138 *sādrəm ahmāi naire* ˣ*amainiiāi*[1] V *uiti mraot ahurō mazdå* V *āi aṣ̌āum zaraθuštra* V *yahmāi* ⁺*zaotō*[2] *anaṣ̌auua* V *adahmō atanu.mąθrō*[3] V *pasca.barəsma*[4] †*frahišta*[5] V *pərənəmca barəsma starānō*[6] V *darəγəmca yasnəm yazānō*[7] .·. «(Que ce soit) la déception — dit Ahura Mazdā —, ô ṛtavan Zaraduštra, pour l'homme <in>sensé chez qui le zautar non ṛtavan, inexpert, qui, à ne pas faire du Manθra (Spanta) son propre corps, [8]se tient avec le barsman caché derrière lui pour effectuer les séquences rituelles de la présentation du barsman plein[9] et de la liturgie longue[10]!». **Notes :** [1]. G *mainiiāi*. ||| [2]. Avec la grande majorité des mss., contre G *zaota*, mais c'est l'aménagement diascévastique de lo. zautā. ||| [3]. Les deux négations *a*+ ont amené metri causa la disparition de *aŋhəuš*. ||| [4]. G en deux mots. Comme *barəsman*- est, au vu de sa déclinaison (instr. sg. *barəsmana*), un substantif masc. (contre B) et que, dès lors, *barəsma* en est le nominatif, il faut envisager un composé *pasca.barəsman*- «qui est derrière le barsman» ou «qui tient le barsman caché derrière soi». ||| [5]. Au lieu de cette forme inattendue (sur quoi voir Kellens 1984 : 402, 404 n. 46, 414), le Yt 17.61.1f donne *hištəmnō*. Quoi qu'il en soit, derrière *fra*°, le thème de présent *hišta*- est habituellement écrit (ou remplacé par) °*xšta*-. Comme il nous faut un verbe conjugué, la forme requise serait donc **fraxštaite*. Voir Kellens, MSS 34, 1976, 69 (mais la suggestion 71 n. 25 ne peut être retenue en raison même de 17.61.1); JA 286, 1998, 503. ||| [6]. Sur ce ptcp. aor., voir Kellens 1984 : 357, 361, 395. Je fais la conjecture qu'il est employé avec un sens final ou temporel. ||| [7]. Sur ce ptcp. aor., voir Kellens 1984 : 356, 357 n. 14, 361, 395. Je fais la conjecture qu'il est employé avec un sens final ou temporel. ||| [8]. Traduction conjecturale. Il semble être fait allusion à des séquences rituelles exécutées en dépit du bon sens. ||| [9]. Type de barsman dont la dimension ou la fabrication justifie cette épithète? ||| [10]. La récitation de l'ensemble Yasna + Visprad + Vidēvdād ?

[740] Pour autant qu'il ne faille pas restaurer lo. pasca barsmānam ici et en 10.138: voir note précédente.

17.61.2.
a. *ana θβā yasna*[741] *yazāne* (= 17.61.1a)
b. *ana yasna frāiiazāne* (= 17.61.1b)
c. *aṣ̌i srīre dāmiδāite*[742] (= 17.60.2a)
17.61.3-7. (= 17.3)

17.62.1. (= 1.22.6, etc.)
[743]***vāž guftan*** ∴ *hōrmәzd i xᵛadāe i aβazūnī*
†*mardum mardum sardagą*
hamā sardagą ham.bā.yašt† *i vahą*
†*vaem vahә dīn i mādaiiasną*
<u> āgāhī <u> āstuuąnī <u> nәkī rasąnāṯ
әduṇ bāṯ ∴
17.62.2. (= Y 27.13, Yt 1.23.1, etc.) [G]
aa'. [744]*yaθā ahū vairiiō aθā ratuš aṣ̌āṯcīṯ hacā*
bb'. *vaŋhәuš dazdā manaŋhō* +*šiiaoθәnanąm*[745] *aŋhәuš mazdāi*
cc'. *xšaθrәmcā ahurāi.ā yim drigubiiō dadaṯ vāstārәm* ° *du bār* ° ∴

17.62.3. [P]
a. [746]*yasnәmca vahmәmca aojasca zauuarәca* (= 1.23.2a, etc.)
b. *āfrīnāmi* (= 1.23.2b, etc.)
c. *aṣ̌ōiš vaŋhuiiå* (= 17.0.17a)

---

[741] *ẏaθna* F1, Pt1, E1, H3, J10.

[742] F1, Pt1, E1, H3 ; *dāiti* J10, K12.

[743] The Par. wanting in F1, E1, H3. ◘ Rédigé en pāzand. Ne comprenant pas ce que j'ai placé entre † †, je traduis d'après Darmesteter 1892-1893 : *II* 341. †*vaem* provient de la mauvaise lecture de *OL* (ō). Continue phl. **vāz guftan ∴ ohrmazd ī xvadāy ī abzōnīg ᵛ ... vehān ᵛ ō veh dēn ī māzdesnān ᵛ ud āgāhīh ud āstavānīh ud nēkīh rasēnād ᵛ ēdōn bād ∴ ◘ ˣ*hambāyašt* en un mot avec Darmesteter (1892-1893 : *II* 341 n. 69) qui le traduit par «participation». **Pour Ny 1.16 :** *ham bā yašt* G : so the Guj. Kh. Av.; *hamabaišt* Pt1; *hamabāšt* P13; *hamą.ist* L18 ; perhaps *hambāe.yašt*.

[744] Voir les notes de la traduction.

[745] Kellens & Pirart (1988-1991).

[746] Trad. scr. de ab selon SrB (Bharucha 1906 : 6) : *ijisniṁ ca namaskṛtiṁ ca śaktiṁ ca prāṇaṁ cāśīrvādayāmi.*

d. *cistōiš vaŋhuiiå* (= 17.0.17b)
e. *ˣarəθə̄e*[747] *vaŋhuiiå* (= 17.0.17c)
f. *rasqstātō vaŋhuiiå* (= 17.0.17d)
g. *xᵛarənaŋhō* (= 17.0.17e)
h. *sauuaŋhō mazdaδātahe* ∴. (= 17.0.17f)

17.62.4. (= Y 27.14, Yt 1.33.1, etc.) [P]
a. *aṣ̌əm vohū vahištəm astī*
b. *uštā astī uštā ahmāi*
c. *hiiaṯ aṣ̌āi vahištāi aṣ̌əm* ∴.
17.62.5. (= Y 68.11, Yt 1.33.2, etc.)
a. [748]*ahmāi ˣraēmca xᵛarənasca*
b. *ahmāi tanuuō druuatātəm* [H]
c. *ahmāi tanuuō vazduuarə* [C][749]
d. *ahmāi tanuuō vərəθrəm* [C]
e. *ahmāi īštīm pouruš.xᵛāθrqm*[750]
f. *ahmāi* [751]*āsnqmciṯ frazaiṇtīm*
g. *ahmāi darəγqm darəγō.jītim*[752]
h. *ahmāi vahištəm ahūm aṣ̌aonqm* [H]
i. *raocaŋhəm vīspō.xᵛāθrəm* ∴.
17.62.6. (= 1.33.3, etc.)
[753]*aθa jamiiāṯ yaθa āfrīnāmi* ∴. [H]

---

[747] *ərəθə̄* G; *ərəθe* Pt1 ; *aireθa* J10.

[748] G *raēšca.* ▪ Trad. scr. pour SrB (Bharucha 1906 : 6) : *asmākaṁ śuddhayaś ca śriyaś ca | asmākaṁ tanor upapravṛttiḥ | asmākaṁ tanoḥ pīvaratā | asmākaṁ tanor vijayaḥ | asmākaṁ lakṣmīḥ saṁpūrṇā śubhā kila sadācārād upārjitā | asmākaṁ sahajaśīlaḥ putraḥ | asmākaṁ dīrghād dīrghaṁ jīvitam | asmākam ataḥparaṁ bhuvanaṁ muktātmanāṁ sadod-dyotaṁ samastaśubham* |.

[749] S'il faut reconstruire vazdvar.

[750] Traitement scolaire du sandhi : lo. paru-hu-āθrām > sandhi parušuāθrām > diascévase paruš-huāθrām.

[751] °*ciṯ* cheville métrique. Le dérivé en *-ti-* de *frā*+√ *zan* recourt au degré plein de la racine (contre le véd. *prájāti-*).

[752] Fermeture sévère pour lo. darga-jyātim.

[753] Trad. scr. selon SrB (Bharucha 1906 : 6) : *evaṁ saṁprāpnotu yathāśīrvādayāmi* |.

17.62.7. (= 1.33.4, etc.) [P]
a. [754]*hazaŋrəm baēšazanąm*
b. *baēuuarə baēšazanąm ° si bār ° ∴*
17.62.8. (= Y 27.14, Yt 1.33.5, etc.) [P]
a. *aṣ̌əm vohū vahištəm astī*
b. *uštā astī uštā ahmāi*
c. *hiiaṯ aṣ̌āi vahištāi aṣ̌əm ° si bār °* ∴
17.62.9. (= 1.33.6, etc.)
[755]*jasa mē auuaŋ́he mazda ° si bār ° ∴*
17.62.10. (= 1.33.7, etc.)
[756]*kərba mažd <u> gunāh guzārašni rā kunōm*
<u> ašahī <i> ruuą dušārm rā
ham kərbaī i hamā vahą i haft kəšβar <i> zamī
<i> zamī.pahanā <i> rōṯ.drānā <i> xᵛaršə̄ṯ.bālā
buṇdahihā bə̄ rasāṯ ∴
17.62.11. (= 1.33.8, etc.)
[757]*ašō ⁺bə̄ də̄r zī* ∴
17.62.12. (= 1.33.9, etc., cf. S 1.20-21) [P]
a. [758]*amahe hutāštahe*[759] *huraoδahe*

---

[754] Trad. scr. selon SrB (Bharucha 1906 : 6) : *sahasram ārogyatānām daśasahasram ārogyatānām* ||.

[755] Trad. scr. pour SrB (Bharucha 1906 : 6) : *ehi me sahāyatāyai mahājñānin* ||.

[756] Rédigé en pāzand. Selon F1 pour SrB : *kərəbā mazda guńāh guzārēšńa rā kańōm aṣ̌ahī ruuąń dušārm rā hama kərəbaī hamā guhąń hafta kə̄šβar zamī zamī pahńā rōṯ drāńā xᵛarašə̄ṯ bālā baṇdaiiā bərəšāṯ* ∴. ◘ Ceci continue un phl. **kirbag mizd ud vināh vizārišn rāy kunam ᵛ ud ašaii°īh ī ruvān dōšāram rāy ᵛ ham kirbagīh ī hamāg vehān ī haft kišvar ī zamīg ᵛ ī zamīg-pahnāy ī rōd-drahnāy ī xvaršēd-bālāy ᵛ bovandagīhā be rasād ∴. a : cf. RPDD 15b.2ef.

[757] Rédigé en pāzand. G *bə̄ṯ*. ◘ Si la forme *bə̄ṯ* doit représenter l'impératif, il convient de la corriger en ⁺*bə̄* d'après F1 pour SrB. Ceci continue un phl. **ašauu° bav dagr zīv ∴.

[758] Trad. scr. pour SrB (Bharucha 1906 : 6) : *utsāhinaṁ ca sughaṭitaṁ śubhoditaṁ vijayaṁ ca hormijdadattaṁ ṭālanāṁ ca yoparipravṛtt[y]ā | baharāmaïajdam | ānandanirbhayatvam āsvādaṁ ca | sa ïajdo yena manuṣyāḥ khādyasya svādaṁ jānanti | pakṣiṇa uparikāryasya vinaṣṭaṁ*

b. *vərəθraγnahe ahuraδātahe*
c. *vanaiṇtiiā̊sca*[760] *uparatātō* .·.
d. *rāmanasca* *x*^{v}*āstrahe*
e. *vaiiaoš uparō.kairiiehe*
f. *taraδātō aniiāiš*[761] *dāmąn* .·.
g. *aētaṯ tē vaiiō*[762] *yaṯ tē asti spəṇtō.mainiiaom* .·.
h. *θβāṣ̌ahe* *x*^{v}*aδātahe*
i. *zruuānahe akaranahe*
j. *zruuānahe darəyō.x*^{v}*aδātahe* .·.
17.62.13. (= Y 27.14, Yt 1.33.10, etc.) [P]
a. *aṣ̌əm vohū vahištəm astī*
b. *uštā astī uštā ahmāi*
c. *hiiaṯ aṣ̌āi vahištāi aṣ̌əm* °°° °°°

---

kriyate sarvasya sṛṣṭeḥ | evaṁ te pakṣiṇo yatas te santi dādārasya sṛṣṭeḥ | śubhaṁ cakraṁ svayamevadattaṁ kālo'nantaḥ samayo dīrgharājā |.

759 Allongement secondaire de la voyelle radicale et emploi factice de °*š*° pour °x̌š°.

760 Graphie factice pour **vanąiθiiā̊sca*.

761 Mis pour l'accusatif.

762 Pour sa graphie, le vocatif de vāyu-, lo. vāyau, utilise °*ō* au lieu de °*uuō* pour noter °au tout comme celui de *mainiiu-* qui est *mainiiō*.

ĀRD YAŠT (Yt 17)
Translittération commentée de F1

Avertissements

Faute de pouvoir distinguer les couleurs sur le facsimile (JamaspAsa 1991), je donne en gras tout ce qui est en signes pehlevis. J'utilise *āə* au lieu de *å* et *xv* au lieu de x^v, symbolise par *w* les signes que je ne puis reconnaître et par *"* deux petits traits obliques parallèles employés en fin de ligne comme remplissage, ne signale pas si le signe *:* , le plus souvent droit, est parfois oblique ou parfois presque couché. J'insère entre [ ] le numéro des paragraphes ou de leurs divisions, place entre *( )* les signes biffés, en exposant ceux qui sont au dessus de la ligne, en indice ceux qui sont en dessous. Par ☼ ou «fleur», je symbolise un signe jugé décoratif tel qu'un groupement de plus de trois points ou petits ronds disposés en cercle autour de l'un d'eux. MARGE indique la marge inférieure où quelques signes de la page suivante sont, par anticipation, donnés en oblique. Au besoin, la coupure [y indique le bord du facsimile.

Page 242v
242v03 LIGNE BLANCHE
242v04 **.·. ch'ldhvm.plglt**.**'lššvng ysn**[1].**pltvm**.
242v05 **kltk**.**bv**.° [17.0.17]*ašōiš.vaŋhuii*
242v06 *āə.cistōiš.vaŋhuiiāə.ərəθe.vaŋ*
242v07 *huiiāə.rasąstātō.vaŋhuiiāə.xv*
242v08 *rəńaŋhō.sauuaŋhō.mazdaδātahe.*
242v09 *xšńaoθra*.·. **BYN.dlvn**.**yštn**|.**hmgvnk**.**gvpt**
242v10 **ńń** °ₒ° [17.1]*ašim.vaŋhim.ýazamaide.xš*
242v11 *ōθńim.bərəzaitīm:huraoδąm:huiiaza*
242v12 *tąm:xvańaţ.caxrąm:amauuaitīm:dā*
242v13 *tō.saokąm:baēšaziiąm:pərəθu(u)^{v}īrąm:*
MARGE *sūrąm.*

---

[1] G lit *yst*.

Commentaire

242v04 ***'lšsvng ysn*** avec la place pour un point séparateur manquant et avec faute pour ***'hlyšvng***.

242v04-05 cahārdahom fragard aṣiš.vaŋh° yasn fradom kardag bun «De la quatorzième partie (intitulée) Sacrifice offert à la Vahvī Ārti, du premier chapitre, le commencement». Répartition des 22 Yašt de la Collection selon la forme de leur titre: a. les Yt 1-5 et 11 ont un titre pāzand en *yasta*; b. les Yt 6-8, 11a-13 et 20-21, un titre pehlevi en *yst*; c. le Yt 10, un titre pehlevi en *ysn*; d. les Yt 14-19, après l'indication pehlevie qu'ils forment les parties XI-XVI d'un livre non spécifié, ont un titre pehlevi en *ysn*; e. la perte des folios 112 et 113 ne nous permet plus de connaître la forme du titre du Yt 9.

242v08 *rəńaŋhō...* F1 emploie systématiquement *ń* au lieu de *n*.

242v10 ***ńń*** lecture incertaine.

242v09-10 ... andar drōn yaštan ham-gōnag guftan «Lors de la consécration du draunah, (cela est) à dire de la même façon».

242v12 *tąm:xvańaṭ.caxrąm:amauuaitīm:...* avec emploi des deux points entre mots, mais non entre deux termes de composé. Cet usage, sporadique, est parfois concurrencé par celui de découper le texte en syntagmes ou en octosyllabes (voir Comm. de 243r06). Dans notre texte, les autres exemples de composés comportant un point séparateur médial et de doubles points placés aux extrêmes se situent aux lignes suivantes : 242v13, 244r08, 244r10, 244r13, 244v02, 244v03, 244v04, 244v08, 245r02, 245r03, 245r04, 245r08, 245v03, 247v01, 248r03, 250r06.

242v13 *pərəθu(u)ᵛīrąm:* avec *(u)* non certainement biffé et ᵛ placé au dessus sans signe d'insertion.

Page 243r

243r01 *sūrąm:*[17.2.1]*duγδarəm:ahurahe.mazdāə:xv*

243r02 *aŋharəm.aməšańąm.spəntańąm:*[17.2.2]*ẏā.v*

243r03 *ispańąm.saošiiaṇtąm:fraša.x*

243r04 *raθβa:fraθanjaiieiti:*[17.2.3]*uta.he.ā*

243r05 *sńəm.xratum:auua.baraiti:vārəma.ut*

243r06 *a.he.āsńaēca.zbaiiantāi:duraēca.*
243r07 *zbaiiantāi:jasaiti.auuaŋ́he:*[17.2.4]*ẏō.a*
243r08 *šim.ẏazāite:zaoθrābiiō:hō.miθrəm.*
243r09 *ẏazāite.zaoθrābiiō.∴*[17.3.1]*ahe.raiia.xv*
243r10 *arəńaŋhaca.*[17.3.2]*tąm.ẏazāi.suruńuuata.ẏ*
243r11 *asńa.tąm.ẏazāi.huiiašta.ẏasńa.a"*
243r12 *šim.vaŋhuim.zaoθrābiiō.*[17.3.3]*ašim.vaŋ*
243r13 *huim.ẏaz°*[17.3.4]*haoma.ẏō.gauua* ∴ ° ∴

Commentaire

243r02 *...spəntańąm:...* avec *n* non pointé. Là où G utilise *n* non pointé, F1 recourt à *ń* mouillé, mais là où G emploie *ṇ* pointé, F1 hésite entre *ṇ* pointé et *n* non pointé. Les autres exemples de *n* non pointé là où G emploie *ṇ* pointé se situent aux lignes suivantes : 243r04, 243r06, 243r07, 243v06, 245r01, 245r02, 245r06, 246r07, 246v08, 246v09, 248r03, 248r13, 248v12, 249r01, 249r02, 249v07, 250r04, 250r10, 251r01. Contre-exemples : 250r02, 251r07.

243r02 *...spəntańąm:ẏā...* et 243r03 *...saośiiaṇtąm:-fraša...* avec usage des deux points comme signe de découpe en vers. Les autres exemples de cet usage se situent aux lignes suivantes : 243r05, 243r06, 243r07, 243r07, 243r09, 243v04, 243v05, 243v06, 243v07, 243v09, 244r03, 244r05, 244r07, 244v03, 244v06, 244v13, 245r01, 245r02, 245v02, 245v04, 245v05, 245v09, 245v10, 245v11, 245v12, 245v13, 246r01, 246r02, 246r03, 246r04, 246r05, 246r06, 246r07, 246r08, 246r09, 246r10, 246r11, 246r12, 246r13, 246v01, 246v02, 246v03, 246v04, 246v07, 246v08, 246v09, 246v11, 246v13, 247r01, 247v03, 247r05, 247r06, 247r07, 247r08, 247r09, 247r10, 247r11, 247r12, 247v02, 247v03, 247v09, 247v10, 247v11, 247v12, 247v13, 248r01, 248r02, 248r06, 249v05, 249v06, 249v08, 249v09, 249v10, 249v11, 249v12, 250r01, 250r02, 250r03, 250r04, 250r05, 250r08, 250r09, 250r10, 250r11, 250r12, 250v01, 250v02, 250v03, 250v04, 250v05, 250v06, 250v07, 250v08, 250v09, 250v10, 250v11, 250v12, 250v13, 251r01, 251r02, 251r03, 251r05, 251r06, 251r07, 251r08, 251r09, 251r10, 251r11, 251r13, 251v01. Les Yt 16 et 18 ainsi que le début du Yt 19 (Catalogue des montagnes +

chapitre I du Kayān Yasn) connaissent ce même usage des deux points. Il est encore attesté au début du Yt 8 et, de façon exceptionnelle, dans le Yt 9 tandis que les Yt 4, 12 et 13 recourent aux trois points (.·.) à cette fin. Dans tous ces Yt, il n'est pas rare de trouver, comme dans le Yt 17, des chevauchements avec les autres emplois des : (ou .·.). L'usage des deux points pour découper le texte en octosyllabes est étonnant à refléter que la tradition manuscrite médiévale avait encore conscience de la présence de vers vieil-iraniens alors même que la prononciation liturgique médiévale dont l'orthographe manuscrite se fait écho avec minutie ne permettait plus de compter correctement les syllabes. Il est vrai que les hymnes védiques sont à la même enseigne si, comme on sait, l'orthographe sanscrite en désorganise la métrique et le rythme.

243r07 *...auuaŋ́he...* Le signe *ŋ́* n'est employé qu'ici et aux lignes 246r07, 246r12, 246v01, 247r02.

243r11 *...ẏasńa.a"* avec " signe de remplissage valant trait d'union en bout de ligne. Autres exemples au terme des lignes suivantes : 243v02, 244r10, 245v07, 247v12, 250v10. Pure remplissage au terme des lignes suivantes: 243v07, 244v04, 251v01.

Page 243v
243v01 ***.·.dtyklkltk bvn°*** [17.4]*ašim.vaŋh*
243v02 *uuim.ẏaz xšoθńim.*·***.K°*** *pərəθu.vīrą"*
243v03 *m.surąm:*[17.5.1]*haomaheca.ńəmō.mąθrahe*
243v04 *ca:ašaońica.zaraθuštrahe:*[17.5.2]*aδciṯ.*
243v05 *bā.ńəmō.haomāi:ẏaṯ.vispe.ańiie.m*
243v06 *aδāəŋhō:aēšma.hacinte:xruuidr*
243v07 *uuō:āaṯ.hō.ẏō.haomahe.maδəmō."*
243v08 *aša.hacite:x̱vaēpaēθe.*[17.6.1]*ašiš.v*
243v09 *aŋhe:aši.srire:aši.bāńumaiti:šāi*
243v10 *ti:viiāuuaiti:bāńubiiō:aši.dāθr*
243v11 *e:vōhum.x̱varəńō:aēšąm.ńarąm:ẏō.h*
243v12 *acahi:*[17.6.2]*hubaoiδiš:baoδaite.ńmāńəm:*
243v13 *ẏeŋ́he.ńmāńe:ašiš.vaŋuhi.(š)su*
MARGE *rahe.*

Commentaire

243v01 dudīgar kardag bun «Du deuxième chapitre, le commencement».

243v02 *...ýaz xšoθńim...* avec la place pour ° manquant.

243v02 ....·.***K°*** *pərəθu.vīrą"* avec ***K*** sans doute mis pour ***K<N>*** ōh «semblablement» ou pour ***<OD> K<N>*** tā ō[h] «jusqu'à». La même situation se retrouve aux lignes suivantes : 244r11, 244v06, 244v11, 245r07, 245r10, 248r13, 248v07, 248v13. Par contre, nous trouvons ***OD*** sans ***K*** aux lignes suivantes : 248r09, 248r12, 249r05, 249r05, mais avec ***K*** à la ligne 249r12.

243v11 *e:vōhum.xvarəńō:aēšąm.ńarąm:ýō.h* Nous nous situons ici dans l'une des zones d'emploi des deux points tous les deux mots.

243v13 *...vaŋuhi.(š)su* avec *š* doublement biffé : au moyen d'une rature et en le surmontant de deux ou trois points.

Page 244r

244r01 *ra.(he)^{p}(p)āδa.ńidaθaite:āgrəmaiti*
244r02 *š:darəγāi.haxəδrāi:*[17.7.1]*te.ńarō.xša*
244r03 *θra.xšaiieṇte:aš.baora.ńiδātō:*
244r04 *pitu.hubaoiδi:ýaṃiia.starətasca.gā*
244r05 *tuš:ańiiāəsca.bərəxδāə:auuarətāə.·.°$_{o}$°*
244r06 *yōi.hacahi:ašiš.vaŋhuui:*[17.7.2]*ušta.*
244r07 *bā:ýim.hacahi:uta.mąm.upaŋhacahi:*
244r08 *vōuru.sarəδa:amauuaiti:*[17.8.1]*aēšąm.ńmāń*
244r09 *āə:huuiδātāə:gaosurāəŋhō:hiš*
244r10 *təṇte:aš.paouruuāə:darəyō.upastə"*
244r11 *e:ýōi.hacahi:* ***K*** [17.9.1]*aēšąm.gāt*
244r12 *auua.hištiṇte:hustarəta:hupō.*
244r13 *busta:hukərəta:barəziš.hauuaṇtō:*

Commentaire

244r01 *ra.(he)^{p}(p)āδa...* avec un point sous la ligne, en biffant d'une rature les signes *he*, en plaçant ^{p} au dessus de *h* sans signe d'insertion et en surmontant *p* de deux points pour le biffer.

244r04 *...ýaṃiia...* Le signe *ṃ* est rarement employé : ici et 248r01.

Page 244v
244v01 [17.10.1d]*mərəziiumńāə:aṇkupəsəmńāə:frā.gaoš*
244v02 *āuuara:sispimńa:caθru.karańa:mińuc(a)i:*
244v03 *zarańiiō.pisi:*[17.10.2]*kaδa.ńō.auui.ājasāṯ:*
244v04 *ńmāńō.paitiš:kaδa.šāit'i:paiti."*
244v05 *šām.friiā:paiti.tańuui:ýōi.hacah*
244v06 *i.* ***K*** [17.11.1]*aēšąm.kaińińō.āəŋhəṇte:ąym*
244v07 *ō.paiδiš:uruuizō.maiδiuuāə.sraota*
244v08 *ńuuō:darəyō.aŋuštāə:kəhrpa.auua*
244v09 *uuatąm:sraiia:ýaθa.diδaiiatą*
244v10 *m.zaošō.ýōi.hacahi.ašiš.vaŋ*
244v11 *uhi.*[17.11.2]*ušta.bā.* ***K*** [17.12.1]*aēšąm.aspā*
244v12 *əŋhō.baiieṇte:āsauuō.rauuō:fra*
244v13 *oθəmańō:raom.vāšəm.vāšaiiṇte:*
MARGE *mrātəm[*

Commentaire
244v02 *...mińuc(a)i:* avec *a* biffé par rature.
244v04 *...šāit'i:...* avec *'* placé sans signe d'insertion au dessus de *t* qui montre une hampe trop repliée.
244v08 *...aŋuštāə...* avec *ŋ* pour G *ṇg*.

Page 245r
245r01 *mrātəm.carəma.θanjaiiente:taxmə*
245r02 *m.staotārəm.vazənti:āsu.aspəm:d*
245r03 *ərəzi.raθəm:tiži.arštim:darəya.ārə*
245r04 *štaēm:xšuuiβi.išum:parō.kəuui*
245r05 *δəm:vitārəm:paskāṯ.hamərəθəm:j*
245r06 *antārəm:parō.dušmaińiium:ōi.haca*
245r07 *hi.* ***K*** [17.13.1]*aēšąm.ušt(a)rāəŋhō.bai*
245r08 *ieṇte:saēńi.kaofa:aš.mańaŋha:*
245r09 *aojaiieńi.zəmaṯ.pərətəmńa.vaδai*
245r10 *riiauuō:ýōi.hacahi.* ***K*** [17.14.1]*aēšąm.ə*
245r11 *rəzatəm.zarańim.ńibərə'θi:ābərəta.barai*
245r12 *ti:aiβitarābiiō:haca.daŋhubii*

245r13 *ō:vastrāəsca:kəšāə.bāmańiuuāə:*

Commentaire

245r07 *...aēšąm...* est surmonté d'une petite fleur.

245r07 *...ušt(a)rāəŋhō...* avec *a* biffé par rature.

245r10 *...aēšąm...* est-il surmonté d'une petite fleur?

245r11 *...ńibərə*[i]*θi...* avec signe d'insertion.

245r11 *rəzatəm.zarańim.ńibərə*[i]*θi:ābərəta.barai* Plus d'une fois, la clé de l'emploi des deux points paraît échapper à toute règle comme dans ces environs-ci.

Page 245v

245v01 *ẏōi.hacahi:ašiš.vaŋuhi:*[17.14.2]*ušt*

245v02 *a.bā:ẏim.hacahi:utā.mąm.upaŋha*

245v03 *cahi:vōuru.sarəδa:amauuaiti:*[17.15.1]*apa.*

245v04 *mąm.apa.daiδaiia:frā.mąm.aiβi.*

245v05 *uruuaēsaiiaŋ*[u]*ha:marždikəm:ašiš*

245v06 *.bərəzaiti:*[17.15.2]*huδāta.ahi:huciθra.va*

245v07 *saθa.ahi:xšaiiamńa.tańuiie:xv"*

245v08 *arəńaŋhe.dāitim.*[17.16.1]*pitae.ẏō.ahurō.*

245v09 *mazdāə˙ẏō.mazištō.ẏazatańąm:ẏō.va*

245v10 *hištō:ẏazatańąm:māta.ārmaiti*

245v11 *š.spənta:*[17.16.2]*brāta.te.ẏō.vaŋhuš.*

245v12 *sraošō.ašiiō:rašńušca.bərəzō.ama*

245v13 *uuāə:miθrasca.vōuru.gaoiiaoitōi*

MARGE *š.ẏō*[

Commentaire

245v05 *uruuaēsaiiaŋ*[u]*ha...* avec signe d'insertion (cf. 247r07).

245v09 *mazdāə˙ẏō...* sans signe d'insertion.

245v09 *...ẏazatańąm:ẏō.va* avec les deux points placés autour de *m*.

Page 246r

246r01 *š:ẏō.baēuuarə.spas*[a]*ńō:hazaŋra.gaoš*

246r02 *o:xvaŋha.daēńa.māzdaiiesń(e.)iš.·.*[17.17.1]*up*

246r03 *a.staota.ẏazatańąm:amuiiamńa.raziš*

246r04 *tańąm:paiti.staiiata.raēuθiia:aš*
246r05 *iš.vaŋhi.ẏā.bərəzaiti:uiti.vacə̄bi*
246r06 *š.aojańa:*[17.17.2]*kō.ahi.ẏō.mąm.zbaiiehi:ẏ*
246r07 *eŋ́he.azəm.frāiiō.zbaiientąm:sraē*
246r08 *štəm.susruiie.vācim:*[17.18.1]*aδāt̰.uiti.*
246r09 *frauuašata:ẏō.spitāmō.zaraθušt*
246r10 *rō:*[17.18.2]*ẏ́ō.paoiriiō.mašiiākō:staota.a*
246r11 *šəm.ẏat̰.vahištəm:ẏazata.ahurəm.ma*
246r12 *zdąm.ẏazata.aməšə̄.spəṇtə̄*˙[17.18.3]*ẏeŋ́he.zą*
246r13 *θaēca:vaxšaēca:uruuāθəń.āpō.uruu*

Commentaire
246r01 *...baēuuarə.spas*^{a}*ńō...* avec signe d'insertion.
246r02 *...māzdaiiesń(e.)iš...* en surmontant *e.* de trois points pour les biffer.
246r10 *...ẏ́ō...* avec *ẏ* accidenté.
246r12 *...spəṇtə̄˙ẏeŋ́he...* avec les deux points placés (avec signe d'insertion?) au dessus de *ẏ*.
246r13 *...uruuāθəń...* avec *θ* mis pour *s* par hyper-avesticisme ? D'autres exemples se situent aux lignes 251r09 et 251r13.

Page 246v
246v01 *arāəsca:ẏe(ŋ́)he.ząθaēca.vaxša*
246v02 *ēca:uxšiń.āpō.uruuarāəsca:*[17.19.1]*ẏ́ehe.zą*
246v03 *θaēca.vaxšaēca:apa.duuarat̰.aŋrō.*
246v04 *maińiiuš:haca.zəmat̰:ẏat̰.paθańaiiā*
246v05 *ə:skarəńaiiāə:duraēpāraiiāə:*[17.19.2]*uit(a)*[i]*.*
246v06 *dauuata:hō.yō.duždāə:aŋrō.maińiiu*
246v07 *š.pōuru.mahrkō:*[17.19.3]*ńōit̰.mąm.vispe.ẏaz*
246v08 *atāəŋhō:ańusəṇtəm:fraorəcinta:āa*
246v09 *t̰.mąm.aēuuō.zaraθuštrō:ańusəntəm:a*
246v10 *paiieiti.*[17.20.1]*jaiṇti:mąm.ahuńa.vair*
246v11 *iia.auuauuata.sńaiθiša:ẏaθa.asma.*
246v12 *katō.mas(ō)āə.*[17.20.2]*tāpaiieiti:mąm.aša*
246v13 *.vahišta:mąńaiiəń.ahe:ẏaθa.aiiao*
MARGE *xšus*[

Commentaire

246v01 *...ýe(ŋ́)he...* avec *ŋ́* bizarrement biffé.

246v05 *...uit(a)*^{i}. avec *(a)* biffé par rature et ^{i} placé au dessus sans signe d'insertion.

246v12 *katō.mas(ō)āə...* avec *(ō)* biffé par rature.

Page 247r

247r01 *xšustəm:*[17.20.3]*raēkō.me.haca.aŋ́hāə.zəma*
247r02 *t̰:vaŋ́hō:kərəńaoiti:ýō.mąm.aēuuō.jā*
247r03 *maiieiti:ýō.spitāmō.zaraθuštrō:*[17.21.1]*a*
247r04 *δāt̰.uiti.frauuašata:ašiš.vaŋuh*
247r05 *i:ýā.bərəzaiti:*[17.21.2]*ńazdiiō.mąm.upa.hišt*
247r06 *a.ərəzuuō.ašāum.spitama:upa.me.sr*
247r07 *aiiaŋ*^{u}*ha.vāšahe:*[17.21.3]*ńazdiiō.tąm.up*
247r08 *a.hiš.tat̰:yō.spitāmō.zaraθuš*
247r09 *trō:upa.he.sraiiata.vā(t)šahe:*
247r10 [17.22.1]*ā.dim.usca.pairi.marəzat̰:hāuuōiia.*
247r11 *bāzuuō.daš*^{i}*ńaca:dašińa.bāzuuō.hā*
247r12 *uuaiiaca:uiti.vacə̄biš.aojańa.*[17.22.2]*sri*
247r13 *rō.ahi.zaraθuštra.hukərətō.ahi.spi*

Commentaire

247r07 *aiiaŋ*^{u}*ha...* avec signe d'insertion.

247r08 *...yō...* Là où G emploie *y*, F1 recourt généralement à *ý*. Pour notre texte, c'est ici la seule exception.

247r09 *...vā(t)šahe:* en surmontant *t* de trois points pour le biffer.

247r11 *...daš*^{i}*ńaca...* avec signe d'insertion.

Page 247v

247v01 *tama:huuascuuō:darəγō.bāzāuš:*[17.22.3]*dā*
247v02 *təm.te.tańuiie.x̱varəńō:uruńaeca.da*
247v03 *rəγəm.hauuaŋhəm:ýaθa.imat̰:ýat̰.te.*
247v04 *frāuuaocim:*[17.22.4]*ahe.raiia*^{o} **3vm.kltk.**
247v05 ***bvn.***^{o} [17.23f]*pərəθu.vīrąm.surąm.*[17.24.1]-*tąm.ýaz*
247v06 *ata.h(u)*^{a}*ošiiaŋhō.paraδātō.upa*
247v07 *.upabdi.paraiiāə:barəzō.sriraiiāə:*

247v08 *mazdaδātaiiāə:*[17.25.1]*āaṱ.him.jaiδiia*
247v09 *ṱ:*[17.25.2]*auuaṱ.āiiaptəm:dazdi.me.aši*
247v10 *š.vaŋuhi.ẏā.bərəzaiti:*[17.25.3]*ẏaṱ.bauuāń*
247v11 *i:aiβi.vańiiāə:vispe.daēuua.m*
247v12 *āzańiia:*[17.25.4]*ẏaθa.azəm.ńōiṱ.tarštō.fr"*
247v13 *ā.ńmāńe:θβaēšāṱ.parō.daēuuaē*
MARGE *ibiiō.*[

Commentaire

247v04-05 seyom kardag bun «Du troisième chapitre, le commencement».

247v06 *...h(u)*^{a}*ošiiaŋhō...* avec *u* biffé par rature et ^{a} placé au dessus sans signe d'insertion.

Page 248r
248r01 *ibiiō:frā.aṃāṱ:parō.vispe.daēuu*
248r02 *a:ańusō.taršta.ńəmāəṇte:taršta.*
248r03 *təmaŋhō:duuarāənti:*[17.26.1]*pairi.tacaṱ:p*
248r04 *airi.jasaṱ.ašiš.vaŋuhi:ẏā.bərəzai*
248r05 *ti.*[17.26.2]*vaṇdātəm.ẏāńəm:haošiiaŋhō.*
248r06 *paraδātō:**K.**[17.26.3]*ahe.raiia°* ***4vm.***
248r07 ***kltk.bvn.°*** [17.28.1]*tąm.ẏazata.ẏō.ẏimō.x*
248r08 *šaētō:huuąθβō.* ° ***cygv dlv'spysn***
248r09 ***npšt OD*** ° [17.31.2]*vaṇdātəm.ẏāńəm.ẏō.ẏi*
248r10 *mō.xšaētō.huąθβō.*[17.31.3]*ahe.raiia*
248r11 **.·.** ***pncvm.kltk.bvn°*** [17.33.1]*tąm.ẏazata.*
248r12 *visō.puθrō.āθβiiāńōiš.°**OD**°*[17.34.6d]*a*
248r13 *bdōtəme.*[17.35.1]*pairi.tacaṱ.* ***K*** [17.35.2]*v(a)in-dātəm.*

Commentaire

248r05 *...vaṇdātəm...* doit représenter le sandhi original vindătam de vindat tam.

248r06-07 tasum/cahārom kardag bun «Du quatrième chapitre, le commencement».

248r08-09 ciyō<n> druvāsp yasn nibišt tā <ō> «Comme le sacrifice offert à Druvāspā a été écrit jusqu'à». Nous ne pouvons savoir si la version du Yt 9 à laquelle cette indication et celle présente à la ligne 249r12 font référence est ou non la version figurant dans F1 puisque le folio qui en contenait le titre a été perdu. Toujours est-il que le Yt 9 de F1 connaît trop peu l'usage des deux points pour avoir servi de modèle au Yt 17 (voir la note 242v04-05 sur la Répartition des 22 Yašt de la Collection selon la forme de leur titre).

248r11 panjom kardag bun «Du cinquième chapitre, le commencement».

248r13 *...v(a)indātəm.* avec *(a)* biffé par rature.

Page 248v

248v01 *yāńəm.visō.puθrō.āθβiiāńōi*

248v02 *š.visō.suraiiāə.θraētaońō.*[17.35.3]*ahe*

248v03 *.raiia.* ° ***ššvm.kltk.bvn°*** [17.37.1]*tąm.*

248v04 *ýazata.haomō.frāmiš.baēšazii*

248v05 *ō.srirō.xšaθriiō.zairi.dōiθrō.barəzi*

248v06 *št(ō)e.paiti.barəz(w)ᵃhi.haraiθiiō*

248v07 *.paiti.barəzaiiāə.*[17.38.1]*āaṯ.him.* ***K*** [17.39.2]*vn̦*

248v08 *dātəm.ýāńəm.haomō.frāšmiš.baē*

248v09 *šaziiō.srirō.xšθriiō.zairi.dōiθr*

248v10 *ō.*[17.39.3]*ahe.raiia.* ° ***hptvm.krtk.bvn.°*** °

248v11 [17.41.1]*tąm. azata.arša.airiiańąm.dax́ii*

248v12 *uńąm.xšaθrāi.hankərəmō.haosra*

248v13 *uua.*[17.42.1]*āaṯ.him.* ***K*** [17.43.1]*pairi.tacaṯ.* ***K*** [17.43.2]*vi*

MARGE *ndā*[

Commentaire

248v06 *št(ō)e...* avec *ō* biffé par ratures multiples.

248v06 *...barəz(w)ᵃhi...* avec *w* signe non identifiable dont le caractère biffé reste incertain et ᵃ placé au dessus sans signe d'insertion.

248v03 šašom kardag bun «Du sixième chapitre, le commencement».

248v10 haftom kardag bun «Du septième chapitre, le commencement».

248v11 *tąm. azata...* avec l'espace pour *ý* manquant.

Page 249r

249r01 *ndātəm.ẏāṅəm.arša.airiiaṅąm.daẋiiu*

249r02 *ṅąm.xšaθrāi.hankərəmō.haosr*^{a}*uua.*

249r03 [17.43.3]*ahe.raiia.* ☼ ***hštvmkltk***

249r04 ***bvn°*** [17.45.1]*tąm.ẏazata.ẏō.ašauua.zara*

249r05 *θuštrō.* ***OD*** [17.47.2]*v(a)iṇdātəm.ẏāṅəm.ẏō.*

249r06 *ašauua.zaraθuštrō.*[17.47.3]*ahe.raiia*---------°

249r07 .·. ***nhvmkrtk bvn°*** [17.49.1]*tąm.ẏazata.-bərəza*

249r08 *iδiš.kauua.vištāspō.pašṅe.ā*

249r09 *pō.dāit*^{ii}*aiiāə.*[17.50.1]*āaṯ.him.jaiδii*

249r10 *aṯ.*[17.50.2]*auuaṯ.āiiaptəm.dazdi.me.aši*

249r11 *š.vaŋuhi.ẏā.bərəzaiti.*[17.50.3]*ẏaθa.azāṅ*

249r12 *i.pəšaṅa.* ***cygvn.dlv'spysn.gvptn|°OD***

249r13 ***K°***[17.51.5d]*ahąxštaγnāišca.*[17.52.1]*pairi.taci*

MARGE *ṯ.*

Commentaire

249r02 *...haosr*^{a}*uua.* avec signe d'insertion.

248r03 haštom kardag bun «Du huitième chapitre, le commencement».

249r05 *θuštrō.* ***OD*** *v(a)iṇdātəm...* avec *a* biffé par rature.

249r06 *ašauua.zaraθuštrō.ahe.raiia*---------° Je symbolise ici le trait horizontal qui prolonge le *a* final par ---------.

249r07 nohom kardag bun «Du neuvième chapitre, le commencement».

249r09 *...dāit*^{ii}*aiiāə...* avec un seul signe d'insertion.

249r12-13 ciyōn druvāsp yasn guftan tā ō «Comme le sacrifice offert à Druvāspā, (ceci est) à dire jusqu'à».

Page 249v

249v01 *pairi.jasaṯ.ašiš.vaŋuhi.ẏā.bərəza*

249v02 *iti.*[17.52.2]*v(a)*^{i}*ṇdātəm.ẏāṅəm.bərəzaiδiš.kau*

249v03 *ua.vištāspō.*[17.52.3]*ahe.raiia* .·.

249v04 ***(.·.dhvmkltk.·.) dhvmkltk vvn°*** [17.53f]*pərəθu*

249v05 *.virąm.surąm:*[17.54.1]*āaṯ.aoxta.ašiš.va*

249v06 *ŋuhi:ẏā.bərəzaiti:*[17.54.2]*mā.ciš.me.āəŋhą*

249v07 *m.zaoθrańąm.vindita:ẏā.māuuōiia.ńip*
249v08 *āraiieiṇti:mā.ńarō.pirištā.xš*
249v09 *uδrō:mā.jahika.para.daxšta:mā.a*
249v10 *pərəńāiiu.tauruńa:mā.kaińińa.ańupaēt*
249v11 *a.mašiiāńąm:*[17.55]*ẏat̰.mąm.tura.pazdaiiaṇ*
249v12 *ta:āsu.aspa.ńaotaraca:āat̰.azəm.t*
249v13 *ańum.aguze:aδairi.pāδəm:gāuš.aršńō:*
MARGE *barəmā*

Commentaire

249v02 ...*v(a)^{i}ṇdātəm*... avec *(a)* biffé par rature et ^{i} placé au dessus sans signe d'insertion.

249v04 ***(.·.dhvmkltk.·.) dhvmkltk vvn°*** ... en surmontant de points ce qui est à biffer? ***dhvm*** pourrait être amélioré en ***d'hvm***; ***vvn*** est fautif pour ***bvn***. dahom kardag bun «Du dixième chapitre, le commencement».

Page 250r
250r01 *barəmāiiaońahe:āat̰.mąm.fraguzaiia*
250r02 *ńta:ẏōi.apərənāiiu.tauru(u)ńa:ẏōi.kaińińa*
250r03 *.ańu.paēta:mašiiāńąm:*[17.56]*ẏaδcit̰.mąm.tu*
250r04 *ra.pazdaiianta:āsu.aspa.ńaotaraca:*
250r05 *aδcit̰.az(u)^{ə}m.tańum.aguze:aδairi.maēš*
250r06 *ahe.garō.ẏat̰.varšńōiš:satō.karah*
250r07 *e:aδcit̰.mąm.fraguzaiiaṇt(e)a.ẏōi.(h)*
250r08 *apərəńāiiu.tauruńa:ẏōi.kaińińa.ańupaē*
250r09 *ta.mašiiāńąm:ẏaδcit̰.(ẏ)mąm.tura.pazda*
250r10 *iianta:āsu.aspaeim.ńaotaraca:*[17.57.1]*paoir*
250r11 *iiąm.gərəząm.gərəzaēta:ašiš.vaŋu*
250r12 *hi.ẏā.bərəzaiti:haca.apuθrō.zańiiāi:*
250r13 *jahikaiiāi.*[17.57.2]*mā.he.auui.pāδəm.auu*
MARGE *a.*

Commentaire
250r02 *ńta*... sic avec *ń* mouillé.
250r02 ...*apərənāiiu*... sic avec *n* non mouillé.
250r02 ...*tauru(u)ńa*... avec *(u)* biffé par rature.
250r03 ...*ẏaδcit̰*... avec *δ* ou *t̰* ?

250r05 *...az(u)ᵊm...* avec *(u)* biffé par rature et ᵊ placé au dessus sans signe d'insertion.

250r05 *...aguze...* avec *e* ou *ē* ?

250r07 *...fraguzaiiaṇt(e)a...* avec *(e)* biffé par rature.

250r07 *...ẏōi.(h)* avec *(h)* biffé par rature, mais ayant pu constituer la ligature ***ap*** puisque la ligne suivante commence par *apərəńāiiu.*

250r09 *...ẏaδciṯ.(ẏ)mąm...* avec *(ẏ)* biffé par rature.

Page 250v

250v01 *hišta:mā.gātum.ńipāδaiiaŋuha*

250v02 *:*[17.57.3]*kuθa.hiš.azəm.kərəńauuāńi:asmańəm.*

250v03 *auui.frašusāńi:ząm.auui.ńi.uruuisiiā*

250v04 *ńi:*[17.58.1]*bitiiąm.gərəząm.gərəzaēti:ašiš.v*

250v05 *aŋuhi.ẏā.bərəzaiti:haca.auuaŋ́hāi.*

250v06 *jahikaiiāi:ẏā.aom.puθrəm.baraiti:a*

250v07 *ńiiahmāi.aršāńāi:varštəm.paiθe.*

250v08 *upa.baraiti:*[17.58.2]*kuθa.hiš.azəm.kərəńauuāń*

250v09 *i:asmańəm.auui.frašusāńi:ząm.auui.ńi.*

250v10 *uruuⁱsiiāńi:*[17.59.1]*θritiiąm.gərəząm.gərəzaē"*

250v11 *ti:ašiš.vaŋuhi.ẏā.bərəzaiti:*[17.59.2]*imaṯ.m*

250v12 *e.stāuuištəm.śiiaoθńəm:mašiia.v*

250v13 *ərəziṇti.sāsta:ẏaṯ.kaińiiō.uzuuāδaii*

MARGE *einti.*

Commentaire

250v05 *aŋuhi.ẏā.bərəzaiti...* ou *aŋuhi.ẏā:bərəzaiti...*

250v10 *uruuⁱsiiāńi...* avec signe d'insertion.

Page 251r

251r01 *einti:darəγəm.aγruuō.ńijāmaiieiṇti:(d*

251r02 *arəγəm).*[17.59.3]*kuθa.hiš.azəm.kərəńauuāńi:asmań*

251r03 *əm.auui.frašusāńi:ząm.auui.ńi.uruui(šii)*

251r04 *siiāńi:*[17.60.1]*āaṯ.mraoṯ.ahurō.mazdāə:*[17.60.2]*aši*

251r05 *.srire.dāmiδāⁱte:mā.auui.asmańəm.fr*

251r06 *ašusīe:mā.auui.ząm.ńi.uruuise:*[17.60.3]*iθa.*

251r07 *me.tum.hąm.caraŋuhā*^{a}*:aṅtarə.arəδəm.ńm*
251r08 *āńahe:srirahe.xšaθrō.kərətahe:*[17.61.1]*a*
251r09 *ńa.θβā.ẏasńa.ẏazāńe:ańa.ẏaθńa.frāii*
251r10 *azāńe:ẏasə.θβā.ẏazata.vištāsp*
251r11 *ō:pašńe.āpō.dāitiiaiiāə:bərəzəm.ba*
251r12 *rāt̰:zaota.vācim:hištəmńō:pasca.ba*
251r13 *rəsma:*[17.61.2]*ańa.θβā.ẏaθńa.ẏazāńe:ańa.ẏwasń*

Commentaire
251r01 *...(d* en biffant par rature.
251r02 *arəγəm)...* en biffant par gribouillage.
251r03 *...uruui(šii)* en biffant par rature.
251r05 *...dāmiδā*^{i}*te...* avec signe d'insertion.
251r06 *ašusīe:mā...* avec *ī* non biffé à moins que ce soit un *i* biffé.
251r07 *...caraŋuhā*^{a}*...* avec *ā* non biffé, mais surmonté de ^{a} sans signe d'insertion.
251r07 *...ańtarə...* sic avec *ń* mouillé.
251r09 *...ẏaθńa...* avec *θ* par hyperavesticisme?
251r13 *...ẏaθńa...ẏwasń* avec *θ* par hyperavesticisme (?) et *w* comme queue supplémentaire de *ẏ* tracée vers le haut.

Page 251v
251v01 *a.frāiiazāńe:asi.srire.dāmiδā*^{i}*te."*
251v02 [17.61.3]*ahe.raiia* ° ☼ ☼ ∴
251v03 LIGNE BLANCHE

Commentaire
251v01 *...dāmiδā*^{i}*te...* avec signe d'insertion.

ĀŠTĀD YAŠT (Yt 18)
Traduction annotée

Āštād Yašt
Texte du sacrifice offert à la déesse Ṛštāt
ou
Ērān Yašt
Texte du sacrifice offert au dieu Aryāna Hvarnah

18.0.0.
[1]Quinzième partie :
le sacrifice offert à Aryāna (Hvarnah) commence ici.

[Formules préliminaires]
18.0.1-2. (= 1.0.1-2, 17.0.1-2, etc.)
18.0.3.
[2]Que vienne aussitôt la Yazatā Ṛštāt (sur les lieux du sacrifice que nous lui offrons)!
18.0.4-16. (= 1.0.4-16, 17.0.4-16, etc.)
18.0.17.
Avec l'attention réservée à Aryāna Hvarnah que Mazdā mit en place.
18.0.18-19. (= 1.0.18-19, 17.0.18-19, etc.) °₀°

[Chapitre unique]
[18.1.1-18.5.2 : Aryāna Hvarnah, Ārti et Frazanti]
18.1.1. (= 3.1.1, 8.1.1, 10.1.1) [P]
Ahura Mazdā dit à Zaraduštra descendant de Spitāma :
18.1.2. [P]
Je fis en sorte qu'Aryāna Hvarnah fût (la libation) qui combine le hauma et le lait, qu'il fût (un Yazata) pourvu de nombreux troupeaux, pourvu de nombreux sacrifices, capable

---

[1] Rédigé en pehlevi. Sur cette indication, voir le commentaire concernant les lignes 242v04-05 du ms. F1.

[2] Rédigé en pāzand.

de fournir de nombreux (mazdéens) en hvarnah, qu'il fût (pour eux) une réserve de possibilités spirituelles, qu'il fût (pour eux) une réserve de possibilités matérielles, qu'il pût mettre Āzi[3] en déroute, qu'il pût mettre Duš-manyu[4] en déroute.

18.2.

Il surmonte (la nuisance causée par) Ahra Manyu coupable de nombreuses destructions. Il surmonte (la nuisance causée par) Išma porteur d'une javeline sanglante. Il surmonte (la nuisance causée par) la jaunâtre Būšyanstā. Il surmonte (la nuisance causée par) le gel compact. Il surmonte (la nuisance causée par) le Daiva Apauša[5]. Il surmonte (la nuisance causée par les incursions des) nations anaryā[6].

18.3.1.

Je fis de même pour la haute déesse Ārti :

18.3.2. (= 18.4.2)

(la voici) circuler à l'intérieur de la belle maison que l'influence (des sacrifices offerts m')a permis de construire;

18.4.1.

(voici) la déesse Ārti qui, à de nombreux (mazdéens, y) garantit le bien-être accompagner celui(-ci). Avec générosité, (la voici,)[7] si (ce) mortel offre l'hospitalité aux r̥tavan,

18.4.2. (= 18.3.2)

circuler à l'intérieur de la belle maison que l'influence (des sacrifices qu'il a offerts m')a permis de construire.

18.4.3.

(Pour que ce mortel) possèd(e) tout troupeau, toute défense, toute capacité sacrificielle, tout hvarnah,

---

[3] Le démon de la convoitise.

[4] L'adversaire «qui professe une mauvaise opinion» (cf. Yt 17.12.1) doit être ici un être surnaturel. J'ai proposé (2006 : 161 n. 5) d'y reconnaître Aśyāva, l'allégorie du fait de ne mettre en marche aucune cérémonie.

[5] Le démon de la misère. Voir Forssman, KZ 82, 1968, 45 sq, 47 sq.

[6] Les nations au sein desquelles la bonne obédience n'est pas de mise. Antonyme de aryā (sur lequel voir la note 109 de la traduction de 17.41.1).

[7] Les liens, donnés entre parenthèses, que j'établis ici entre les lignes pour la cohésion du sens, sont bien évidemment conjecturaux.

18.4.4.

(il suffit) à la déesse Ārti de faire un seul pas à l'intérieur de la belle maison que l'influence (des sacrifices qu'il a offerts m')a permis de construire.

18.5.1.

Il y a (pour lui) mille chevaux. Il y a (pour lui) mille troupeaux.

18.5.2.

En outre, (je fis de même pour) la noble Frazanti.

[18.5.3-18.7.1 : Tištriya, Vāta et Aryāna Hvarnah]

18.5.3.

Se rassemblent en bouillonnant l'astre Tištriya <riche et fortuné>, l'audacieux Vāta[8] que Mazdā mit en place et Aryāna Hvarnah,

18.6.1.

pour apporter à nouveau la prospérité au sommet de chaque montagne et au fond de chaque vallée,

18.6.2.

pour apporter à nouveau la prospérité aux végétaux, qu'ils poussent bien, soient beaux et montrent une couleur jaune[9],

18.6.3.

pour apporter à nouveau la destruction sur le gel compact, pour apporter à nouveau la destruction sur le Daiva Apauša.

18.7.1.

Hommage à l'astre Tištriya riche et fortuné! Hommage à l'audacieux Vāta que Mazdā mit en place! Hommage à Aryāna Hvarnah!

[18.7.2-18.8.6 : Formules conclusives du chapitre]

18.7.2. (= Y 27.13, Yt 1.21.2, etc.) ***quater***

---

[8] Le dieu Vent.

[9] Traduction conventionnelle de *zairi+*, la définition des couleurs étant toujours indécise dans les textes anciens, mais ici la logique aimerait que reverdît la végétation.

18.7.3. (= Y 27.14, Yt 1.21.3, etc.) ***ter***

18.8.1. (= Y 27.15.1, Yt 1.22.1, etc.)

Nous offrons le sacrifice à Ahuna Variya.

18.8.2. (= Y 27.15.2, Yt 1.22.2, etc.; cf. Y 37.4ab)

Nous offrons le sacrifice à R̥ta, l'excellent et très bel Amr̥ta Spanta.

18.8.3. (cf. Y 10.18def)

Nous offrons le sacrifice aux textes dont la prononciation rectiligne permet de rompre les obstacles et de guérir. Nous offrons le sacrifice aux textes dont la prononciation rectiligne permet de guérir et de rompre les obstacles.

18.8.4.

Nous offrons le sacrifice à Manθra Spanta de Dainā Māzdayasni amoureuse de Hauma[10].

18.8.5. (= S 2.9.4, 2.25.5)

Nous offrons le sacrifice à Aryāna Hvarnah.

18.8.6. (= Y 27.15.3, Yt 1.22.5) °₀°

[Formules conclusives du Yašt]

18.9.1. (= Yt 1.22.6, 17.62.1, etc.)

18.9.2. (= Y 27.13, Yt 1.23.1, 17.62.2, etc.) ***bis***

18.9.3.

Je propicie le sacrifice et le chant et la puissance et la rapidité d'Aryāna Hvarnah.

18.9.4-13. (= Yt 1.33.1-10, 17.62.4-13, etc.) °₀° °₀°

---

[10] Si nous reconnaissons que Hauma est le symbole de l'âme-moi, ceci renvoie au fragment H 2 du Hādōxt Nask où la dainā, au ruvan du pieux sacrifiant défunt, dit l'avoir toujours aimé.

ĀŠTĀD YAŠT (Yt 18)
Édition critique du texte

Āštād[1] Yašt
ou
Ērān Yašt[2]

18.0.0.
[3]*p'ncdhvm plglt*
'yl'n ysn bvn .·.

18.0.1-2. (= 1.0.1-2, 17.0.1-2, etc.)
18.0.3.
āštāt̰ <i> yazat̰ bə̄ rasāt̰ .·.
18.0.4-16. (= 1.0.4-16, 17.0.4-16, etc.)
18.0.17. [P]
a. *airiianąm*[4] *x^varənō̆*[5] *mazdaδātanąm*[6] (= 18.9.3c, Ny 5.5.3, S 1.9.4, 1.25.8)
b. *xšnaoθra*
18.0.18-19. (= 1.0.18-19, 17.0.18-19, etc.) °o°

18.1.1. (= 3.1.1, 8.1.1, 10.1.1) [P]
mraot̰ ahurō mazdå̄ spitamāi zaraθuštrāi .·.

---

[1] Ou Aštād. La longue initiale est suggérée par le pāzand (voir note suivante), mais, comme reproduction de l'avestique *arštāt-*, la brève est préférable. La notation pehlevie (°)*'š*(°) de la séquence avestique (°)*arš*(°) est connue notamment par *'t'š* = *ātarš* et par *syd'v'š°* = *siiāuuarš°* (voir la note 106 de la traduction de 17.38.5).

[2] H3, en donnant en pāzand *airiianąm yašt* ˣ*āštāt̰* (G *āstāt̰*), combine de façon inattendue les deux versions du titre.

[3] Titre pehlevi selon F1 (pānzdahom fragard ērān yasn bun).

[4] Mis ou fautif pour ˣ*airiianəm* lui-même mis pour le génitif nt. sg.

[5] Emploi de l'acc. pour le génitif : nous attendions lo. aryānahya hvarnahah mazdādātahya.

[6] Mis ou fautif pour ˣ*mazdaδātəm* lui-même mis pour le génitif nt. sg.

18.1.2. [P]

a. *azəm daδąm* (= 8.50a, 18.3.1a, V 1.1.2a)

b. *airiianəm*[7] *x^{v}arənō* (= 18.7.1d; cf. 18.5.3c, 18.8.6)

c. *<haomauuaitīm>*[8] *gaomauuaitīm*[9] (= Y 66.1.2b; cf. Y 22.2.1b, 68.1.2c, Yt 5.8.1b, 8.15.2b, etc.)

d. *pouru.vąθβəm*[10] *⁺pouru.īštīm*[11] *pouru.x^{v}arənaŋhəm*[12] [H][13]

e. *huš.hąm.bərətəm*[14] *xraθβəm*[15]

f. *huš.hąm.bərətəm*[15] *šaētəm*[16]

---

[7] F1, Pt1, E1, K16, L18, O3, J16.10; *airiianąm* H3, P13, K39.12, Ml2.

[8] L18, K16 (sec. m. in marg.), O3, Ml2. N'est pas retenu par G : wanting in F1, Pt1, E1, K16 (pr. m.), P13, O3 (pr. m.), J16.10.

[9] Mis ou fautif pour *ˣgaomaitīm* (Kellens, MSS 32, 1974, 94; 1974 : 142 n. 1). Mis pour le nt.? Le bricolage est manifeste si Hvarnah reçoit une épithète qui contient son propre nom. La traduction essaie de s'accommoder des embûches syntaxiques que le travail de coupé-collé a générées.

[10] F1, Pt1, E1, K16.12, H3, J10; *vąθβąm* K39, O2, Ml2; *paouruθβəm* L18.

[11] Avec Kellens (1976 : 73-78), d'après H3, J16, Ml2 et d'après Yt 8.15.3b *īštīm ... vąθβąm*, contre *pouru.ištəm* G, F1, Pt1, E1, K16, P13; *īstīm* L18, O3; *yaštīm* J10, K12. ▫ Je ne puis exclure qu'il faille plutôt corriger en *ˣpouru.īšəm* «pourvu de nombreuses vigueurs».

[12] Ailleurs, l'épithète paru-hvarnah- est appliquée à Parandī (ZA 26.121 *pvlGDE*), à Zaraduštra (V 19.3.2d) et à Ahura Mazdā (Vyt 24). C'est aussi le nom de l'un des deux Yazata guerriers du feu (voir Pirart 2006 : 29).

[13] 8 + 5 syllabes.

[14] F1, Pt1, E1, K16; *barətəm* L18; *bərətīm* H3, K39; O3 has *barətīm* and *barətəm*. ▫ Adj. verbal en *-ta-* de *hąm+√ bar* préfixé de *hu+*. La diascévase a opéré l'analyse du sandhi tout en le conservant, un usage attesté aussi dans les inscriptions cunéiformes vieux-perses. Contre Kellens (1974 : 141 sq.) qui cherche à faire de *huš.hąm.bərətəm* un nom-racine.

[15] F1, Pt1, E1, K16, L18, P13, O3, H3, Ml2; *x́arəθβəm* J10; *xšaθrəm* K12; in K39 this and the three preceding words are wanting. ▫ Forme aberrante de l'accusatif de *xratu-* (Kellens 1974 : 142 n. 1).

[16] F1, Pt1, E1, K16, L18, P13; *xšaetəm* L18, O3, Ml2; *xšaēitəm* H3; *xšitīm* K39; *xašatəm* J16; *šətəm* J10. ▫ Le tandem *xratu-* «efficacité spiri-

g. [17]*āzīm*[18] *hamaēstārəm*[19]
h. *dušmainiiūm hamaēstārəm* ∴
18.2. [P]
a. *tauruuaiieiti aŋrəm*[20] *mainiiūm pouru.mahrkəm* ∴
[H][21]

---

tuelle, intelligence» + *šaēta-* «efficacité matérielle, revenu agricole» se retrouvent principalement dans Yt 13.67 *tā̊ yūiδiieiṇti pəṣanāhu* [1]*hauue asahi šōiθraēca yaθ<r>a asō maēθanəmca aiβišitə̄e daδāra mąnaiiən ahe yaθa nā taxmō raθaēštā̊ huš.hąm.bərətaṯ haca šaētāṯ* +*yāstō.zaēnuš*[2] *paiti.ynīta* ∴ «Les (Fravr̥ti) luttent lors des combats (chacune) pour son propre terroir et son propre domaine agricole, (c'est-à-dire: là) où, pour vivre, (leurs familles) ont établi terroir et résidence, tout comme le fait l'homme aux armes ceintes, guerrier vaillant, en repoussant (l'ennemi) loin de ses silos»; V 4.44-45 *yaēca iδa narō hāmō.daēna jasąn ... yezi šaētō.cinaŋhō jasąn hąm iδa šaētəm hąm.bāraiiən*[3] ... ∴ *yezi xratu.cinaŋhō jasąn upa vā mąθrəm spəṇtəm maraēta*[4] *pourumca* [5]*naēme asne aparəmca pourumca* [5]*naēme xšafne aparəmca ... maiδiiāi*[6] *asnąmca xšafnąmca auuaŋhabd<aii>aēta*[7] ... *vīspəm ā ahmāṯ yaṯ tā̊ srauuā̊ drənjaiiąn*[8] *yā̊ paouruua aēθrapataiiō drənjaiiąn*[9] ⁂ «Lorsque des hommes ayant une pratique régulière de la religion[10] viennent ici, s'ils viennent avec désir de revenu agricole, il convient de rassembler (pour eux) le revenu agricole; s'ils viennent avec désir d'efficacité sacrificielle, il convient de (leur) faire mémoriser le Manθra Spanta la première partie de la journée et la seconde, la première partie de la nuit et la seconde, pour ne leur permettre de dormir que la partie centrale des journées ou des nuits, jusqu'à ce qu'ils maîtrisent les sravah que les professeurs maîtrisèrent avant eux». **Notes :** [1]. Cf. 8.33.3d, 8.42.2c. ||| [2]. Avec B, contre G *yastō.zaēniš*. ||| [3]. Optatif du bhvādi. ||| [4]. Mis pour le causatif plur. act. ||| [5]. Mis ou fautif pour ××*naēməm asnō ... naēməm xšafnō*. ||| [6]. Mis pour l'accusatif plur. de *maiδiiān-* ? ||| [7]. Voir Kellens 1984 : 163, 295. Mis pour le pluriel actif. ||| [8]. Subjonctif. ||| [9]. Injonctif. ||| [10]. Selon Darmesteter (1892-1893 : *II*), «coreligionnaires».

[17] Cf. Y 16.8 *xšuuīδa.āzūiti yazamaide ... āzōiš daēuuō.dātahe hamōistri ...*

[18] K39; *āzim* F1, Pt1, E1, K16, P13; *āzəm* L18, O3, H3; *ājəm* J10.

[19] *hamistārəm* L18.

[20] F1, Pt1, E1; *aŋrō* K39, J10.

[21] 4 + 8 syllabes.

b. *tauruuaiieiti aēšməm*[22] *xruuīdrūm*[23] ∴.
c. *tauruuaiieiti būšiiąstəm*[24] *zairinəm*[25] ∴.
d. *tauruuaiieiti* ⁺*hąm.starətəm*[26] *aēxəm*[27] ∴.
e. *tauruuaiieiti*[28] *daēum*[29] *apaošəm*[30] ∴.
f. *tauruuaiieiti anairiiā̊* ⁺*daŋ́hāuuō*[31] ∴.
18.3.1.
a. *azəm daδąm* (= 18.1.2a) [P]
b. *aṣ̌īmca vaŋ*ᵛ*hīm bərəzaitīm* ∴. (= 11.8.2c; cf. 8.38.3b)
18.3.2. (= 18.4.2)
a. [32×]*fracaraite*[33] [P]
b. [34×]*aṇtarəm arəδəm nmānahe* (= 17.60.3b, 18.4.4c)

---

[22] F1, Pt1, P13; *aēšəm* E1.

[23] O3, Ml2; *xruuidrum* F1, Pt1, E1, K16, P13; *xrūīdrəm* L18; *xruuīm.-druum* H3.

[24] L18, O3, H3, J10; *bušiiąstəm* F1, Pt1, P13. ◘ Approximatif pour lo. būšyanstām.

[25] F1, E1, L18, K16, O3; *zarinəm* Pt1, P13, H3; *zaranəm* J10; *zaranənəm* K39. ◘ Approximatif pour lo. zarinīm.

[26] Avec Kellens (1974 : 144), d'après O3, contre *hąm.starətəm* G, F1, Pt1, E1, K16, P13, H3; the clause wanting in L18.

[27] F1, Pt1, E1, K16 (pr. m.), P13, O3; *axəm* J16; *aextəm* H3; *haxəm* K39, Ml2; *haixəm* J10; K16 has sec. m. in marg. *axtaca*.

[28] K16, L18, O3, H3, J10, Ml2 insert here *mahrkaθəm* which is wanting in F1, Pt1, E1, P13; in Ml2 the Par. is in confusion.

[29] F1, Pt1, E1, J10; *daeuum* K39; *daēm* P13; *daeuuīm* L18, O3, Ml2; *daeuuaem* H3.

[30] F1, Pt1, P13; *upōšəm* L18, O3; *apiṣ̌əm* K39.

[31] F1, Pt1, E1, P13, J10, contre *daiŋ́hāuuō* G, L18, H3, K39. ◘ Mis pour l'accusatif.

[32] K16, Pt1 (sec. m. in marg.), E1 (the same), H3, L18, O3, J10, Ml2 insert here the words *fracaraiti aṇtarə jaitīm* which are wanting in F1, Pt1 (pr. m.), E1 (pr. m.), P13; *jitīm* K39; *zaitīm* H3, O3, J10, Ml2; *fracaritīm* K39.

[33] Avec Kellens (1984 : 80), contre G *fracaraiti*. Cf. 13.107.1ab *yeŋhe nmāne aṣ̌iš vaŋ*ᵛ*hi* ᵛ *srīra xšōiθni fracaraēta*[1] «(Kṛsna) de qui la déesse Ārti, belle et splendide, parcourait le maison». **Note :** [1]. Mis pour l'injonctif.

c. *srīrahe xšaθrō.kərətahe* ∴ (= 17.60.3c, 18.4.4d)
18.4.1.
a. *təm hacāt̰*[35] *aṣ̌iš pouruš.xᵛāθra*[36] (= 19.54.1a) [P]
b. *rāiti* ˣ*aṣ̌auua.xšnūite*[37] *maṣ̌iiāi* ∴ [H][38]
18.4.2. (= 18.3.2)
a. [39]ˣ*fracaraite* [P]
b. ˣ*an̩tarəm arəδəm nmānahe*
c. *srīrahe xšaθrō.kərətahe* ∴
18.4.3.
a. [40]*vīspō.vąθβō vīspō.vərəθrō*[41]
b. *vīspō.xraθβō*[42] *vīspō.xᵛarənō*[43] ∴
18.4.4.
a. [44]*aēuuō pāδəm nidaθaite*[45]
b. *aṣ̌iš vaŋᵛhi yā bərəzaiti*[46] (= 17.17.1d, etc.)

---

[34] Qu'il y ait ou non mouvement vers le lieu, peu importe: le vers est figé à l'accusatif. Sa version locative lo. antarai ardai dmānahya n'a pas survécu.

[35] Selon Kellens (1984 : 263), ce serait un subjonctif consécutif.

[36] F1, Pt1, E1, P13, K16, J10; *pōuru.x́āθra* L18, O3, Ml2; *pōuru.-x́āθre* H3, J16, K39.12.

[37] *aṣ̌auua.xṣ̌nuuaitiiāi* G, F1, Pt1, P13; *ašauuaxšnuuaitiiāi* E1, K16, H3; *xšnauuaetaiiā̊* L18; *xšanuuaitiiā̊* O3; *xšnūitiiā̊* K39, J10. ▫ Datif de *aṣ̌auua.xšnut-* (sur quoi Kellens 1974 : 122).

[38] 2 + 8 syllabes.

[39] The insertion as in Par. 3 n. 32; it is wanting here too in K16.

[40] Quatre hapax legomena.

[41] F1, Pt1, E1, K16, L18, O3; *vərətō* P13; *vərəθβō* H3; *viriθβō* K39.

[42] deest K39.

[43] Mis ou fautif pour ˣ*vīspō.xᵛarənā̊*.

[44] G *aēuuō.pāδəm* en composition; F1, Pt1, E1, P13, O3, H3; *paδəm* L18; *auuaipāδəm* K39. ▫ Mis pour lo. aivam padam «un seul pas» ou, selon Kellens (1974 : 375 sq.), aivam pādam «un seul pied».

[45] F1, Pt1, E1, P13; °*ti* H3, L18, J10, K39. ▫ Subjonctif ? Selon Kellens (1984 : 189, 191), ce serait un indicatif thématisé moyen. Si l'objet est non aivam padam «un seul pas», mais aivam pādam «un seul pied», nous devons restituer la voix active (ni-dadāti). Voir la discussion en 17.6.2b.

[46] *yā̊nā̊ birete* K39.

c. [47]×*aṇtarəm*[48] *arəδəm nmānahe* (= 18.3.2b)
d. *srīrahe xšaθrō.kərətahe* .·. (= 18.3.2c)
18.5.1.
a. [49]*hazaŋrəm aspå*[50] *bauuaiti*
b. *hazaŋrəm vąθβå bauuaiti*
18.5.2.
uta[51] *āsnąmciṯ*[52] *frazaiṇtīm* .·. (cf. 10.108.3a, 10.110.2a, Y 68.11f)
18.5.3. [P]
a. *hāmō.yaozaiti*[53] [54]*tištrīm stārəm* <*raēuuaṇtəm xᵛarənaŋhuṇtəm*>[55]
b. *hāmō vātō daršiš mazdaδātō* [H][56]
c. *hāmō airiianəm*[57] *xᵛarənō* .·.
18.6.1.
a. *uta barəṇti fradaθəm* (= 18.6.2a)
b. [58]*vīspå barəšnauuō gairinąm* (cf. 14.21.1b, V 2.23c, Y 10.3.1c, 10.17.4b) [M][59]

---

[47] K16, E1 (sec. m. in marg.), L18, O3, H3, J10 insert here the words *aṇtarə jaitīm fracaraiti*; desunt F1, Pt1, E1, P13.

[48] *aṇtarə* G.

[49] desunt H3; in Ml2 the three following words are wanting.

[50] Mis pour le masculin. L'auteur a choisi le nominatif au lieu du génitif (cf. e. g. 17.24.2ab) pour obtenir un vers de huit syllabes.

[51] all Mss., exc. K39 *iš*.

[52] °*ciṯ* cheville métrique (cf. Y 62.5.1d, 68.5.2b).

[53] G en deux mots; F1, Pt1, E1, P13; *yōzaiti* L18; *yō.zaiti* K16.39, H3, O3, J10. ◘ Lo. ham-ā-yauzati.

[54] Mis pour le nominatif par emprunt au Yt 8 ou au S.

[55] Ces deux mots n'ont pas été retenus par G: K16, H3, L18, O3, J10, Ml2 insert the words *raeuuaṇtəm xarənaŋhuṇtəm* which are wanting in F1, Pt1, E1, P13.

[56] 2 + 8 syllabes (voir 18.7.1c) : lo. ham-ā vātah dṛšyuš mazdādātah. L'octosyllabe est *vātō taxmō mazdaδātō* en V 19.13.5b et en Vyt 24.

[57] F1, Pt1, E1, P13, K16, J10, Ml2; *airiianąm* K39.12, H3; *airiia* L18.

[58] Mis pour le locatif ? *vīspå* est au nom.-acc. fém.; *barəšnauuō* et *jąfnauuō*, au nominatif masc.

[59] Pour autant que nous conservions vispai baršnavah garīnām.

c. *vīspå jąfnauuō raonąm* (cf. 14.21.1c, V 2.23d) [M][60]
18.6.2.
a. *uta barəṇti fradaθəm* (= 18.6.1a)
b. *vīspanąm*[61] *uruuaranąm frāurustanąm* [H][62]
c. *srīranąm zairi.gaonanąm* (= V 18.63.2b; cf. Yt 7.4.1c)
18.6.3.
a. *uta barəṇti*[63] *ˣmahrkaθəm*[64] (= 18.6.3c)
b. [65+]*hąm.starətəm*[66] *aēxəm*[67] (cf. 18.2d) [P]
c. *uta barəṇti*[68] *mahrkaθəm* (= 18.6.3a)
d. [69]*daēum*[70] *apaošəm* .·. (cf. 18.2e) [P]
18.7.1. [P]
a. *nəmō*
b. [71]*tištrīm stārəm raēuuaṇtəm xᵛarənaŋhuṇtəm*
c. [72]*vātō daršiš mazdaδātō* (= 8.33.3b; cf. 18.5.3b) [M]
d. [73]*airiianəm*[74] *xᵛarənō* .·. (= 18.1.2b)

18.7.2. (= Y 27.13, Yt 1.21.2, etc.) ° *cihār bār* ° .·.
18.7.3. (= Y 27.14, Yt 1.21.3, etc.) ° *si bār* ° .·.

---

[60] Pour autant que nous conservions vispai janfnavah ravānām.

[61] Emploi factice de °*anąm* pour le gén. fém. plur. du sarvanāman (cf. véd. *víśvāsām*).

[62] 3 + 8 syllabes.

[63] Pt1, E1, L18, O3; *barəṇta* K16, and F1 (but in this corrected to °*ti*).

[64] *fradaθəm* G, Pt1, E1, L18, P13, H3, K16 (in this struck out); *frādaθəm* O3; deest K39, J10, Ml2.

[65] Mis pour le génitif.

[66] Avec Kellens (1974 : 144), contre G *hąm.starətəm* : as Par. 2 n. 26.

[67] F1, Pt1, E1, K16, H3, L18, P13; *haxəm* J10; *hixəm* K39.12.

[68] J16, L18, K12 insert here *fradaθəm* which is wanting in the rest.

[69] Mis pour le génitif.

[70] F1, Pt1, E1, P13, J10; *δaeuuīm* L18, O3; *daeuuiim* K39.

[71] Mis pour le datif.

[72] Mis pour le datif.

[73] Mis pour le datif.

[74] F1, Pt1, E1, P13, K16, J10; *airiianąm* H3, L18, K39.12. The clause is wanting in O3, Ml2; K39 repeats Par. 6 after this paragraph.

18.8.1. (= Y 27.15.1, Yt 1.22.1, etc.) [P]
ahunəm vairīm yazamaide ∴
18.8.2. (= Y 27.15.2, Yt 1.22.2, etc.; cf. Y 37.4ab) [P]
aṣ̌əm vahištəm sraēštəm aməṣ̌əm spəṇtəm yazamaide ∴
18.8.3. (cf. Y 10.18def) [P]
[75]*vaca aršuxδa vārəθraγniš baēšaziš*[76] *yazamaide* ∴
baēšaziš vaca aršuxδa vārəθraγniš yazamaide ∴
18.8.4. [P]
[77]*mąθra spəṇta*[78] *daēna*[79] *māzdaiiesne*[80]
haomacan<aŋh>əm[81] *yazamaide* ∴
18.8.5. (= S 2.9.4, 2.25.5) [P]
airiianəm[82] *x^{v}arənō yazamaide* ∴
18.8.6. (= Y 27.15.3, Yt 1.22.5) °o°

---

[75] Lo. vacah r̥žugdānh vārθragnīnš baišazayānh yazāmadai | baišazayānh vacah r̥žugdānh vārθragnīnš yazāmadai (Pirart 2004 : 234).

[76] all Mss., exc. K39 *bišziš*.

[77] Mis pour lo. manθram spantam dainā̆yāh māzdayasnaiš haumacanahah yazāmadai. Cf. Vr 9.7.1 *yaṱ mąθrahe spəṇtahe* [*yaṱ*] *daēnaiiā̊ māzdaiiasnōiš* ... *yasnāica vahmāica* ... *sraošō astū* ... «Que, pour le sacrifice offert à Manθra Spanta de Dainā Māzdayasni et pour le chant qui lui est adressé, Srauša soit présent!». Panaino (2004 : 65) fait de *mąθra spəṇta* un pluriel, contre toutes les autres attestations de ce syntagme, corrige *haomacanəm* en ˣ*haomacana* et accepte tel quel *daēna māzdaiiesne* comme vocatif : «Nous faisons consécration aux M° Sp°, ô Religion mazdéenne, qui exige(nt [?]) du H°».

[78] F1, Pt1, E1, L18, P13, H3, K16, J10; *mąθre spiṇti* K39.

[79] all Mss., exc. J10, K39 *daeniiā̊*; L18 *δaen*.

[80] F1, Pt1, E1, P13; °*iiasne* K16, H3, J10; *māzdaiiasca* L18; °*na* O3; *māzdiiasnaiiā̊* K39.

[81] *haomacanəm* G, F1, E1, K16, H3, J10; °*tanəm* P13; *humicinəm* K39; *haoməm.cinəm* L18, O3, Ml2; K16 has the marginal gloss : *šaētō.cinaŋhō vā nāiri.cinaŋhō vā xratu.cinaŋhō vā*.

[82] F1, Pt1, E1, L18, P13, H3, J10, Ml2 ; *airiianąm* K16 (in this *ą* corrected sec. m. to *ə*), O3, K39.12.

[83]18.9.1. (= Yt 1.22.6, 17.62.1, etc.)
18.9.2. (= Y 27.13, Yt 1.23.1, 17.62.2, etc.) ° *du bār* ° ∴
18.9.3. [P]
a. *yasnəmca vahməmca aojasca zauuarəca* (= Yt 1.23.2a, 17.62.3a, etc.)
b. *āfrīnāmi* (= Yt 1.23.2b, 17.62.3b, etc.)
c. *airiianąm*[84] *x*ᵛ*arənō*[85] *mazdaδātanąm* ∴ (= 18.0.17a)
18.9.4-13. (= Yt 1.33.1-10, 17.62.4-13, etc.) °₀° °₀°

---

[83] Par. 9 wanting in F1, E1.

[84] all Mss.

[85] Emploi de l'acc. pour le génitif : nous attendions lo. aryānahya hvarnahah mazdādātahya.

INDEX LOCORUM

Clef : *173.192.9* signifie *page 173, note 192, sous-note 9.*

Textes iraniens et indiens

Autres textes

INDEX VERBORUM

Vieil iranien

Ordre : a ā i ī u ū ṛ ai āi au āu k x g c j t θ d n p f b m y r v s z š ś ž h

Pehlevi

Ordre alphabétique.

Vieil indien

Ordre : *a ā i ī u ū r̥ r̥̄ l̥ e ai o au ḫ m̐ k kh g gh ṅ c ch j jh ñ ṭ ṭh ḍ ḍh ṇ t th d dh n p ph b bh m y r l v ś ṣ s h.*